张建安 著

# 兴国太后 孝庄

细说后妃

上海人民出版社

**图书在版编目(CIP)数据**

兴国太后:孝庄/张建安著. —上海:上海人民
出版社,2018
(细说后妃)
ISBN 978-7-208-15373-8

Ⅰ. ①兴… Ⅱ. ①张… Ⅲ. ①孝庄文皇太后(1613-
1688)-生平事迹 Ⅳ. ①K827=49

中国版本图书馆 CIP 数据核字(2018)第 177756 号

**责任编辑** 高笑红
**装帧设计** 陈 酌

细说后妃
**兴国太后——孝庄**
张建安 著

**出　　版** 上海人民出版社
(200001 上海福建中路 193 号)
**发　　行** 上海人民出版社发行中心
**印　　刷** 常熟市新骅印刷有限公司
**开　　本** 890×1240 1/32
**印　　张** 15.75
**插　　页** 5
**字　　数** 283,000
**版　　次** 2018 年 12 月第 1 版
**印　　次** 2018 年 12 月第 1 次印刷
ISBN 978-7-208-15373-8/K·2775
**定　　价** 78.00 元

# 目录

# 引子：大清国的两个女人

01

清王朝版图辽阔，民族众多，统治中国达二百六十八年之久。虽说是男权社会，但其间涌现出的奇女子还是数不胜数。不说别的，单是清廷后妃中便有许多争议人物：与顺治帝生死相恋的董鄂妃，为后人留下诸多悬疑的香妃，在雍正与年羹尧夹缝中忧虑而亡的年妃，曾为变法推波助澜的珍妃等等，无不是人们耳熟能详的角色。她们或轻描淡抹，或浓妆艳舞，在历史这一大舞台上尽情挥洒，留下了永久的芳香。不过，在这儿我无意讲她们，而是讲另外两个更重要的女人。

与大清命运密切相关、产生别人无法替代的重大影响的两个女人：一为孝庄，一为孝钦（即慈禧太后）。二人一前一后。前者，奠定了清王朝稳定统一兴盛的基石。后者，伴随着历史的风云在腐朽奢侈堕落中将清王朝断送。“庄”与“钦”，一字之差，就像“开”与“合”两个字，为我们启动了一幕真实的历史剧。她们的影响是如此重大与深远，以至有人感慨：大清朝，成也女人，败也女人！

说起孝庄与慈禧，二人有许多共同点。首先，二者均为清王朝政治的核心人物。在其权力达到巅峰时，举手投足均关乎国家的命运。其次，二者的大部分光阴均在社会不稳定的情况下度过，其间经过无数艰险，也经历了无数的情感纠缠。第三，二者均扶植起两位小皇帝。孝庄扶植起顺治、康熙。慈禧扶植起同治、光绪。顺治皇帝是孝庄的亲儿子，母子间产生巨大的分歧，其分歧不仅将儿子推向死亡，而且使整个国家产生巨大的震荡。同治皇帝是慈禧的亲儿子，母子间同样不和，其结果是儿子到八大胡同嫖妓染性病而亡，此事自然也引起整个社会的不安。第四,二者均是政治手腕极高的人物。周旋于数代，长盛而不衰……当然，还有其他许多相同之处，如二者均多才多艺，均比较长寿等等，此处不一一道出。

我主要想讲两个女人的不同点。

孝庄是蒙古族人，成吉思汗的后代，属博尔济吉特氏。慈禧是满族人，属叶赫那拉氏。孝庄之所以成为皇太极的庄妃，其主要原因是由于皇太极想入主中原，为加强与蒙古族各部落的联盟，他娶了五位蒙古贵族的女子，并晋封为五宫后妃，庄妃即为其一。此婚姻为典型的政治婚姻。而慈禧之所以成为咸丰的妃子，则是由于其串通好皇帝身边的太监，一支小曲将咸丰引入自己的住处，从而取得宠信进而步步高升的。此婚姻带有民间野史的味道，但它是真实的。

孝庄太后像

孝庄和慈禧，均是极富心计的女人，但处理事情的出发点截然不同。例如，对待儿子婚姻的态度，孝庄阻止顺治与董鄂妃在一起，主要是怕因此毁坏满蒙联姻，影响蒙古族人的感情，从而影响大清社稷。慈禧阻止同治与嘉顺皇后在一起，则纯粹是为了发泄私愤，因同治没有按照她的要求定凤秀的女儿为皇后，慈禧便因此迁怒于嘉顺，必欲置之死地而后快。由于两位太后均心机极深，因此两桩她们不满意的婚姻均遭到彻底的毁坏。但孝庄在事件发生后能进行反思，没将悲剧延续到下一代。慈禧却仍然一意孤行，将悲剧从同治身上延续到光绪身上，并一直蔓延到清国版图的每一个角落。

慈禧太后像

慈禧的狠毒是出了名的。她嫉妒圆明园的汉族宫女引诱皇帝，将宫女们活活打死。某太监与之下棋，不小心说了一句“奴才吃老佛爷的马”，慈禧大怒，骂道：“你吃我的马，我杀你一家子。”当即命人将太监处斩。此类事比比皆是，而孝庄没有。慈禧的奢侈是出了名的。为了修建自己的颐养之所，几乎将所有的海军经费挪来修建颐和园，甲午海战中国之所以失败，与慈禧的奢侈有直接的关系。孝庄则显得相当节俭。

无论在处理国事上，还是个人品质上，孝庄与慈禧都有天壤之别。在诸多差别当中，有一差别在政治上影响极大。

二者均曾是清王朝事实上的最高掌权者，但她们在处理与皇帝的关系时却截然不同。孝庄不是野心家，是政治家，多考虑整个社稷的命运。因此，当皇帝成人以后，她便主动放弃手中的权力，使皇帝能真正行使皇权。而慈禧则是名副其实的野心家，其权力欲达到登峰造极的地步。她永远不愿意放弃自己的特权。在她眼中，权力欲远远高于亲情，权力欲远远高于国家的命运。在这一前提下，她无所不用其极，毒死慈安，害死同治，囚禁光绪，逼死珍妃……想方设法地垂帘听政，她想把整个国家当作她的玩物。这样一来，由于她们是最高当权者，也由于中国特定的封建专制制度，她们所主宰的时代风貌便可推出个大概。从对比中，我们也就不难理解，为什么孝庄之后会出现大清朝的康乾盛世，而慈禧之后出现的则是清王朝的土崩瓦解。

当然，历史有其自身的运行轨迹。一个人的能量再大，无法改变历史的进程。但作为代表人物，从孝庄、慈禧身上，我们能看到时代的缩影。

# 02 黄金家族的后代



1613年，当科尔沁蒙古贝勒斋桑的女儿布木布泰出生时，并没有什么异光罩体的特殊现象。虽然她出生在高贵的博尔济吉特氏家族，祖父是科尔沁蒙古王爷莽古斯，但没有人想到她会成为日后的孝庄。

直到有一天，一个过路的喇嘛看到这位已是少女的布木布泰，仔细端详，忍不住大吃一惊，说："此女福相，龙凤罩体，贵不可言。"

"什么龙凤罩体？我怎么没看到。她不就是我们的大玉儿吗？"大玉儿即布木布泰，因她皮肤如白玉，所以得了这么个称呼。围观的少女们七嘴八舌地嬉笑着。

"你们知道什么？"过路喇嘛一边说，一边再次眯眼细看，自言自语地说，"没错，她会成为华夏国母。可是，这又怎么可能呢？她不过是一个蒙古族的女子呀。”

布木布泰见这喇嘛有点古怪，不再理他，与伙伴们一起骑马回家。

这一野闻同样没有得到布木布泰家人的重视。

然而，布木布泰很小的时候就开始听父母讲述家族和部落的传承。

正如波斯史学家拉施特所说：“因为蒙古人自古以来有保持对自己的起源和世系的记忆的习惯……所以父母要对出生的每个子女解释有关氏族和系谱的传说，这种规矩永远为他们蒙古人所遵守。”

说起博尔济吉特家族的祖先，《蒙古秘史》这样记载：“奉天命而生的孛儿帖·赤那，和他的妻子豁埃·马阑勒，渡过大湖而来，来到斡难河源头的不儿罕·合勒敦山扎营住下。他们生下的儿子为巴塔赤罕……”

这里的大湖，指的是现在的呼伦湖。斡难河，即现在的鄂嫩河，发源于今蒙古东北部肯特山东麓，汇入黑龙江上源石勒喀河。不儿罕·合勒敦山，就是现在的肯特山。

博尔济吉特家族最早的祖先孛儿帖·赤那夫妇，大约在公元9世纪后叶，从额尔古纳河畔的深山老林，经过艰难的旅程，渡过呼伦湖，来到肯特山一带的草原地带。他们安居下来，开始繁衍后代。

可是，令人奇怪的是，如果将孛儿帖·赤那夫妇的名字翻译一下，他们分别为“苍色狼”、“惨白色鹿”。

难道博尔济吉特家族的祖先竟是狼和鹿？当然不是，他们原来在山林中狩猎，后来在草原上游牧。狼和鹿，体现了蒙古族曾有过的图腾观念。

西迁至肯特山一带的当然不只是孛儿帖·赤那夫妇两人，因此他们的儿子巴塔赤罕能够娶妻生子，继续繁衍后代。如此一来，子子孙孙，无穷匮也。

子孙中有一人，名叫“孛儿只吉歹”。他的名字成为蒙古族一个高贵的姓氏，音译为博尔济吉特，或博尔济锦。

正式以博尔济吉特为姓氏，从孛端察儿开始。

博尔济吉特翻译成汉语，是“蓝眼睛人”。他们粗犷豪迈，不惧寒冷，以狩猎、游牧为生，文明程度远不及汉人。可是，这一家族后来出现了一个惊天动地的人物，他就是举世闻名的成吉思汗！

成吉思汗创立了千秋伟业，他的姓氏由此变得异常尊贵。博尔济吉特家族也成为响当当的黄金家族。

03

# 先祖合撒儿与成吉思汗的恩怨



成吉思汗是蒙古族的英雄，自然也是布木布泰心目中的英雄。

成吉思汗的本名叫铁木真。公元1204年，他完成了蒙古草原的统一。1206年，他被奉为大汗，称成吉思汗。在蒙古民族中，成吉思汗是最尊贵的名号，意为“拥有海洋四方”。

蒙古汗国成立后，成吉思汗率领他的铁骑，纵横南北东西，四处攻城略地，所向披靡。1205年、1207年和1209年，蒙古铁骑先后三次攻入西夏，迫使西夏称臣纳贡。1211年和1215年，成吉思汗大举攻打金朝，同样节节胜利，铁骑攻至黄河北岸，占领中都（今北京）。1217年到1218年，成吉思汗相继征服火里、秃麻诸部（今贝加尔湖地区）、吉利吉思及其他森林部落，灭西辽政权。

1219年，成吉思汗率部西征，攻打花剌子模。花剌子模国王弃城而逃。成吉思汗率部追赶，直追至现在的里海附近。花剌子模国王忧惧而死。1222年，成吉思汗又将花剌子模新王札阑丁的军队击败，迫使其退入印度。1226年，成吉思汗再次出兵西夏。1227年，西夏国主抵挡不住蒙古铁骑的进攻，最终投降。

成吉思汗

成吉思汗使蒙古民族空前强大。蒙古铁骑由此威名远播，举世皆知。成吉思汗的后代建立了元朝，成吉思汗被奉为元太祖。

对于这段历史，几乎所有的蒙古人均津津乐道。布木布泰从小就听了无数次，对于成吉思汗的功业，自然无比向往。不过，从父母的口中，她还得知，自己的先祖合撒儿乃是成吉思汗的亲弟弟，也是英雄，与成吉思汗却有着扯不清的恩怨。

合撒儿，生于1164年，是铁木真的二弟，身体魁梧，力大能射。《蒙古秘史》中借塔阳汗与札木合的对话，集中介绍了合撒儿：

塔阳汗又问札木合道：

“那铁木真后面率领众多人马冲过来的是谁？”

札木合说：

“那是诃额仑妈妈

用人肉养育的儿子。

他身高三丈，

顿餐三岁牛，

披挂三重甲，

驾三牡牛奔来。

能咽带弓矢的人，

亦不碍其喉。

即吞全身之汉，

也不觉太饱。

其盛怒之时，

引弓放穿远的箭，

能射倒山后的一二十人。

其斗敌之时，

引弓放飞速的箭，

能射穿越原野横渡者。

拉满弓放箭，

能射至九百丈；

拉半弓放箭，

也能射到五百丈。

生得与众不同，

身躯壮如大魔王。

人称拙赤合撒儿，

便是此人。”

这段描述把合撒儿写成了“大魔王”，而且颇像一个奇葩的魔兽，因为他竟能咽掉一个带着弓矢的人，还不会觉得太饱。这显然太过荒诞。不过，我们稍作分析即可明白，这些文字采用粗朴原始的夸张手法，旨在介绍一位骁勇擅战的大英雄。这英雄形象正是合撒儿后代心中的祖先形象。而真实的合撒儿确实威武非常。在铁木真统一蒙古的战争中，合撒儿协助兄长冲锋陷阵，屡立战功。尤其是1204年出征乃蛮塔阳汗的战争中，合撒儿受命指挥中军，立下汗马功劳。

没有合撒儿，铁木真未必能成为成吉思汗。就连成吉思汗自己也说：“有别里古台之力，合撒儿之射，此朕之所以取天下也。”因此，蒙古汗国建立后，合撒儿受封4000户，封地在今额尔古纳河、根河流域等地。

可惜的是，功成之后，由于合撒儿威信增高，成吉思汗受人蛊惑，竟然认为合撒儿想阴谋篡权。他不顾手足之情，竟要杀死亲弟弟。

# 04 成吉思汗母亲因何而亡?



在先祖的故事当中，布木布泰最钦佩的女人是诃额仑。

诃额仑是铁木真和合撒儿的母亲。

有一天，蒙古乞颜部的也速该在斡难河放鹰捕猎。另一蒙古部落篾儿乞惕部的赤列都，娶亲回家，正好路过。

也速该探头观看，见到了一个美貌绝伦的女子。他迅速策马回家，领着他的哥哥和弟弟赶来。兄弟三人面露杀机，势必要杀死新郎，抢占新娘。新郎赤列都非常害怕，拼命地拍打他的黄马，想甩掉后面的三个凶神。可是，新娘坐在马车上，如何跑得快？眼看着就要被追上了。

这时，新娘诃额仑说话了。她对新郎说：“你知道后面三人的来历吗？他们行色可疑，要取你

坐在驼车里的诃额仑（出自《成吉思汗生死与复活》）

的性命呀。你还是快点走吧，不要管我。只要你能保住自己的性命，姑娘随处都有。你可以娶别的女子为妻，只要把她的名字改为‘诃额仑’，就等于有我陪伴。你快逃命！闻着我的体香离开！”

为了保全新郎的性命，诃额仑催赤列都快逃。她脱下自己的衣衫，递给了赤列都。赤列都忍痛拍马而去。也速该三兄弟怕留后患，仍然追杀赤列都，可是翻越了七个山头，也没有追上，三兄弟返回。

诃额仑被抢，放声大哭，边哭边说："我的丈夫赤列都，什么时候受过这样的委屈？竟这样狼狈地逃走？"

也速该的弟弟答里台劝道："你所搂抱过的人，已经越过无数的山水。你怎么哭，他也听不到。他丢下你逃跑了。即便你想找他，又到哪里寻找？"

就这样，诃额仑成为也速该的妻子。她为也速该生了四个儿子、一个女儿。她的大儿子就是铁木真，二儿子是合撒儿。铁木真比合撒儿大两岁。

铁木真九岁的时候，父亲也速该被人毒死。

家里失去顶梁柱，生活变得异常艰难。也速该本是乞颜部的首领，但他死后，他的部下被泰亦赤兀惕氏的兄弟们领走。诃额仑和她的幼子们被抛弃在营盘里。要想生存，只能靠自己。

在恶劣的处境中，诃额仑没有丧气，她勇敢地担负起做母亲的责任。她非常能干，沿着斡难河上下奔波，采拾野果，挖掘草根。美丽聪慧的夫人，用山韭、野韭和山丹根养育她的儿女，并用自己的言行教育着苦难的亲人。

生活之艰难无与伦比。有一次，铁木真、合撒儿兄弟钓了一条小鱼，被异母兄弟别克帖儿、别里古台兄弟夺走。铁木真兄弟一时性急，竟不顾骨肉亲情，射杀了别克帖儿。

诃额仑得知此事，痛心无比，训斥两个儿子："冤孽！你们怎么能像咬断自己胞衣的疯狗？怎么能像怒气冲天的狮子？怎么能像生吞活咽的蟒蛇？怎么能像咬自己驼羔后腿的雄驼？你们真是发了疯的野兽！正当自己除影子就没有朋友的时候，正当受不了别人所加的苦难的时候，你们却自相残杀？这还怎么过?!"

骂完两兄弟后，诃额仑又耐心地教育他们兄弟要和睦相处。

在诃额仑的引导下，兄弟们痛改前非。合撒儿和别里古台协助铁木真，兄弟同心，最终完成统一蒙古的大业。

可是，当铁木真成为成吉思汗之后，受到了巫师阔阔出的蛊惑。为了杀死合撒儿，阔阔出狡诈地说："神人启示我，长生天的命令，成吉思汗执掌国政，在他之后便是合撒儿。你现在还来得及除去合撒儿……"因相信合撒儿企图夺去他的地位，成吉思汗当夜就将弟弟抓起来。眼看着无人可以劝解、合撒儿流着泪即将被杀的时候，诃额仑乘着白骆驼驾驶的幌车，连夜赶到。

她将合撒儿解开，怒责成吉思汗：

合撒儿有力气，
百步穿杨的箭，
使逃逸的百姓，
屈服投降；
百发百中的箭，
使溃逃的叛众，
缴械投诚。
现在把敌人打完了，
不愿见合撒儿了吗？

成吉思汗平生只听母亲的话。他见诃额仑盛怒，不敢顶嘴，诚惶诚恐地说："听到母亲的斥责，儿子知道错了。母亲不要生气，儿子先退下了。"

在诃额仑的干预下，合撒儿保全了性命。但成吉思汗仍怀疑弟弟有野心，背着他的母亲，暗中夺取了合撒儿受封的大部分百姓。使原有的 4000 户，只留下 1400 户。

诃额仑得知此事，心中十分郁闷，不久去世。

她的故事被永远地流传下来。特别是合撒儿的后代，对诃额仑有着百倍的亲切。

对于布木布泰，在敬重诃额仑的同时，对巫师阔阔出充满了憎恨。而对于同样敬重的成吉思汗与合撒儿，她也许会想：亲兄弟为什么要这样呢？难道没有更好的办法解决权力的纷争吗？

# 科尔沁的历史

05

“科尔沁”一词源于鲜卑语，有时也被翻译成“火儿慎”、“好儿趁”等汉字名称。《元史》也作“火儿赤”，解释为“配弓矢，国语曰火儿赤”，“配橐鞬侍左右者”，翻译成现代汉语，就是“带弓箭的侍卫”。

科尔沁曾是军事机构的名称。从各“千户”、“万户”中挑选武艺高强者组成二千人的“科尔沁”，连同八千宿卫，共同组成一万人的亲军。15世纪初，“科尔沁”由军事机构名称演变成合撒儿后裔所属各部的泛称，成了科尔沁部。

由于合撒儿是科尔沁部的开创者，因此人们习惯上称之为“叔父科尔沁”。这一称呼被一直沿袭。

合撒儿离开成吉思汗，来到他的封地额尔古纳河、根河流域一带。他与他的部下骑着骏马，带着猎犬，身背弓箭，手执长枪，仍然过着自由却不无艰辛的游牧生活。

或许是由于母亲去世的缘故，成吉思汗对弟弟合撒儿心有愧疚，想要补救已有裂痕的兄弟之情。因此，他在后来的作战中，又把合撒儿调回，委以重任。合撒儿不负所托，于1215年将奥屯襄统率的二十万金军打得大败，斩首八万余级。接着乘胜追击，以强大的攻势攻打北京，迫使金军统帅献城投降。攻克北京后，合撒儿遵守成吉思汗的命令，按原计划返回封地。归途中又收降金国东北诸城，显示出强大的战斗力。

居功而不自傲，当合撒儿以自己的行动获得成吉思汗的信任后，成吉思汗也给予这位弟弟以殊荣。《史集》记载："在全体叔伯和堂兄弟之中，成吉思汗兀鲁黑只让拙赤·合撒儿的兀鲁黑坐于宗王之列，其余部坐在异密之列。"按照成吉思汗的旨意，合撒儿有权确定子孙的继承权，有权成立兀鲁思，有权以"汗"为称号。因此，科尔沁部的独立性相当大，近似于一个"诸侯国"。

科尔沁在蒙古部落中一直较为强大。当成吉思汗的直系后裔建立元朝，在空前广阔的疆域统治，并由于统治机制不善逐步面临致命危机，最终被赶出中原被迫北迁时，科尔沁的力量则不断增强。

元朝灭亡后，科尔沁基本上拥护成吉思汗直系后裔的统治，但也曾参与过蒙古共主的争夺战。

战乱不断，再加上游牧生活的“漂泊”性质，科尔沁出现过多次搬迁。

明宣德七至八年（1432—1433），合撒儿第八世孙阿鲁克帖木儿率领一部分科尔沁人东迁，到达大兴安岭以东的嫩江流域。东迁的科尔沁人被称为“嫩江科尔沁”，简称“嫩科尔沁”。留驻原地的科尔沁人，则被称为“阿鲁科尔沁”。

此后，科尔沁又经过多次搬迁。但最具决定意义的是发生在明朝洪熙年间的迁移。

当时，合撒儿的第十四世孙奎蒙克塔斯哈喇与瓦剌蒙古产生巨大的矛盾。矛盾的激化必然导致一场大的战争。在战争中，科尔沁失利，被迫后退。

这种情况下，科尔沁内部出现两种意见：一种是重整旗鼓，与瓦剌蒙古决一死战，夺回失去的资源。另一种是离开这一是非之地，转到别的地方发展。两种意见互不相让，就等着奎蒙克塔斯哈喇做出最后的决定。

奎蒙克塔斯哈喇认真地分析着：冲突的主要原因是当地资源的减少。即便没有这场战争，科尔沁也有必要转移到土地肥美、猎物丰富的地方。

他这样想着，就这样决定了。然后率领他的百姓向东南迁移。

为稳妥起见，一部分百姓留在原地，给自己的同胞保留回旋的余地。

最后，奎蒙克塔斯哈喇率领部分科尔沁百姓，经过长途跋涉，来到嫩江流域。他们看到了气候适宜、水草丰美的松嫩平原，非常高兴，安顿下来，开始全新的生活。从此，他们安定下来，成为真正意义上的“嫩科尔沁”。

嫩科尔沁发展很快。到明朝后期，已分为左右两翼，总称两翼十万兀鲁思。

布木布泰是嫩科尔沁的一员。

# 06 布木布泰的家谱



奎蒙克塔斯哈喇有两个儿子。大儿子是博第达喇，二儿子是诺扪达喇。

诺扪达喇的子孙们统治着科尔沁右翼后旗。

博第达喇的子孙则更为强盛，统治着科尔沁左翼及右翼前旗、右翼中旗。

博第达喇有九个儿子。大儿子齐齐克，他的子孙分别统领科尔沁右翼前旗、右翼中旗。二儿子纳穆赛，他的子孙分别统领科尔沁左翼前旗、左翼中旗、左翼后旗。整个科尔沁有一个最高统治者（即部长），一般由博第达喇的子孙担任。

这些人当中，纳穆赛是布木布泰的曾祖。

关于布木布泰的家谱，可以用下图清晰地表现出来：

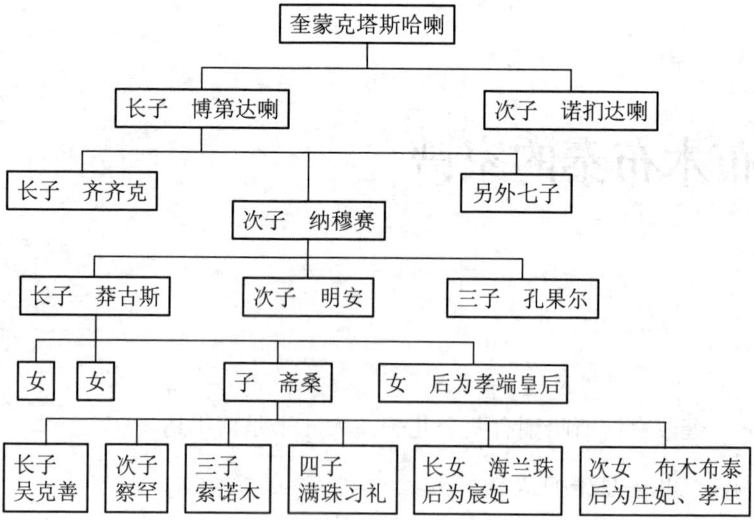
奎蒙克塔斯哈喇
长子　博第达喇
次子　诺扪达喇
长子　齐齐克
次子　纳穆赛
另外七子
长子　莽古斯
次子　明安
三子　孔果尔
女
女
子　斋桑
女　后为孝端皇后
长子
吴克善
次子
察罕
三子
索诺木
四子
满珠习礼
长女　海兰珠
后为宸妃
次女　布木布泰
后为庄妃、孝庄

# 美丽家园与启蒙教育

07



美丽的草原，可爱的家。

布木布泰居住的自然环境之美，是令人惊叹的。在纯净的空气中，碧绿的牧草沿着起伏的山冈一直延伸到天穹，白云一样的羊群随处可见，骏马飞驰，骆驼徜徉；小河舒缓地汇入湖泊，水中鲤鱼、梭鱼畅游不息；附近有神秘的大森林，森林的边缘有野鸡、野鹅、羚羊、野鹿等各种小动物，还有乌兰那、野梨、野杏等各种小果子生长在交错的河谷……

布木布泰有四个哥哥：吴克善、察罕、索诺木和满珠习礼，还有一位比她大五岁的姐姐海兰珠。他们家的蒙古包在当地是最讲究的。门外站有卫兵，手里拿一枝头部饰有一缕黑色牛毛的长枪，长枪上系一面旗帜，象征着莽古斯王爷的神圣权威。

布木布泰的祖母和母亲都是了不起的女人。由于她们日后在满蒙联姻中扮演了重要的角色，人们尊称她们为“科尔沁二妃”。祖母被称为大妃，其地位与影响不亚于她的丈夫莽古斯。母亲被称为次妃，她在历史上的声望要超过其丈夫斋桑。

很小的时候，布木布泰就一边喝着从多穆壶中倒出的奶茶，一边听祖母、母亲讲一些为人处事的道理。

稍大一些，她开始读书。《蒙古秘史》是蒙古族的第一部史书，成书于1240年，讲述自成吉思汗祖先孛儿帖·赤那开始至窝阔台汗统治时期约500年的历史。里面不少故事，在她小的时候就听母亲口述过，如今细致阅读，更觉十分亲切。《蒙古秘史》中还讲述大蒙古国的政治军事制度以及对外战争等，这些内容也称得上是对政治家孝庄太后的最早的启蒙教育。

《白史》也是布木布泰常读的书籍。此书是在元朝汇集成册的，记载了元世祖忽必烈汗制定的“政教平行”制度，重点阐述“世俗法规”与“宗教法律”如何在国家治理中发挥作用。这样的书对于小孩来说自然是枯燥的，但布木布泰只管读诵，收效颇佳。此外，布木布泰还读过元朝撰写的蒙古文《圣武亲征记》等书。可以说，她早期的教育是相当不错的。而另一方面，我们在给布木布泰点赞的同时，也必须承认，小小年龄的她还不能娴熟地应用她所学到的内容，甚至于对一些制度之类的含义并无真正的理解。她若成为日后的政治家，还须很长岁月的历炼。

莽古斯王爷与他的家人，除信仰传统的萨满教，还信仰黄教。黄教的喇嘛在科尔沁有着特殊的地位。

蒙古族人性格粗犷，蒙古族女子也不必像汉族女子那样整天窝在闺房。因此，布木布泰常常能观看赛马、摔跤等蒙古族传统活动。甚至，她很早就学会了骑马。

“那达慕”是深受蒙古族喜爱的草原盛会，多在秋高气爽、羊马肥壮的七八月间举行。每到此时，草原上的男女老少便会身着盛装，聚集一起，尽情玩乐。活动内容主要是赛马、摔跤、射箭、赛骆驼、抓沙嘎、沙特拉（蒙古象棋）等比赛活动。原本寂静的草原顿时热闹起来，一片欢腾。

有些项目，不只是用来娱乐，而且从中选拔人才。例如摔跤，蒙古族摔跤有别于汉族摔跤，比赛一开始就互相抓把，不许抱腿和跪腿摔，膝盖以上任何部位着地都算失败。比赛规则往往是一跤定胜负，一般取前八名，予以重奖。不少人因摔跤而成名，除获取骆驼、马匹等奖赏外，还被晋封官职。赛马比赛似乎更为看重。在紧张激烈的比赛以后，获胜者像英雄一样骄傲地接受称号，而他身下的快马也同样受到人们的青睐，民间艺人唱起欢快的《快马赞》：

它那飘飘欲舞的轻美长鬃，/好像闪闪放光的金伞随风旋转；/它那炯炯发光的两只眼睛，/好像一对金鱼在水中游玩；/它那宽阔无比的胸膛，/好像滴满了甘露的宝壶；/它那精神抖擞的两只耳朵，/好像山顶上盛开的莲花瓣……

在这样的盛况中，少女布木布泰也会活跃在欢乐的人群中，大显身手。她的艳丽的服装、娇美的身姿、亮丽的笑容征服了在场所有的蒙古族青年汉子，这些人私下称她为“蒙古族第一美女”。更多的人觉得她的皮肤如白玉般秀美，总以“大玉儿”相称。

有时候，布木布泰还能观看到蒙古铁骑的演习，场面同样让她异常兴奋。她的祖父或父亲发号施令后，下面的八个卫士开始执行任务。他们每两个人一组，一个人用叉子举起一个长八九英尺的铜号，另一个人手握号柄，开始吹号。号声深沉而悠扬，这是作战的指令。听到号声后，无数的铁骑便有规律地向前冲锋。骏马像风一样奔驰，呐喊声、打斗声不绝于耳，好不壮观。布木布泰问爷爷：“我们为什么要演习？是准备打仗吗？”莽古斯笑了，摸着孙女的头说：“是呀。我们要保卫我们的家园，我们的勇士要像飞鹰一样驰骋在广袤的草原。”

布木布泰又问：“那，我们的铁骑一定是举世无敌了。”莽古斯迟疑了一下，快人快语地说："我们的铁骑当然厉害。不过，若论举世无敌，还应该是努尔哈赤。你的年龄也大了，快嫁人了，我给你讲一段过去的故事。那一年，你还没有出生……"

08

# 古勒山战役：努尔哈赤崛起之役



自科尔沁迁至嫩江流域后，它的邻居也发生了重要的变化。除察哈尔、喀尔喀等蒙古部落外，与之相邻的还有女真各部与大明王朝。

女真族也是一个历史悠久的民族。宋朝时，女真族中的完颜部曾一度称雄，建立金国。到了明初，女真主要分为海西女真、建州女真、野人女真三大部。明朝末年，女真族又进一步分为建州、扈伦、长白、东海四大部。他们的语言、风俗与蒙古族相同，但内部不断发生战乱。

与科尔沁蒙古关系密切的是扈伦女真。扈伦女真分为四部，分别为：叶赫、哈达、辉发、乌拉。以叶赫、乌拉最为强大。这个叶赫部，就是晚清慈禧太后叶赫那拉氏所在的部落。

明万历二十一年（1593 年），叶赫首领纳林布禄强烈地感受到来自建州女真努尔哈赤的威胁，决定先下手为强，消灭努尔哈赤。当年六月，叶赫、哈达、辉发、乌拉四部合兵入侵户布察，被努尔哈赤击败。纳林布禄并不就此甘休，而是组织更大的力量。九月，他纠集乌拉贝勒布占泰，哈达贝勒孟格布禄，辉发贝勒拜音达里，科尔沁贝勒翁阿岱、莽古斯、明安，以及锡伯、卦尔察、讷殷、朱舍里，共九部兵马，分三路向努尔哈赤发动强大攻势。

交战双方的兵力形成鲜明的对比。九部之兵达三万，而努尔哈赤的部队不过几千。双方兵力之对比，不啻三国赤壁之战中的曹操与周瑜。但努尔哈赤显然比周瑜更加胸有成竹。

且看康熙本《太祖高皇帝实录》、《清太祖武皇帝努尔哈赤实录》等史书中的记载：

努尔哈赤听说九部合兵来攻，便派部将兀里堪前去侦察。侦察结果是，九部大军乘夜而来。由于来敌众多，以致他们所举的火把密如星辰。

努尔哈赤得知消息时已是夜半。兀里堪匆匆忙忙地赶来汇报："敌人星夜来犯，形势极其危急。"然后告知敌军的位置。

努尔哈赤听后，却一点没有惊慌，只是说："我听说叶赫兵来，现在果然如此。我们如果昏夜出兵，恐惊扰百姓。给诸将传令，明天早晨我们出战。"说完，便开始酣睡。

努尔哈赤的福晋富察氏非常惊讶，她推醒丈夫，问："九国兵没来进攻之前，你还十分慌张，有所恐惧。而现在九国兵真的来了，你怎么能酣睡呢？”

努尔哈赤笑道：“人如果真有所惧，虽寝不能成寐。我果惧，安能酣睡？以前听说叶赫兵分三路来侵，因不知道时间，所以时时提防，心中不安。现在既然知道他们来了，我自然心安了。我若有负于叶赫，天必厌之，安能不惧？如今我顺天命，安疆土，天必保佑。你不必害怕，叶赫部逆天而行，纠集九国之兵，来戕害我无咎之人，天必惩罚他们！”

第二天天一亮，努尔哈赤集结将士，令大家轻装上阵，把护项、蔽手之物全部去掉，这些东西虽有保护作用，但不便于奋力攻击。接着，努尔哈赤又以必胜的信心，鼓舞士气：“敌兵虽多，乌合之众，其志不一，临决战时，势必观望不前。我只要败其前军，其他军必无斗志，我师乘胜追击，无不胜矣！”

众将士一听，斗志昂扬。

努尔哈赤领兵至古勒口，占据险峻，扎下阵营。当时叶赫兵正在攻打黑济格城。

努尔哈赤令额亦都率百人挑战。叶赫兵停止攻城，前来迎战。努尔哈赤的军兵好整以暇，以逸待劳，迅速将来敌击败。

紧接着，叶赫贝勒布寨、金石台以及科尔沁三贝勒翁阿岱、莽古斯、明安领兵来战。建州兵轻装上阵，奋勇杀敌。敌军为其气势所慑，纷纷后退。布寨战马触木倒地，被努尔哈赤手下步兵吴谈看到，直奔过去，将布寨劈为两半。

布寨一死，九部兵大乱。叶赫贝勒痛哭而逃，其他贝勒大惧胆落。努尔哈赤乘势前攻，势如破竹。

科尔沁贝勒翁阿岱、莽古斯被迫撤退。而明安的战马陷入泥淖中，无法前行。为保住性命，明安只好抛弃马鞍，裸身换骣马逃遁，好不狼狈。

此一役，努尔哈赤大胜，擒乌拉贝勒之弟布占泰，斩首四千，获马三千匹，铠胄千副。冬十月，努尔哈赤遣兵征讨朱舍里部，抓获其部长舒楞格；又派遣额亦都等攻打讷殷部，斩其部长搜稳塞克什。此二部是女真族中长白部的主要成员，努尔哈赤借机将整个长白山全部征服。

努尔哈赤从此威名远扬。

努尔哈赤最厉害的地方还在战场之外，他以战略家的眼光，合理地处理了与科尔沁蒙古的关系。

他虽然抓获了不少科尔沁蒙古士兵，但并没有把这些人当俘虏看待，而是厚待之，然后安全送返。

莽古斯、明安兄弟俩既领教了努尔哈赤的武功，如今又深深感受到这位政治家的胸襟，由此产生敬重之心。同时，在当时的形势下，科尔沁在蒙古共主林丹汗的逼迫和欺侮下，也需要有强大的同盟做外援。

万历二十二年（1594 年），明安率先与努尔哈赤通好。从此，努尔哈赤与蒙古诸贝勒交往不断。

再往后，历史意义更为重大的满蒙联姻开始后，本书的主人公布木布泰也便顺其自然地卷入这一历史洪流当中。

顺便解释一下，努尔哈赤后来创立了满文，创建了国家。他的儿子皇太极则正式宣布建号满洲，历史上开始出现满族。满族是以女真人为主体，吸收部分蒙古人、汉人、达斡尔人等组成的一个新的民族。人们把满洲与蒙古的联姻称为满蒙联姻，并在习惯上把建州女真时期的联姻也算为满蒙联姻的一部分。

# 努尔哈赤的前半生

09

在讲述满蒙联姻之前，有必要先讲讲这一制度的开创者努尔哈赤。

努尔哈赤，姓爱新觉罗氏，是建州部的一名成员。

明朝末年，建州部包括苏克素护河部、浑河部、完颜部、董鄂部、哲陈部。大致分布在如今的辽宁省辽阳、沈阳以东，浑河、苏子河、佟佳江流域。努尔哈赤属于苏克素护河部。

当时，女真族受明朝统治。明统治者为有效地管辖这些地区，采取“分化”“羁縻”的政策。既授予女真各部酋长各种官职，通过他们实行对这一地区的管理；又在有意无意间分化各部酋长的势力，使他们互不统属甚至互相争斗，明朝则以“制衡”之法将权利尽收己手。

明朝还在女真族地区先后设立一百多个卫，加强统治。建州卫创设于明成祖永乐元年（1403 年），以后又分别在永乐十年（1412 年）、正统七年（1442 年）分别设立建州左卫、建州右卫，合称建州三卫。努尔哈赤的祖父觉昌安、父亲塔克世，均为建州右卫都督王杲的部将。他的母亲喜塔喇氏则是王杲的女儿。

史书上称，努尔哈赤出生时，正是女真各部群雄蜂起、争为雄长的年代。而努尔哈赤还未出世，便有望气者言，“满洲将有圣人出，勘定众乱，统一诸国而履帝位”。及至努尔哈赤降生，又“龙颜凤目，伟躯大耳，天表玉立，声若洪钟，仪度威重，举止非常，英勇盖世，骑射绝伦，雄谋大略，用兵如神，而又至诚御物，刚果能断，任贤不二，去邪不疑。凡所睹记，一经过目，终身不忘，众称为英明主云”。这些话出自清朝官方修订的正史，奉承得有点肉麻，不脱旧史书的窠臼，不必太过认真。

真实的努尔哈赤，十岁时母亲即去世，继母对他不好，他在十九岁时分得微薄的财产，与父亲分居，过起艰苦的生活。后来父亲虽有所忏悔，想帮助儿子，但努尔哈赤并不接受。在颠沛的生活中，努尔哈赤学会了如何生存，如何增强自己的力量。由于他不得不时常将自己采摘的人参拿到抚顺、清河、宽甸等市场去卖，他又很自然地与汉人接触频繁，学会了汉语，并看过《三国演义》等汉族的经典文本。这对他日后的发展大有裨益。

他还加入明辽东总兵李成梁的部队，屡立战功，深受李成梁夫妇的喜欢，甚至成为他们的义子。

女真族内部依然争斗不断。强凌弱，众暴寡，骨肉相残者比比皆是。

努尔哈赤的外祖父王杲势力增强，不服明朝管束，与明军多有冲突。努尔哈赤的祖父及父亲表面上是王杲的部下，实际上私下里与明将李成梁沟通。王杲战败后被杀，努尔哈赤的父亲塔克世被任命为建州左卫指挥。王杲之子阿台占据古埒山寨，继续与李成梁为敌。明万历十一年（1583 年），苏克素护河部图伦城主尼堪外兰引导明军镇压阿台。努尔哈赤的祖父、父亲闻讯后赶到古埒，劝说阿台投降明朝。阿台不从。两军展开激烈交锋，明军损失惨重，李成梁恼羞成怒。尼堪外兰立功心切，亲自到城下，对城上高喊："谁杀掉阿台投降，谁就会成为寨主。"城上有人听到此话，利欲熏心，竟真的将阿台杀死，举城投降。而李成梁则在进城后，命令将士实行残酷的屠城。顿时血流成河，城中无论大小皆被杀害。而努尔哈赤的祖父觉昌安、父亲塔克世，不幸也被明军误杀。

努尔哈赤悲愤万分，他责问道："我祖我父有什么过错，竟遭你们杀害？"明朝官员无话可说，只好谢过说："非有意也，是误杀耳！”

明军将觉昌安和塔克世的遗体送还。为安抚努尔哈赤，明廷特地赏给努尔哈赤“敕书三十道，马三十匹”。但是，努尔哈赤的怨恨怎能就此消除？他离开明军。

他与明军有不共戴天之仇，但他根本无力与明军对抗。他将仇恨埋在心里，并接受明廷的任命，继承父亲的职位，出任建州左卫指挥。

他更恨尼堪外兰，认为杀害他的祖父、父亲的真正凶手是尼堪外兰！

他要报仇。

此时，尼堪外兰深得明朝青睐，气焰嚣张，实力强大。努尔哈赤却只有“遗甲十三副”，力量实在太悬殊了。努尔哈赤的有些亲戚不仅不予帮助，反而想将努尔哈赤交给尼堪外兰，以换取自己的平安。努尔哈赤处境十分险恶。

不过，正如努尔哈赤自己所言：“吾自幼于千百军中孤身突入，弓矢相交，兵刃相接，不知几经鏖战。”他的英勇和智慧非常人所及。因此，尽管以少击众，努尔哈赤却很快将尼堪外兰的图伦城攻打下来。尼堪外兰仓皇而逃，努尔哈赤得兵百人，甲三十副。他顺势追击尼堪外兰，同时开始了统一建州女真各部的事业。

万历十二年（1584 年），努尔哈赤征服董鄂部。次年，征服浑河部。万历十四年（1586年），努尔哈赤攻克鄂勒珲城，杀死尼堪外兰，控制苏克素护河部。之后，他又于万历十五年（1587年）和万历十六年（1588年），先后降服哲陈部和完颜部，统一了建州女真。

在这些战役中，努尔哈赤身先士卒，不知经历了多少凶险。

攻打浑河时，努尔哈赤遇到了五寨联军八百人，是自己兵力的十倍。他的部下见势不妙，想要撤退。就连他的两个族兄弟也将盔甲卸下，打算轻装逃跑。努尔哈赤十分生气，大怒道："尔等平日里自称英雄，今遇到敌人了，反而胆小如鼠！"说着，他便率领族弟穆尔哈齐及另外两名勇士，杀向敌军。此四人可谓以一当十，一会儿工夫竟砍死敌兵二十余人。其他部众也掩杀过来。敌军见他们来势凶猛，心生惧怕，仓皇撤退。努尔哈赤乘胜追击，大获全胜。

攻打鄂勒珲城的战役中，努尔哈赤亲率四十人冲锋陷阵，受箭伤三十处仍无所畏惧。他的英勇形象极大地鼓舞了部下的斗志。

统一建州女真后，努尔哈赤雄心勃勃，要称霸北方，进一步统一女真各部。

# 10 战争与女人

英勇与智慧，一武一文，二者在努尔哈赤身上都有体现。表现在战争中，努尔哈赤一方面能够英勇杀敌，另一方面又能实施“远交近攻”等颇有智慧的策略，使自己的事业越滚越大。

战争与女人，一刚一柔，二者在努尔哈赤身上也有体现。表现在事业中，努尔哈赤既要依靠战争实现他的统一大业，又要通过女人实施他的种种策略。

努尔哈赤对女人不无感情，但对于这位政治家来说，政治婚姻要高于爱情与亲情。这是一个残酷却又不容回避的事实。

努尔哈赤的妻、妾，按照女真族的传统习惯被称为“福晋”。正妻被称为大福晋。努尔哈赤的后代建立大清后，尊努尔哈赤为清太祖，他的福晋也分别尊为皇后与妃子。

努尔哈赤第一位大福晋是佟佳氏，名叫哈哈纳札青。她为努尔哈赤生了二男一女：长子褚英生于万历八年（1580年），次子代善生于万历十一年（1583年）。长女生于万历六年（1578年），后来嫁给了五大臣之一的董鄂氏何和礼。努尔哈赤与佟佳氏并无多少故事可讲。佟佳氏生卒年不详，后被称为元妃。

第二位大福晋是富察氏，名叫衮代。她原为努尔哈赤表兄威准的妻子。威准病死，富察氏成为努尔哈赤的妻子。当时的女真族有个习俗：父死，子可以娶庶母为妻（不可以是生母）；兄死，弟可以娶其嫂为妻；弟死，兄可以娶弟媳为妻。因此，努尔哈赤娶富察氏为妻，是当时非常正常的现象。富察氏是在佟佳氏去世后才被立为大福晋的。后被称为继妃。她为努尔哈赤生了二儿一女：第五子莽古尔泰、第十子德格类；女儿名莽古济，下嫁锁诺木杜棱。

富察氏与努尔哈赤算得上是患难夫妻。九部联军攻打努尔哈赤时，便是富察氏推醒努尔哈赤，问他为什么会酣睡。富察氏机敏过人，曾很得努尔哈赤喜欢。可惜后来由于口无遮拦，得罪了努尔哈赤，接着受人陷害，被休。不久，努尔哈赤在气头上将富察氏赐死。富察氏一生最不幸的是：当她被赐死却无人敢执行时（恐努尔哈赤反悔），她的亲生儿子莽古尔泰为了讨好努尔哈赤，以获取政治上的权力，竟抢先下手，杀死自己的母亲。由此看来，富察氏算得上是政治上的牺牲品。

努尔哈赤的第三任正妻叶赫纳喇氏，名孟古姐姐，是叶赫部长杨吉砮之女。努尔哈赤初起兵时，曾到达叶赫。杨吉砮见努尔哈赤英姿勃发，觉得不是一般人物，决定将女儿许配给他。杨吉砮对努尔哈赤说："我有幼女，等她长大后，愿意许配给你。"努尔哈赤当时力量薄弱，极需要外部的援助，非常愿意与叶赫部联姻，于是迫不及待地说："你欲结姻盟，当以长女许配与我，何必等幼女长大。"杨吉砮回答："我并非不愿意将长女嫁给你，只是恐怕此女难合你的心意。幼女仪容端重，举止不凡，堪为君配。"努尔哈赤见对方如此说，便不再强求，于是和杨吉砮幼女订下婚约。杨吉砮后来被明总兵李成梁所杀，他的儿子纳林布禄继承父职，成为贝勒，又为李成梁击破。

明万历十六年（1588 年），努尔哈赤尚未统一建州女真。他在政治上采取"远交近攻"的策略，与叶赫、哈达等部交好。这年九月，纳林布禄跋山涉水，亲自护送妹妹叶赫纳喇氏，从松花江流域来到建州境内。努尔哈赤举行盛大的欢迎礼，叶赫纳喇氏成为他心爱的妻子。同一年，哈达国万汗之子扈尔干贝勒也将自己的女儿嫁给努尔哈赤。这无疑也是政治婚姻。此女后来被尊为努尔哈赤的侧妃。

努尔哈赤非常喜欢叶赫纳喇氏，但并未马上册立她为正妻。

随着努尔哈赤统一建州女真，他与扈伦四部的关系发生着剧烈的变化。

纳林布禄见努尔哈赤的势力日长，深恐其继续壮大，威胁自己的安全。明万历十九年（1591 年），纳林布禄向努尔哈赤提出无理要求，强迫努尔哈赤割土地给他。努尔哈赤严词拒绝。接着，叶赫、哈达、辉发三部各派使者，到努尔哈赤处强行索取土地，再次被拒绝。扈伦四部联合起来，对努尔哈赤百般威胁，但努尔哈赤不为所动。于是，便发生了 1593 年的九部联军攻打建州。

古勒山大战，努尔哈赤打败九部联军，威名大振，实力大增。他和他的弟弟舒尔哈齐，已各有战将一百五十余人和四十余人，各有士兵一万多人和五千多人，力量相当强大。但努尔哈赤此时头脑十分清醒，意识到自己不可能在此时同时消灭扈伦四部，认为："欲伐大木，岂能骤折，必以斧斤伐之，渐至微细，然后能折。相等之国，欲一举取之，岂能尽灭乎？"所以，他不仅没有将擒获的乌拉贝勒之弟布占泰杀死，反而恩养四年，然后于万历二十四年（1596 年）将其送回国内，成为乌拉国主。

明万历二十五年（1597 年），扈伦四部遣使前来，请求与努尔哈赤重新修好，并以婚姻加强双方的感情。努尔哈赤十分重视此事，他与弟弟舒尔哈齐分别娶布占泰的侄女和妹妹为妻，同时将舒尔哈赤的女儿嫁给布占泰。由于纳林布禄也来修好，努尔哈赤特地将纳林布禄的妹妹叶赫纳喇氏立为第三任大福晋。

叶赫纳喇氏 14 岁时嫁给努尔哈赤。其面如满月，丰姿妍丽，器量宽宏，端重恭俭，聪颖柔顺，见逢迎而心不喜，闻恶言而色不变，口无恶言，耳无妄听，与努尔哈赤相爱至深。她给努尔哈赤生了一个儿子，即皇太极，受到努尔哈赤的百般爱护。

叶赫纳喇氏的兄长纳林布禄却于重新修好后不久，再次反悔。这显然也是政治上的原因。双方继续敌对。

1603 年，叶赫纳喇氏病重，奄奄一息之际，向努尔哈赤提出的最后要求，就是再次见见母亲，努尔哈赤虽然为难，但仍然派人到叶赫交涉。纳林布禄不许。

叶赫纳喇氏最终含怨死去。努尔哈赤十分伤心。他恨纳林布禄的绝情，声称："自今后，两家已成敌国，我将筑城汝地，日为仇杀！"

次年，努尔哈赤便率兵征伐叶赫，攻取七寨，俘获二千人回来。

努尔哈赤的第四位正妻是乌拉那拉氏，关于她的故事，我将在后文中讲述。

总体来说，在战争中，女人往往以政治的附属形式出现。万历四十年（1612 年），努尔哈赤就是考虑到与蒙古科尔沁联姻的政治好处，主动向科尔沁左翼后旗明安贝勒求婚。明安亲自将女儿送到建州，嫁给努尔哈赤。这是满洲努尔哈赤与蒙古贵族的第一次联姻。

# 11 拉开满蒙联姻的序幕

为什么努尔哈赤要向科尔沁贵族明安求婚？

为什么明安心甘情愿地把自己的女儿嫁给年长的努尔哈赤？

政治上的需要自然是主要原因。

努尔哈赤的事业正如日中天。明万历二十七年（1599 年），努尔哈赤灭哈达部，擒其首领蒙格布禄。同年，努尔哈赤命额尔德尼和噶盖二人，以蒙古文字母与女真语音拼成满文，使女真族有了自己的文字。万历二十九年（1601 年），努尔哈赤正式创建旗制，设立黄、白、红、蓝四旗。旗制源于传统的牛录制。牛录是满语的音译，意为射野兽所用的大披箭。女真人出猎时，每十人立一总领，称为牛录额真。努尔哈赤在此基础上加以改进，规定以三百丁为一牛录，由牛录额真统领；又以五牛录为一甲喇，由甲喇额真统领；以五甲喇为一固山，由固山额真统领。汉语称固山为旗。每旗以所用旗帜颜色的不同相区别。这一制度既实现了“以旗统人，即以旗统兵”的军政合一，又实现了“出则备战，入则务农”的兵民合一，极大地强化了努尔哈赤的军事、政治、经济、社会力量。万历三十一年（1603 年），努尔哈赤迁都赫图阿拉。万历三十四年（1606 年），蒙古巴约特台吉恩格德尔会蒙古五部朝见努尔哈赤，尊其为昆都仑汗。万历三十五年（1607 年），努尔哈赤灭辉发部。万历三十六年（1608 年），努尔哈赤与明朝立碑划界，自称为国……

不过，在努尔哈赤不断强大的同时，危机也越来越大。尤其是他与明廷的关系发生变化，使危机变得更为明显。

女真各部均曾臣服于明廷。明廷对女真采取分化政策，不愿意女真内部出现强大的军事集团。努尔哈赤初崛起时，对明廷非常恭顺，接受明廷所授的官职，每年向明廷朝贡。为了讨好明廷，努尔哈赤多次亲赴北京，疏通彼此的关系。明廷对努尔哈赤也比较信任，多次加升他的官职。然而，当努尔哈赤的力量越来越大时，他与明廷的分歧也越来越多。除隐藏起来的杀父之仇外，明朝官吏的飞扬跋扈助长了努尔哈赤的独立愿望。终于，他自称为国，走向与明廷对立的一面。

明廷军事力量之强大绝非其他女真各部可比，努尔哈赤清醒地意识到自己正处于危险的悬崖边缘。倘若西北的蒙古各部、东南的朝鲜，还有北边未曾征服的叶赫部联合起来，自己将腹背受敌，必临灭顶之灾。因此，努尔哈赤必须争取同盟。蒙古铁骑之勇猛举世闻名。努尔哈赤不可能笼络同样具有称霸野心的察哈尔首领林丹汗，因此，他竭力想与科尔沁结盟。这一长远的计划早在古勒山大战后就埋下伏笔。

与此同时，努尔哈赤的强大，也促使科尔沁贵族不得不认真对待双方的关系。

明安贝勒敏锐地预测到努尔哈赤的远大政治前景，因此敢开先河，第一个将自己的女儿嫁给了努尔哈赤。明安此举必然深远地影响着科尔沁与努尔哈赤的关系，同时影响着科尔沁与林丹汗的关系。

从林丹汗的角度，科尔沁明安贝勒是胳膊肘开始向外拐。而从努尔哈赤的角度，他就是要与科尔沁贵族结亲，并将与科尔沁结盟作为强大自己的最坚实的基础。从某种意义上说，尽管林丹汗极不愿意科尔沁与努尔哈赤交好，他却从反面促使着这两个巨人联起手来。

林丹汗是成吉思汗的直系后裔，是察哈尔首领，同时也是蒙古各部名誉上的共主。

按照蒙古传统观念，只有成吉思汗黄金家族，才有继承汗位的权利，从而成为蒙古的共主。然而，当黄教逐步渗透蒙古社会、政治、经济、文化各领域后，汗权成为政教结合的产物，“灵魂说”逐渐取代了“天命说”。“灵魂说”虽然继续维护着汗权，但成吉思汗直系后裔的绝对权威却受到挑战。蒙古各部首领为提高自己的权势，纷纷从黄教最高领袖达赖喇嘛那里接受封号，如：喀尔喀蒙古的土谢图汗、阿鲁科尔沁部的车根汗等。权力之争必然使蒙古内部争执不断。到明朝末年，蒙古虽然有名义上的共主，但强大的部落各自为政，相对独立。

1604年，林丹汗继承祖父的汗位，成为全蒙古的大汗。除名义上的最高权威外，林丹汗的政治、军事实力，在蒙古各部落中也是最强大的。他以察哈尔蒙古为基础，直接控制着内喀尔喀巴林、巴岳特、札鲁特、乌齐叶特、弘吉剌特等五部。蒙古其他各部也需要定期向林丹汗朝贡献物，受他的统治。不过，林丹汗不满足现状，他希望自己能像先祖成吉思汗一样，树立更高的权威，实现对蒙古各部落真正的强权统治，而绝不允许某些部落内部出现相对独立的情况。于是，他对科尔沁等部步步紧逼，致使双方矛盾增大。

林丹汗虽然雄心勃勃，但他生性暴躁，并在一些小事上斤斤计较。科尔沁部吴克善大台吉有一只心爱的猎鹰，非常强壮，是捕捉飞鸟的好手。吴克善爱不释手，视为奇宝。林丹汗听说此事，便强迫吴克善将此鹰敬献给他。吴克善不肯，林丹汗勃然大怒，非要不可。科尔沁部部长奥巴黄台吉不得已亲自出面，劝说吴克善忍痛割爱。

奥巴黄台吉与莽古斯、明安等人一样，也是博第达喇的后代，他的权势范围主要在科尔沁右翼，同时又担任着科尔沁部长的职位。

诸如此类的小摩擦不断出现，不断累积，严重地影响着林丹汗与科尔沁的关系。最关键的是，莽古斯、明安兄弟们逐渐看出林丹汗的野心：他是想将权力统统收回己手，让其他人乖乖地做自己的奴仆。这自然是已经相当强大的科尔沁部所不能容忍的。

与此同时，曾与科尔沁交好的明朝，也将拉拢的重心转移到察哈尔。撤销了原来给漠南东部诸部（包括科尔沁部）的岁币，转赐给林丹汗。科尔沁自是对明朝廷产生不满。

在努尔哈赤向明安求婚时，科尔沁正好处于一个不好的境地：他们一方面不愿意被林丹汗吞并，另一方面又无法与林丹汗相抗衡。他们需要强大的外援——新崛起的努尔哈赤正是首选。因此，明安贝勒回绝事先已经许诺的女婿，高高兴兴地将女儿转嫁给了努尔哈赤。他的兄弟们受其鼓舞，从满蒙联姻中看到了新的政治远景，于是纷纷将女儿远嫁。

明安的兄长莽古斯，则将目光锁定在努尔哈赤的一个儿子身上。

# 12 姑姑远嫁



万历四十二年（1614 年），布木布泰刚刚 1 岁，她的姑姑便远嫁了。莽古斯王爷将 15 岁的女儿哲哲，嫁给了努尔哈赤第八个儿子——22 岁的皇太极。

哲哲就要远离家园，去一个陌生的自己无法预知的环境中。尽管莽古斯夫妇一再向她称许努尔哈赤及其儿子们的英勇和了不起，但她不知道自己的丈夫是一个什么样子。她的婚姻是完完全全的政治婚姻。至于是否幸福，只能听天由命。

她摸着布木布泰红红的小脸蛋，柔声说道："姑姑要出远门了。不知道这辈子能不能再见到你。"布木布泰虽然还不会说话，但似乎理解了姑姑的心情，用小手拍拍姑姑，好像劝说姑姑不必伤心。

莽古斯王爷亲自送女儿进入建州国境。努尔哈赤十分重视此事，命皇太极远迎数百里至辉发河流域，并在扈尔齐山城举行了盛大的婚礼。皇太极龙行虎步，仪表堂堂，能文能武，善解人意。莽古斯王爷非常满意，哲哲的脸上有了笑容。为了体现这一婚姻的重要政治意义，哲哲一到建州，便拥有皇太极诸福晋中最尊贵的地位。

1614年和1615年，满蒙联姻出现了第一个小小的高潮。除哲哲嫁给皇太极外，扎鲁特部落的钟嫩贝勒将女儿嫁给努尔哈赤的次子代善；扎鲁特部落内齐汗将妹妹嫁给努尔哈赤的第五子莽古尔泰；扎鲁特部落额尔济格贝勒将女儿嫁给努尔哈赤的第十子德格类；科尔沁孔果尔贝勒将女儿嫁给努尔哈赤。建州女真与科尔沁部落、扎鲁特部落进入关系融洽的时期。

哲哲嫁给皇太极后，科尔沁与努尔哈赤之间消息不断。布木布泰很小的时候，便知道建州女真、努尔哈赤以及皇太极的许多事情。

万历四十一年（1613年），努尔哈赤灭乌拉部。

万历四十三年（1615年），努尔哈赤在原有四旗的基础上，又增加镶黄、镶红、镶蓝、镶白四旗，合为八旗。原来的黄、红、蓝、白四旗则改称为整黄旗（后称为正黄旗）、整红旗（正红旗）、整蓝旗（正蓝旗）、整白旗（正白旗）。八旗兵平时耕田打猎，战时披甲上阵。这是努尔哈赤的一大创举。八旗制度作为努尔哈赤所定之国体，其不断完善使国家日益稳定、强大。这一年，哲哲的丈夫皇太极刚满23岁，但已成为正白旗最高统帅。

万历四十四年（1616年），努尔哈赤于赫图阿拉御殿称汗，建元天命，建立后金。公元1616年，又被称为天命元年。努尔哈赤被尊为“天任命的抚育诸国英明汗”。皇太极、代善、阿敏、莽古尔泰，合称“四大贝勒”，共同掌理国家机务。

天命三年（1618年），努尔哈赤羽翼已成，他总结自己与明朝多年来积累的无法化解的矛盾，归纳为“七大恨”，开始了对明朝的战争，当年就攻克明朝东北重镇抚顺。

天命四年（1619年）三月，努尔哈赤的军队在萨尔浒与明军展开大战，取得重大战果。这场战役中，皇太极转战三路，冲锋陷阵，所向披靡，立下赫赫功勋，极为努尔哈赤称赏。八月，努尔哈赤率部轻而易举地拿下了多年的宿敌——扈伦四部中最强、也是坚持到最后的叶赫部。

至此，混战多年的女真各部实现了真正的统一，努尔哈赤用三十六年的征战，实现了自己梦寐以求的大业。他所创建的国家又被称为满洲国。史书称：“满洲国自东海至辽边，北自蒙古嫩江南，至朝鲜鸭绿江，同一音语者，俱征服。”满洲国便是后金。

天命七年，努尔哈赤在辽阳城东五里太子河边修筑新城，创建宫室，接着迁都于此，称东京城。

布木布泰的姑姑哲哲嫁给皇太极以后，一直保持着嫡福晋的身份。她举止端庄，处事稳重，深受皇太极的敬重。但哲哲心里却很清楚，随着时间的延长，她的地位正受着巨大的威胁。因为她一直未能给皇太极生育儿子，而皇太极的另一位福晋乌拉纳喇氏，却已先后给皇太极生出长子豪格、次子洛格；皇太极的结发妻子也给皇太极生出一个儿子……

天命六年（1621 年）八月，布木布泰的哥哥吴克善来见姑母哲哲。哲哲讲出了自己的苦衷，她希望娘家能派出后援。此时努尔哈赤面临蒙古察哈尔首领林丹汗的强劲威胁，也想进一步加强与蒙古其他各部的关系，以分化瓦解林丹汗的统治，因此非常愿意与莽古斯家族再次联姻，亲上加亲。

吴克善却很是为难，说：“大妹妹海兰珠已经出嫁，小妹妹布木布泰只有 8 岁，此时出嫁是不是太小了？”哲哲一听，沉思了很久，说：“是太小了。不过，可以先聘定，等年满 12 岁时再成亲。”

这样，布木布泰在很小的时候，就与皇太极订了婚，开始肩负起颇为沉重的政治使命。她很早熟。在祖父莽古斯、父亲斋桑等人的培养下，她通满、蒙、汉三种文字，知书识礼，能文能武，为日后政治上的大有作为奠定了坚实的基础。

# 布木布泰出嫁前的政治背景

13



努尔哈赤统一女真，使明朝与蒙古均感到压力。

蒙古共主林丹汗开始将努尔哈赤视为劲敌。

天命四年（1619年），林丹汗决定先下手为强，写了一封信，派使臣递交努尔哈赤。信中，林丹汗以高人一等的口吻压制与威胁努尔哈赤。主要内容如下：

“统四十万众蒙古国主巴图鲁成吉思汗，问水滨三万人满洲国主英明皇帝安宁无恙。明国是我们二国的共同仇敌。今年夏，我已经亲自前往明国的广宁，招抚其城，收其贡赋。如果你也率兵攻夺广宁，那就是与我为敌，我必将牵制。你如果不听我的话，则我们二人是非，上天必明鉴。”

林丹汗的口吻激怒了努尔哈赤和他的部下。有人甚至想将林丹汗派来的使者斩首，但努尔哈赤强压怒火，说："此事与使者无关，用不着与他们为难。"于是，将使者放回。

此时，努尔哈赤所顾虑的主要是两点：一、他不希望强大的蒙古各部联合起来，否则，女真绝非蒙古的对手；二、他不希望蒙古与明朝联合起来，如果二者紧密结合，努尔哈赤同样面临灭亡的危险。因此，努尔哈赤竭力拉拢蒙古的其他部落。就在林丹汗来信后的第二个月，努尔哈赤与喀尔喀五部落结盟，明确了共同对待明朝的态度。

天命五年（1620年）正月，努尔哈赤写国书递交林丹汗，驳斥了林丹汗的来信，称："你何必以四十万蒙古之众来吓唬人。我听说明朝洪武时攻取你的大都，你们蒙古四十万大军败亡殆尽，逃窜活命的仅六万人。即便这六万人，也不尽属你统领。统属于鄂尔多斯的有万人，统属于十二土默特的有万人，统属于阿索特、雍谢布、喀喇沁的有万人，这三万之众，各有所主，与你有什么相干。另外三万人，也有不属于你统治的。你不足三万之众，却虚言四十万，以此轻视我国三万人，天地怎会不知？"

又说："你在来信中说，广宁是你的贡赋之地，不准我征伐，否则将牵制我。这是你想使我们有冲突。以前我们二人毫无怨言，现在你却以异姓明国的广宁一城，做轻薄之言，倒行逆施。我开诚布公，仰格苍天，你焉能不利于我……"

此信送往蒙古后，努尔哈赤与林丹汗的矛盾趋于明显。

林丹汗加强了与明朝的联系。

不久，与努尔哈赤结盟的喀尔喀五部也背弃了盟约。这显然意味着努尔哈赤外交上的一次失败。如此一来，科尔沁的态度便变得尤其重要了。

蒙古铁骑以及明朝大国，无论哪一家，当时的实力均超过努尔哈赤。所以，努尔哈赤在统一女真后，并没有感到安全，而是面临更大的挑战。他必须继续展开他的政治、军事、外交策略，尽量争取有力的同盟。在他的努力下，科尔沁虽在名誉上臣属林丹汗，实际上却与后金走得越来越近。

科尔沁继续受到察哈尔蒙古与喀尔喀蒙古的压制，而努尔哈赤则不断地向科尔沁抛出友好的橄榄枝。每次科尔沁有人到达后金，总是不虚此行，带回大量的物品。同时，后金的日益强大，也令科尔沁刮目相看。在他们看来，努尔哈赤显然比同族的林丹汗更具亲和力。因此，不仅科尔沁左翼与努尔哈赤建立了亲密的关系，科尔沁右翼也与努尔哈赤交好。

天命九年（1624 年），努尔哈赤再次派人到科尔沁，希望与之结盟。科尔沁部部长、科尔沁右翼首领奥巴台吉很快向努尔哈赤送去书信，表达了自己的心意："您就像青天之上太阳当空，众光尽敛，威震列国，众民慑服，普天共主之圣明皇帝陛下。自称嫩江水滨所居科尔沁贝勒等听闻皇帝谕言，众皆钦服。

如何修好，共定大业，惟皇帝命是从，我等绝不败约。只是如果察哈尔及喀尔喀知道我等与他国合，必然会侵犯我等。何以为计，惟皇帝圣明鉴之。”努尔哈赤得到此信，大喜，表示只要科尔沁与后金结盟，后金将全力保障科尔沁的安全。得到这一保证后，科尔沁与后金杀牛宰马，祭祀天地，共结联盟。

以上所述，应是布木布泰出嫁前的政治背景。

# 14 嫁给比她大 21 岁的皇太极

天命十年（公元 1625 年），布木布泰嫁给比她大 21 岁的皇太极。

此时的形势与当年哲哲出嫁时的形势大不相同。科尔沁与后金的关系更加融洽。

为了笼络与分化蒙古各部，努尔哈赤及其儿子们不仅娶蒙古女子为妻，而且，努尔哈赤家族的女子（包括努尔哈赤的女儿）也开始远嫁蒙古。为防止女儿嫁到蒙古后依仗自己的地位作威作福，努尔哈赤特地对蒙古人强调："朕曾经听说，蒙古察哈尔、喀尔喀诸贝勒的女儿嫁到其他部落后，常常仗势欺负丈夫，侵扰其国。我绝不允许这样的事情发生。我的女儿出嫁后，一定要与丈夫一家和睦相处。如果胆敢仗势欺人，你们告诉我，我一定严加处置。如果罪至当死，我必诛之；如果罪不至死，你们可以将其废去，另外娶其他女子为妻。”如此一来，双方在通婚上处于平等融洽的状态，消除了隔膜。

对科尔沁女子来说，嫁给后金的皇子，已不再是一件风险很大的事。

布木布泰的出嫁，既有姑姑为其撑腰，又有先嫁到后金的其他蒙古女子为其做伴，因此，她在出嫁时并没有太多的伤心和难过。

她本人虽然未曾见过皇太极，但早听说皇太极的事迹。在她心中，皇太极是个英雄。

关于布木布泰与皇太极的早期故事，后代有许多的说法，但多为杜撰。民国的许啸天便曾绘声绘色地描述了一段布木布泰很早就认识皇太极的故事。故事是这样的：皇太极在打猎的过程中，受人谋害，所乘战马被飞箭射中后腿。马四处乱跑，不知不觉来到一个小溪旁。皇太极口渴难忍，跳下马来，蹲在溪边喝了几口清水，顿时神清气爽。这时，他听到了呐喊声，紧接着看见几个女孩拍着快马追赶一只狼。皇太极忍不住技痒，弯弓搭箭，一箭射中狼的脑壳。与此同时，一位姑娘也将飞箭射出，并射中野兽。如此这般，皇太极便见到了这位姑娘——即布木布泰。“皇太极抬头一看，不觉眼花缭乱起来。这姑娘长得俊呢！你看她，苗条的身材，袅娜的腰肢，短袖蛮靴，扎缚得俊俏动人。再看她脸上时，一张鹅蛋样的脸儿，不施脂粉，又白净，又滋润，好似一块羊脂白玉。弯弯的眉儿，剪水似的瞳儿，琼瑶似的鼻子，血点也似的朱唇；两边粉腮上，露出两点笑涡来……皇太极眼中见了这绝色的女孩儿，早把他的魂灵儿吸去了，只是眼睁睁地望着，任你再三追问，他好似不曾听得一般。”就这样，两人开始了“初恋”。以上所述，为小说家言，娱乐可以，不必深信。毕竟，布木布泰当时只有13岁，这一婚姻不是自由恋爱，而是政治婚姻。

二月的一个黄道吉日，布木布泰出嫁了。新郎虽然不在科尔沁，但布木布泰的娘家还是举行了隆重的庆礼。

一切按照蒙古族的规矩进行，男方的迎亲人员（也许是皇太极派出的，也许是莽古斯家族选出的象征性的人员，史书上未有记载）驾着篷车，携带酒肉，来到女家门口。女方故意闭门不纳，佯作拒娶。当男方的宾相问为什么不欢迎时，女方的“贺勒木日沁”（宾相）便会说：

看您锦袍桂冠，像探亲的嘉朋；

看您披弓挂箭，像打生的猎人；

若是走错了门庭，南有大路可寻；

若是找不到猎物，北有深山老林。

您的故乡在何地？您的祖先是何人？

男方的宾相答道：

大金是我的家，布库里雍顺是我的祖先，

为着隆重礼节，穿了长袍马褂，

为了金玉良缘，骑了高头大马。

为着万世友好，

我们千里迢迢来到你家。

这样一番对话后，迎亲的人才进入门来，举行盛大的庆典。无数的祝福话传到小布木布泰的耳中，她的心里蜜滋滋的。

晚上，布木布泰的母亲语重心长地与女儿讲了好多贴心话，让女儿知道，她已经是成人了，将为人贤妻了。她将远离自己的家乡。也许，她一辈子再也无法回到科尔沁了。这时候，布木布泰又不禁伤感起来。

第二天，布木布泰的兄长吴克善率领大队人马，喜气洋洋，送妹妹远行。

皇太极早早地来到沈阳城北冈，迎接等候。双方见面后，举行盛大的筵礼。

接着，大队人马向东京城进发。英明汗努尔哈赤率领诸贝勒及众福晋亲自出迎十里，又举行盛大的筵礼。

入城后，第三次举行盛大的筵礼。这一次才是正式的婚礼。其规格比在科尔沁时更加隆重。而此时的规矩是按照女真的习俗进行的。女真习俗与蒙古大同小异，只是此次为皇家婚礼，自然与众不同。

婚礼在夜间举行。凌晨二时，布木布泰改穿旗袍，手拿苹果（预示平安），乘坐花轿来到皇太极的住处——四贝勒府。鼓乐声中，布木布泰被人扶下花轿，进入一间花团锦簇的宫殿。布木布泰与皇太极并排站立，在礼官的唱礼声中，行天地礼，行皇婚礼，行交拜礼等等。接着，皇太极将新娘迎入洞房，揭开盖头之前，皇太极拉开宝弓，向布木布泰虚射三箭。与此同时，洞房外传来了“喜歌”声。夫妻二人坐床上，吃长寿面，吃子孙饽饽，饮交杯酒……各种礼数行毕，布木布泰正式成为皇太极的福晋。

婚后次日，布木布泰在妯娌的带领下给本家亲人装烟敬茶。她见到了慈眉善目的努尔哈赤和漂亮娇俏的大福晋乌拉纳喇氏。也见到了努尔哈赤与乌拉纳喇氏的儿子多尔衮。多尔衮与布木布泰年纪相仿，正是血气方刚、年少有为的时候。布木布泰当然不知道，就是眼前这个小孩，竟会在以后与她以及她的儿子产生那么多的恩怨纠缠。

这一年的三月，努尔哈赤再次动迁都之念，想由东京迁至沈阳。理由是：“沈阳形胜之地，西征明，由都尔鼻渡辽河，路直且近。北征蒙古，二三日可至。南征朝鲜，可由清河路以进。且于浑河、苏克苏浒河之上游伐木顺流下，以之治宫室、为薪，不可胜用也。时而出猎，山近兽多，河中水族，亦可捕而取之。”由此看来，努尔哈赤雄心勃勃，要再创新的业绩。

又过数月，林丹汗入侵科尔沁。科尔沁告急，努尔哈赤增援，为其解围。后金与科尔沁建立了坚固的同盟关系。

1625年，无论对布木布泰、皇太极、努尔哈赤，还是对后金与科尔沁，都算得上不寻常的一年。当然，“不寻常”三字主要还是针对布木布泰而言的。

# 后金与科尔沁的盟誓

15

布木布泰出嫁刚六个月，科尔沁部长奥巴黄台吉便致书努尔哈赤，称林丹汗得知科尔沁与后金联盟后，非常生气，要兴兵入侵，科尔沁需要大金的援助。努尔哈赤马上回信，安慰奥巴：“坚固你的城郭，据城堵御，察哈尔短时间内无法攻破，就必然会撤退。否则，察哈尔将败退而逃，其国家也将面临危险。即便察哈尔不会失败，但它知道你的国家和城郭无法攻取后，以后便不会再来入侵，你们就可以安处无虞了。”努尔哈赤还通过使者转告奥巴，如果察哈尔果真入侵，大金不会袖手旁观。

十月份，林丹汉纠集人马，并联合喀尔喀五部的贝勒宰赛、暖兔等人，出兵征讨科尔沁。奥巴赶紧向努尔哈赤求助。努尔哈赤对此非常重视，亲自率大军赶往蒙古。大军行至开原城，努尔哈赤派出三贝勒莽古尔泰、四贝勒皇太极等统领精骑五千，快马加鞭，率先赶往前线援助。林丹汗围攻城寨，数日未能攻克，突然间听说努尔哈赤的精兵已到达农安塔地，心中惊慌，乘夜仓皇逃遁。努尔哈赤再次显示了自己的强大实力。奥巴非常感激，有意与努尔哈赤加固联盟。努尔哈赤当然高兴。

第二年的五月十六日，奥巴黄台吉专程到金国叩见努尔哈赤。努尔哈赤很高兴，以非常隆重的礼节接待。他首先派三贝勒莽古尔泰、四贝勒皇太极以及众台吉远迎。行走三天，皇太极等人在中固城遇到奥巴一行。双方行接见礼，非常亲热。皇太极等人设大宴款待奥巴，奥巴也宰杀牛羊招待皇太极等人。二十一日，奥巴即将来到京城。努尔哈赤闻讯，特地出城十里相迎。奥巴献上貂皮、貂裘、驼马，称："我等之物均被察哈尔、喀尔喀两家兵掠去，以至于没有拿得出手的礼物。"努尔哈赤马上笑容可掬地说："不要说这样的话。你我平安相见，我已经很满足了。"说一些体己话后，努尔哈赤设大宴款待奥巴，然后赐雕鞍、马匹、金顶帽、锦衣、金带等贵重物品。奥巴大喜，说："赏赐太贵重了，我都有点不敢深信。"努尔哈赤爽朗地笑道："些须之物，何足为意。"他还指着皇太极等人说："你们如果喜欢诸王所穿衣服以及其他奇异之物，可以任意向其逼取。"奥巴等人也不由得大笑，深为努尔哈赤的气度折服。

几天后，奥巴与努尔哈赤举行了当时最为庄重的盟誓仪式。布木布泰亲眼目睹这一场面。

当时的盟誓很有意思，具有原始古朴的风格。

《满文老档》中对此做了详细介绍：

天命十一年（1626年）六月初六日，努尔哈赤与奥巴黄台吉携手，走到大河南岸。祭坛已经摆好，努尔哈赤下令，将白马黑牛牵来，当场宰杀。白马祭天，黑牛祭地，然后焚香献牲。场面非常庄严，努尔哈赤与奥巴黄台吉相互对视后，一起行三跪九叩大礼。礼毕，二人对天宣誓。

努尔哈赤说："金国汗（即努尔哈赤本人）对天地盟誓，明与察哈尔、喀尔喀欺凌我之正当生活之人，我不堪忍受，昭告于天，上天以我为是。又察哈尔、喀尔喀合兵欲杀掠科尔沁之奥巴黄台吉，上天以奥巴黄台吉为是。奥巴黄台吉积怨愤于察哈尔、喀尔喀，为谋国事，前来与我相会，此乃上天使我受难之二人相合也。若思天使之合，互不欺瞒，良善而行，则蒙上天眷顾之恩。若不思天使之合，相诱为恶，诓骗而行，则受上天责罚。若恪守盟好，则永享上天之恩养。"

奥巴黄台吉宣誓道："上福天命，乃崇贵根苗生于天下大地，无与伦比。为汗之至亲，与英明汗同心同德无所隐讳之奥巴黄台吉，我二人自扎萨克图汗以来，我科尔沁诸贝勒对察哈尔、喀尔喀皆以诚心相待，并无构恶之处。然欲求好而不可得，杀掠不已。尽杀我无辜之达赖台吉。不久，斋寨来兵，又杀我贝勒六人。欲求相安无事不成，反被掠杀无辜，故我等拒之。察哈尔、喀尔喀竟又以尔等为何拒之为由，兴兵而来，欲行杀掠。仰蒙天父垂佑，又赖满洲汗之眷顾而怀感激之恩，善行之望，特来会满洲汗，为结同盟，誓告天地。若渝盟天之言，忘满洲汗之恩，与察哈尔、喀尔喀合，则使奥巴黄台吉恶之愈恶，苦之愈苦。若践对天之盟誓，不忘满洲汗之恩，以善行之，则蒙上天怜之愈怜，养之愈养。后世子孙若有渝盟者，则受天谴，恶之愈恶，苦之愈苦。若不违盟誓，仍以善行，则蒙天佑，养之愈养，怜之愈怜。”

宣誓完，二人以苍天为证，将誓文当众焚毁，以表诚意。

这一仪式后，科尔沁实际上归附了努尔哈赤。努尔哈赤赐奥巴黄台吉以土谢图汗名号。

奥巴还向努尔哈赤请婚。努尔哈赤破格将抚养宫中的侄孙女肫哲格格（舒尔哈齐子图伦的女儿）许嫁，让奥巴挑吉日迎娶。此事开后金国皇室女外嫁蒙古藩王之先河。奥巴台自是一再称谢。

# 英明汗：英明背后的冷酷

16



在后金，布木布泰最亲近的人是她的姑姑哲哲。哲哲需要布木布泰帮助她稳固博尔济吉特氏在皇宫中的地位，布木布泰则需要哲哲的指点。刚到后金，布木布泰有许多东西要学。

有一次，哲哲私下问布木布泰："你觉得大汗怎么样？"布木布泰想都没想，说："英明汗慈祥可亲。"哲哲笑了。不过，回去后她却陷入了长长的思考当中。思考的结果是，要想使布木布泰能立足于复杂的皇家，就必须让她清醒地认识到皇家的复杂。

她决定告诉侄女关于努尔哈赤的所有事情，包括努尔哈赤囚弟、杀子、休妻、嫁女等无情之举。

第一件是兄弟相残的故事。

努尔哈赤有一位比他小四岁的弟弟舒尔哈齐，

二人同父同母，幼年时共同遭受继母的虐待，相依为命。努尔哈赤以十三副遗甲起兵时，舒尔哈齐即跟随左右，患难与共。努尔哈赤非常信任弟弟，给予舒尔哈齐很大的权力。明廷曾将他们兄弟并称为都督，朝鲜官方也将兄弟二人并称为“老哈赤”、“小哈赤”。在建州女真，除努尔哈赤外，权力最大的就是舒尔哈齐。舒尔哈齐有自己的部众和财产，与努尔哈赤共同掌管建州事务。他的女儿分别嫁给蒙古王爷、女真权贵和明朝边将。他的一个女儿还嫁给了当时全权管辖女真各部的明将李成梁之子，并生下一个儿子。这一点对舒尔哈齐非常有利，民间也有“奴酋女婿作镇守，未知辽东落谁手”的传言，这里的奴酋便是指舒尔哈齐。舒尔哈齐势力的增强，加强了他的自主意识，不再一心一意听从兄长的命令，这使努尔哈赤产生了戒备心理。

万历三十五年（1607 年），东海女真的一个部落苦于乌拉女真的长期骚扰，自愿归附努尔哈赤。努尔哈赤派弟弟舒尔哈齐，儿子褚英、代善率兵三千前往迎接。归途中，部队受到乌拉女真部布占泰的袭击。

布占泰与努尔哈赤兄弟既是政敌又是姻亲。对努尔哈赤来说，布占泰是妻叔又是女婿；对舒尔哈赤来说，布占泰是内弟又是两个女儿的夫婿。努尔哈赤之所以与布占泰联姻，主要原因是政治需要。而舒尔哈齐则不同。这一次，按照努尔哈赤的命令，一旦布占泰胆敢袭击，我军必重挫之。而舒尔哈齐却并不愿意与布占泰争锋。因此，他虽为主帅，却采取了消极的态度。褚英、代善率领军兵浴血奋战，大败布占泰于乌碣岩，斩三千首级，获马五千匹，甲三千副。而舒尔哈齐却停滞不前，以五百人停滞于山下，他的部将常书、纳齐布也分别率百人跟从。

部队返回后，努尔哈赤不好直接惩罚舒尔哈齐，于是决定将常书、纳齐布定以死罪，以示惩罚。舒尔哈齐不服，起而抗争："诛二臣与杀我同！"努尔哈赤看弟弟这样执拗，便免除了二人的死罪，但从此不再派遣舒尔哈齐率领军队。舒尔哈齐对努尔哈赤更加不满，自己要另建一城，甚至要率部离开建州，到其他部落居住。这是努尔哈赤所不能容忍的。

努尔哈赤虽然很注重亲情，但亲人一旦成为政敌，他的天平就会向政治倾斜。这也许是古往今来许多政治家的共性。不久之后，他便以迅雷不及掩耳之势，迅速将怂恿舒尔哈齐的人诛杀，并将舒尔哈齐拘禁起来。舒尔哈齐想不到曾十分疼爱自己的亲哥哥竟真的对他下手，郁郁寡欢。两年以后，即万历三十九年（1611 年）八月，舒尔哈齐死于牢中，时年仅 48 岁。

第二件是父子恩仇的故事。

努尔哈赤有十六个儿子，褚英是第一子。褚英为元妃佟佳氏所生，英勇善战，屡建战功，深得父亲的喜欢。努尔哈赤受汉族思想的影响，立长立嫡，一度把褚英立为自己事业的接班人，并赋予他很大的权力。可是，褚英生性暴躁，气量太小。他在大臣们面前摆架子，耍威风，盛气凌人。在弟弟们面前也极其霸道，不允许不听他的话，而且不准任何人将他的话告诉努尔哈赤。他擅长使小性子，对于他看不惯的人，睚眦必报。他放出话来：凡与他不好的弟弟和大臣，等他即位后，一律处斩。这使许多人感到心惊胆战。最后，他的四个弟弟代善、阿敏、莽古尔泰、皇太极以及努尔哈赤十分倚重的五大臣，联合起来向努尔哈赤揭发他的行为，并说出自己的真实想法：“担心大汗死后，我等的性命难保。”努尔哈赤听后大吃一惊，随后进行了认真的调查，调查结果表明，褚英的行为确实如此。努尔哈赤对褚英的看法因此大变，不再打算将汗位传给褚英。褚英并不汲取教训，反而将小心眼发展到极限，变得十分恶毒起来。他开始疯狂地结党营私，阴谋篡夺汗位。努尔哈赤亲征乌拉时，他对天诅咒父亲、弟弟，咒他们在战争中失败。他还试图纠集军队，堵住城门，不让父亲回来。努尔哈赤对这个孽子的行为终于忍无可忍，在万历四十三年（1615 年）八月下令处死褚英。褚英死时年 36 岁。

第三件事与休妻有关。

褚英死后，努尔哈赤将次子代善作为汗位的继承人，对诸王大臣们说：“待我死后，要将我的幼子和大福晋，托大阿哥善为抚养。”代善的权势由此如日中天。此时的大福晋是乌拉纳喇氏阿巴亥。她为努尔哈赤生下三个儿子，分别为阿济格、多尔衮、多铎。这三个儿子非常聪明，尤其是多尔衮，极受努尔哈赤宠爱。

也许是大福晋阿巴亥看上了代善的权势，也许是觊觎汗位的人（最有可能是皇太极）恶意陷害，总之，就在代善满心希望接任汗位的时候，一件意想不到的事令努尔哈赤大发雷霆。努尔哈赤的小福晋代音察突然告发大福晋阿巴亥与大贝勒代善关系暧昧，并举出许多事例，说：“大福晋曾两次备佳肴送与大贝勒，大贝勒皆受而食之；一次备佳肴与四贝勒（皇太极），四贝勒受而未食。”又说：“大福晋一日两三次遣人至大贝勒家，大福晋本人也两三次深夜出宫院。”此事过后不久，努尔哈赤又听到外面的传言，说：“汗宫内贝勒大臣宴筵，聚会议事，大福晋都以金银珠宝妆饰之，且望着大贝勒走来走去。”

最终，努尔哈赤认定阿巴亥背叛了自己。他怒火中烧，但又不想家丑外扬，于是借着大福晋窃藏财帛等名义予以惩罚。他当众宣布：“此福晋奸诈邪恶、欺诳盗窃。凡是人身上所具有的罪恶，她都具备。这样的人不杀不行。可是如将她杀死，我的像心肝一样心爱的三子一女将会怎样痛苦悲伤？她的小儿子们生了病有谁能够照料？不过，我再也不愿意和她一起生活，我要把她休离。只允许她在幼子生病时回来照料。”就这样，努尔哈赤将恩爱妻子休掉。由于种种原因，他没有惩罚代善，但代善从此名誉扫地，失去了继承汗位的机会。

努尔哈赤还将自己的女儿远嫁蒙古，这自然不是女儿们所愿意的，也不是努尔哈赤本人所愿意的。努尔哈赤曾对蒙古贝勒说："求亲之言诚然，岂能憎嫌于尔等乎？尔等常居郊野，而我女则不能。我女身居楼阁，衣食具备。我不能嫁女于受苦之地，分给万家之国人。"可是，说归说，当女儿远嫁成为他的政治需要时，努尔哈赤往往不顾亲情，强迫亲生女儿到生活艰苦的环境生活。在努尔哈赤看来，与亲情相比，万年基业、百代江山更为重要。

当然，无论在哲哲还是布木布泰眼中，努尔哈赤不会因为这些事而失去他的英雄光环。

哲哲之所以告诉布木布泰这些事情，只是希望她意识到政治的残酷，让她早点成熟，以便担当大事。

# 皇太极与汗位争夺战

17

爱新觉罗·皇太极，万历二十年十月二十五日（1592年11月28日）生，其母为叶赫纳喇氏。

史书上记载，皇太极仪表奇伟，聪睿绝伦，颜如渥丹，严寒不栗，长益神勇，善骑射，性耽典籍，谘览弗倦，仁孝宽惠，廓然有大度。他是一位文武兼备的能人，颇受汉族文化的影响，懂韬略，心机深厚。他12岁丧母，20岁开始带兵打仗，其英勇善战，屡立战功。在著名的萨尔浒大战中，皇太极立奇功，努尔哈赤大赞道："吾子皇太极，父兄依赖，如身之有目。"他虽然排行第八，却很早就执掌大权。后金建立后，他被称为四贝勒，与大贝勒代善、二贝勒阿敏、三贝勒莽古尔泰，合称"四大贝勒"。四大贝勒按月掌理国家机务，是后金的权力首脑。

四人都有继承汗位的可能。而二贝勒阿敏是努尔哈赤弟舒尔哈齐之子，继承汗位的可能性很小；三贝勒莽古尔泰生性卤莽，亲手杀死自己的母亲，不被努尔哈赤喜欢，不可能继承汗位。因此，储君之争主要是在代善与皇太极之间进行。

最高权力的争夺向来异常残酷。皇太极的高明之处在于，他非常沉稳，在不动声色之间，抓住了代善可供攻击的把柄（当然也摸清了父亲的心理）。利用小福晋代音察的嫉妒心理，离间了努尔哈赤与代善的关系。

小福晋代音察本不敢轻易得罪努尔哈赤的大福晋与大阿哥，这二人无论哪一个，都有极大的权势，是代音察根本无法抗衡的。但代音察却做了别人所不敢为之事，就是因为后面有重量级的人物做后援。此人非皇太极莫属。

代善本人未必与大福晋有什么越轨行为，但在皇太极的策划下，二人均受到沉重的打击。即便如此，代善本人未必认为此事系皇太极幕后所为，他可能认为莽古尔泰嫌疑更大。因为莽古尔泰很明显与代善有更大的矛盾。

代善因代音察的揭发，被努尔哈赤疏远，但他的灾难远非就此结束。代善的前妻生了两个儿子，一个叫岳托，一个叫硕托。前妻去世后，代善所娶后妻经常向他说两个儿子的坏话，代善信以为真，经常虐待两个儿子。东窗事发后，代善心情郁闷，在家里乱发脾气，再加上后妻添油加醋，便将满腔怒气全部发泄在两个儿子身上，甚至要亲手杀死硕托。硕托忍无可忍，与阿敏之弟齐桑古商量，企图投奔明朝。此事没有成功，但被努尔哈赤得知，在查找原因的时候，硕托讲述了父亲的行径。努尔哈赤愤怒地斥责代善，而莽古尔泰乘机落井下石，说："我辈诸弟、诸子及国内诸大臣都怕兄嫂。"努尔哈赤更加生气，呵斥道："像你这样的人，如何能当一国之君？"将代善的储君地位废除。代善非常惶悚，他不愿意有褚英那样的下场，于是亲手杀死后妻，并向努尔哈赤请罪，发誓："日后如果还存以非为是、以恶为善之心，还抱着怨恨与敌意，甘愿受天谴地责，不得善终。"努尔哈赤原谅了他，保留他大贝勒的爵位及正红旗旗主的地位。但他不再可能成为汗位的继承人。

此时，皇太极成为四大贝勒中最有可能继承汗位的人选。

不过，两次立储失败给努尔哈赤很大的打击，他也意识到，权力的极限潜藏着觊觎的野心。如果再这样下去，保不定自己的多少儿子要卷入残酷的纷争，斗得你死我活。这是他不愿意看到的。因此，他在晚年取消了预立储君的打算，改用八和硕贝勒共同治理国政的制度。他立代善、阿敏、莽古尔泰、皇太极、德格类、岳托、济尔哈朗、阿济格、多尔衮、多铎十位贝勒为和硕额真，共同管理国政。遇到涉及汗位继承大事时，由八大主旗贝勒共同推举新汗。同时，八大主旗贝勒也有权将不合格的国汗废除，择其善者而立。

努尔哈赤实行这一制度有其历史原因，也有他良好的愿望。他将军民分为正黄、正白、正红、正蓝、镶黄、镶白、镶红、镶蓝八旗。八旗各有旗主，各置官属，各有人民，互相并立，各不相下。这样一来，可以适当缓解儿子们对汗位的激烈争夺。

即便如此，皇太极仍然渴望着继承汗位，他虽然并不表现出来，但不断增强自己的实力，并在紧要关头一举消灭最大的障碍，获得最后的成功。

# 18 宁远之败与对待汉人政策

努尔哈赤戎马一生，打过无数大战，几无败绩。到晚年更是兵强马壮，百战百胜。特别是他与明军的较量，可圈可点。

自与明廷翻脸后，努尔哈赤迅速攻占抚顺、清河。远东总兵张承胤率一万精兵来战，也被他打得狼狈逃窜，张承胤被杀。明廷感受到巨大的威胁，于是从全国征集八万八千多人的大军，并胁迫朝鲜、叶赫二万三千余人参战，浩浩荡荡进攻后金。敌众我寡，努尔哈赤了解到对方采取“分兵合击”的战术后，采取“任他几路来，我只一路去”的对策，即采取优势兵力，各个击破。此一役即萨尔浒大战，努尔哈赤以少胜多。之后，努尔哈赤取开原，攻沈阳，占辽阳，破广宁，如砍瓜切菜一般，七十余城尽入其手，辽河以东尽为后金所有。努尔哈赤还吓走明朝巡抚王化贞率领的十几万大军。山海关外的几百万汉民也纷纷内迁。在这种辉煌的战绩下，努尔哈赤大有挥鞭南下、直捣明廷的英雄气概。

可是，他万万没有想到，自己一不小心，竟栽在“无名小子”袁崇焕之手。

广宁失守后，明廷将王化贞下狱处死，改派王在晋经略辽东。王在晋胆小无能，不久被撤，改任孙承宗经略辽东。孙承宗原为明朝兵部尚书，有战略眼光，而且知人善任，重用袁崇焕。

袁崇焕本是一名下级文官，但他很有胆略，颇具将才。广宁失陷后，袁崇焕曾单骑出山海关，夜行入荆棘蒙茸虎豹潜伏之地。实地考察后，他提出建议：“若保关内，必守关外，若保关外，必守要冲之地宁远。”并说：“予我军马钱谷，我一人足守此。”孙承宗接受了袁崇焕的建议，“以守为战”，大力整顿山海关的防务，重点提高宁远城的守备力量，派袁崇焕、祖大寿等人驻守宁远。袁崇焕干劲十足，将宁远城修筑得非常坚固，并且训练了十一万人的精兵，购买了先进的武器，其中包括“红夷大炮”。

在孙承宗的布置下，明军形成了以锦州、宁远为重点的严密的关外防线，使努尔哈赤无机可乘。可惜的是，孙承宗不久被阉党魏忠贤诬陷，乃弃职不干。他的继任高第认为关外不可守，将关外守备统统撤去。袁崇焕宁愿舍生取义，不肯撤离宁远，于是宁远成为关外的孤城。

宁远之战



努尔哈赤进攻关内的机会终于来临，但是他必须先攻下宁远。他了解到袁崇焕从未指挥过大的战役，觉得对方远不是他的对手，于是率领大军到达宁远，传话给袁崇焕："汝等此城，吾以兵二十万来攻，破之必矣。城内官若降，吾将贵重之，加豢养焉。"袁崇焕回答："汗称来兵二十万，虚也。大概有十三万。即使如此，我不以来兵为少也。"意思就是，我们会严阵以待。

努尔哈赤下令攻城，袁崇焕激励将士，誓死守城。城池如铜墙铁壁一般，城上矢石俱下，且有先进的红夷大炮。只见土石俱扬，攻城将士纷纷腾空坠马，损失惨重。努尔哈赤派出一批又一批的将士日夜不断地拼死进攻，但袁崇焕训练出来的守城军兵异常顽强，也是豁出性命与金兵死磕到底。后金军马的尸首累积如山，努尔哈赤仍不甘心，亲自冲锋陷阵，不料也被炮石击中，身负重伤。

这样，努尔哈赤不得不承认自己的失败，打算撤兵。袁崇焕见状，派遣使者送礼物给努尔哈赤，说：“老将久横天下，今日败于小子，岂非天数?”努尔哈赤受此侮辱，当然不服，约袁崇焕再战。可是他的伤势已非常严重，只好率部返回。

努尔哈赤英雄一世，从未打过这样的败仗，心情之恶劣可想而知，不久，他便郁闷而死。

返过头来，细想一下，为什么宁远城的汉民宁愿战死，也要顽强抵抗?这与努尔哈赤对待汉人的态度有很大的关系。



努尔哈赤进入辽沈地区以后，其野蛮的掠夺杀戮，激起了广大汉族百姓的强烈反抗。在这种情况下，努尔哈赤并没有什么高招，仍然采取原始的粗放型杀戮政策，甚至变本加厉，更加凶残地镇压，这种血腥镇压加强了汉人的仇恨心理。由此也就可以理解，为什么宁远城的军兵在袁崇焕的有力指挥下，甘愿舍身保城!

看来，对待文明程度高、人数又多的汉人，后金的统治者应该学习和采取一种明智的统治策略。这可能就是宁远之败后摆在努尔哈赤、皇太极等人面前的严峻问题。这个问题无法解决，后金想要进一步发展壮大，就会难上加难。

这件事显然对布木布泰也有启发，以后的事例可以加以证明。

# 19 大妃阿巴亥：以自己的死，换儿子们的平安

布木布泰出嫁后金的当年，她的姑姑哲哲便临盆了。虽然生下的只是一个女儿，但有总比无强，有了第一个，说不定就会有第二个，而第二个说不定就是个儿子呢！哲哲非常高兴。布木布泰一直在姑姑身边，帮姑姑照顾孩子。二人更加亲密。

天命十一年（1626年）七月，布木布泰到达后金已是一年有余，聪慧的她在姑姑的指引下很快熟悉了宫廷内的各种关系。她也见到了努尔哈赤的所有子侄，这些人当中，大福晋阿巴亥之子多尔衮与布木布泰年龄相仿，二人很快就熟起来了。

大福晋阿巴亥也被称为大妃，相当于皇后。她与代善私通，曾被努尔哈赤废除大妃名号。但努尔哈赤非常宠爱她，不久之后又察明，阿巴亥虽

与代善关系密切，但说二人有越轨行为，又缺乏证据。加上阿巴亥事发后表现很好，努尔哈赤也就原谅了她，很快又恢复了她的大妃名号。

大妃有三个儿子，大儿子阿济格，二儿子多尔衮，三儿子多铎。努尔哈赤爱屋及乌，非常疼爱这三个儿子，将他们的住处安排在离自己最近的地方，以便能常常见到。天命十一年时，阿济格二十出头，而多尔衮不过十五岁，多铎不过十三岁，努尔哈赤却给予他们非常大的权力。

此时八旗的分管情况如下：皇太极掌管着正黄旗和镶黄旗，代善掌管正红旗，莽古尔泰掌管正蓝旗，阿敏掌管镶蓝旗，阿济格、多尔衮、多铎三兄弟分掌正白旗、镶白旗和镶红旗。八旗旗主中，皇太极权势最大，一人兼任两旗旗主。但多尔衮三兄弟合起来的权势却高过了皇太极，且背后有他们颇懂权术的母亲阿巴亥。因此，在最高权力的博弈中，大妃与她的儿子们成为众矢之的。

努尔哈赤在世时，权力的博弈被隐藏得很深。而努尔哈赤一旦驾崩，斗争迅速转变为你死我活的较量。

七月二十三日，努尔哈赤身体不适，前往清河温泉疗养。十三天后，努尔哈赤病情加重，自知离死不远，乃乘舟顺太子河而下，并遣人召大妃阿巴亥来迎。舟入浑河的时候，阿巴亥赶到，此时努尔哈赤已进入弥留状态。他为阿巴亥留下了最后的遗言。八月十一日未时，舟至距沈阳四十里的瑷鸡堡，努尔哈赤病逝，年68岁。

听到大汗死去的消息，诸贝勒大臣与万民百姓哀痛呼号，远近不绝。但国不可一日无主，由谁继承大位成为最迫切的问题。

努尔哈赤临终前，只有阿巴亥一人在身边。因此，她向诸贝勒大臣宣布了汗王的遗旨，主要内容是：汗位由十四子多尔衮继承，由大贝勒代善辅政，待多尔衮成年后，代善归政。

大妃阿巴亥话音刚落，下面已闹腾开了。参加会议的都是后金的首领，每个人的心里都有一杆秤。如果按照大妃所言，则大妃可以凭借“皇太后”的名义，借助三个儿子的权势，左右整个大金国，而其他贝勒如皇太极、莽古尔泰等人，将无立锥之地。这是皇太极等人绝不愿意看到的。

用不着皇太极先开口，莽古尔泰抢先跳出来，恨恨地说：“你说这是汗王的遗言，可有什么凭证？”

大妃拿不出凭证，因为努尔哈赤没有写下任何字据。

莽古尔泰不答应了，质问：“谁知道你的话是不是真的？”

紧接着，皇太极等人也开始反守为攻。

这一争夺的胜败，最终决定于实力的高低。

皇太极、莽古尔泰等人联合起来，其力量之大，远非大妃及她年幼儿子们所能抗衡。而代善向来圆滑，他在权衡利弊后，也把杠杆倾斜于皇太极等人一边。

因此，史书上便有了这样的话，认为努尔哈赤于“国家政事，子孙遗训，平日皆预定告诫，临崩，不复言及”。就是说，努尔哈赤并没有什么临终遗言。

不仅如此，皇太极等人一旦与阿巴亥撕破脸，下一步就是当机立断，迅速铲除阿巴亥。

他们宣称：大福晋美丰仪而心未纯善，常拂上（即努尔哈赤）意，虽有机巧，皆为上英明所制。上知之，恐其后为乱于国，预以书遗诸贝勒。

接着，皇太极等人拿出一份遗书（是真是假，谁也不知），宣读努尔哈赤的遗旨：“我身后必令大福晋殉葬。”



妻子为死去的丈夫殉葬，这是当时一种落后的习俗。不过，习俗中也有规矩，即：如果一定要妻子殉葬，必须是此妻没有年幼的子女。否则年幼的子女由谁抚养？

因此，阿巴亥于情于理，是不应该为努尔哈赤殉葬的。

大妃不想就此死去，与诸贝勒周旋。

诸贝勒坚称：必须服从先帝遗命。你虽不想死，但帝命不可违背。你就死心吧！

双方剑拔弩张，但大妃明显处于劣势。

她应该称得上一位伟大的母亲，在自己最危险的时候，却首先想到了自己的儿子，害怕年幼的儿子们卷入这场政治漩涡，无辜葬送了前程。所以她很快便妥协了，决定以自己的死，换儿子们的平安。

大妃阿巴亥穿上礼服，装饰上金珠珍宝，涕泣着对诸贝勒说："我十二岁就开始侍奉先帝，丰衣美食二十六年，怎忍心离开？我愿意相从先帝于地下。但我的两个幼子多尔衮与多铎，请你们恩养之。"

皇太极、代善等人见阿巴亥让步，想想让她活活死去，也够凄凉的。她的临终遗言，还有什么不可以答应呢？

于是，历史的画面也变得温情起来，只见皇太极等人也流着泪答应："我们如果不恩养二幼弟，是忘父皇也，焉有不恩养的道理？"

大妃阿巴亥于当天辰时，以身殉葬。与她一起从殉的，还有两位小福晋。其中之一，就是曾告发大妃与代善私通的代音察。

有人说，皇太极害怕秘密泄露，为了灭口，顺便将代音察铲除了。

大妃之死就发生在布木布泰身边。如果说，她的老公公努尔哈赤囚弟、杀子、休妻、嫁女均是耳闻，那么，一个权力达到巅峰，在努尔哈赤死后可能掌握最高权力的大妃，却在转眼之间被活活地逼死，就是布木布泰亲眼所见了。她亲眼看到了大妃、多尔衮的绝望的神情，对多尔衮产生了无比的同情。她仔细琢磨此事的来龙去脉，感到后脊梁一股凉意……高处不胜寒，但她已位于高处。因为她是皇太极心爱的妻子，她还担负着科尔沁娘家的无限寄托。她将必须在政治这条险恶的道路上走下去，她有雄心壮志，但她又必须慎之又慎，有前人之鉴，不可不防。

# 进入皇太极时代

20

大妃一死，皇太极成为继承汗位的最佳人选。

代善是皇子当中最长者，又是大贝勒，执掌重权，本有意争夺汗位。但他的儿子岳托贝勒及萨哈廉贝勒来到他的面前，说："国不可一日无主，宜早定大计。四大贝勒皇太极才德冠世，深得人心，众皆悦服，当速继大位。"代善本性圆滑，一听此话，便知自己绝不可能与皇太极争锋。与其失败受辱，还不如早立拥戴之功。他沉吟片刻便说："我早有此意。你们所说的话，天人共拥，有谁不从？"于是和他的儿子们连夜赶出一份拥立皇太极的文书。

第二天，诸贝勒大臣聚于朝堂。代善将拥戴皇太极之书拿了出来，当众阅读。莽古尔泰见大贝勒都让贤了，他自然也无话可说。

皇太极

于是，史书上便有记载："大贝勒、阿敏、莽古尔泰及诸贝勒。阿巴泰、德格类、济尔哈朗、阿济格、多尔衮、多铎、杜度、硕托、豪格等皆喜曰善。议遂定，乃合词请上（即皇太极）即位。"

可以说，皇太极继承汗位，底下的文章已做得非常充分，是水到渠成之事。他本人深受汉文化影响，所以在深知汗位已稳入己手的时候，便仿照汉族统治者的怀柔之术，一再谦逊地推辞。



面对众人的拥戴，皇太极谦虚地推辞道："汗王并无立我为储君的命令，我怎么能擅自登位呢？再者，我还有兄长，我怎么能在他们之上成为君主呢？"

皇太极的此番表白赢得了代善等人的好感。代善等于是更加诚心诚意地拥戴皇太极。

皇太极仍不答应，说："如果我继承汗位。我怕自己上不能敬诸兄，下不能爱子弟；怕自己不能很好地治理国政，不能对下属赏罚严明；还怕不能爱养百姓，不能举行善政。我德行浅薄，恐怕不能胜任。"

他的这番语重心长的话自然更加重了众人对他的好感。众人更加强烈地拥立他。

诸贝勒齐声说道："国岂可无君，众议已定，请勿推辞！"

如此这般，皇太极推之又推，众人拥之又拥。在这一过程中，众人为了使皇太极就位，免不了一再强调自己的忠心，强调自己日后一定尽心竭虑地听从皇太极的命令。这才是皇太极真正想得到的。

多次谦让后，皇太极终于"被逼无奈"地成为新皇帝。

九月初一，皇太极率诸贝勒群臣，焚香，盟誓，告天，奏乐，向天地行九拜礼。

他自立誓言："皇太极谨告于皇天后土：今我诸兄弟子侄，以家国人民之重推我为君。敬绍皇考之业，钦承皇考之心。我若不敬兄长，不爱子弟，不行正道，明知非义之事而故为之，兄弟子侄微有过愆，遂削夺皇考所予户口，或贬或诛，天地鉴谴，夺其寿算。"

诸贝勒也立誓：保证全心全意辅佐新皇帝。如有违背，天地不容。

盟誓完毕，皇太极还做出非常之举。他亲自率领诸贝勒大臣，向代善、阿敏、莽古尔泰三拜，表示不以臣礼对待。这便消除了三大贝勒心中的顾虑，消除了因汗位之争而形成的短暂的混乱局面，有利于形成一个团结而强有力的统治集团，共同对抗外来压力。同时，这也是遵从努尔哈赤八和硕贝勒共同治理国政、四大贝勒按月分值的制度（虽然皇太极心中并不愿意如此），让众人心服口服。从这一点看，皇太极确实有深谋远虑。

皇太极登上汗位，请代善、阿敏、莽古尔泰一起面南而坐。诸贝勒大臣、文武百官行三跪九叩首大礼，奉皇太极为天聪皇帝。接着，皇太极下诏，以明年丁卯为天聪元年，并颁发大赦令。

这一年，皇太极 35 岁。

一个新的时代开始了。这是皇太极的时代。

皇太极登极那天，天气澄明，日朗风静，国中百官万民均欣欣然有喜色。大家都说："当年太祖给当今皇上起名时，便有天意！"

原来，汉族中的储君被称为皇太子，蒙古族中继位者被称为台吉（与"太极"音相同）。而努尔哈赤为皇太极起名时，根本不知道这些事，当时努尔哈赤也并没有成就帝业的雄心。所以，皇太极成为皇帝似乎乃是上天早已注定的事情。

这一说法为皇太极蒙上神秘的光环。

皇太极登上汗位后，哲哲成为一国之母，布木布泰也成为名位显赫的侧福晋。

此时，后金存在诸多复杂的急待解决的问题。国内"国际"形势均面临严峻的考验。

国内最主要的矛盾是满汉冲突。

努尔哈赤时期，满族统治者采取了“诛戮汉人，抚养满洲”的政策。在攻占辽沈地区后，每一个被俘的汉人都成为他们的奴隶。满人以征服者的姿态耀武扬威地出现在汉人面前，充满了奴役、掠夺、压迫等种种欲望。种地的汉人，每十三个壮丁被编为一个“庄”，成为满族官吏的私有财产，遭受着非人的待遇。这样的压迫势必造成大量的逃亡与反抗。努尔哈赤对此采取血腥政策，乃至于出现了“赭地数百里，辽人不复耕”的悲惨景象。但血腥镇压并未使汉人屈服，反而激起了更大的反抗。他们有的起而暴动，有的在饮水食盐中投毒，有的还以毒药饲猪，卖给满人……这些反抗也使满人感受到强烈的威胁，甚至规定：满人行路，不许人数过少，必须集合十人以上同行。到天命十年时，汉人的反抗愈演愈烈，动摇着后金的统治。满族统治者由此不得不反思自己的政策。

皇太极即位后发布的第一道上谕，便强调“治国之要，莫先安民”。他改变其父的高压政策，针对汉人大量逃亡的现实，规定：无论汉官汉民，有私计遁逃以及与明朝暗中往来者，虽经告发，不予追究。只要以后不再叛逃即可。

紧接着，他又发布上谕，称：“修筑工程，妨碍农务。以前修筑城郭边墙，事关守御，有劳民力，良非得已。今后只许修葺毁坏的地方，不再大兴土木，使民可以专心务农。对于汉人，不许再歧视。对待满人、汉人，应一视同仁。讼狱差徭，务必使其均一。”

没过几天，他又下令：让汉人与满洲分屯别居。在汉人聚集的地方，挑选廉正的汉官予以治理。

如此一来，满汉矛盾缓解，使皇太极有余力处理棘手的“国际”事务。

后金虽然日益强大，此时却处于三面包围的不利形势当中。

最大的敌人是南面的明朝。明宁远巡抚袁崇焕得知努尔哈赤病逝后，特派使者前来吊唁，并祝贺皇太极继承汗位。皇太极自然知道：袁崇焕吊唁是假，窥探情况是真；和好是假，拖延时间加强战备是真。但皇太极并不点破，他要征讨明朝，也需要充足的准备。因此，他也假意与明修好，愿意讲和。

第二大敌人是西面蒙古的林丹汗。林丹汗从未放弃自己的野心，而此刻却受到明朝的重金“贿赂”，更进一步地与后金为敌，企图将附属于后金的蒙古各部重新纳入自己的掌握。

此外，东边的朝鲜与明朝声势相倚，互相支援，也对后金形成不小的威胁。

这种情况下，皇太极需要强有力的坚定的同盟。而原先归附后金的喀尔喀五部竟再一次擅自背弃盟约，私通明朝，与察哈尔林丹汗连成一气。

皇太极极其生气，命大贝勒代善、阿敏等人率精锐万人，前往征讨。

皇太极的大福晋哲哲、侧福晋布木布泰洞察着眼前的形势，她们与科尔沁的娘家人保持着密切的联系。

科尔沁对后金的支持，就是对哲哲与布木布泰的巨大支持。

# 21 科尔沁的明智之举



科尔沁把自己心爱的女子嫁到后金，也就把最大的政治筹码押在了后金。尤其是莽古斯家族。

努尔哈赤去世的消息传出不久，科尔沁的共主土谢图汗奥巴即遣使前来，吊唁努尔哈赤，并致书劝皇太极节哀。

布木布泰的家人则更加主动。她的哥哥吴克善以及母亲备好马酒，风尘仆仆赶到后金，代表莽古斯家族及科尔沁左翼，吊唁太祖。这是来自友好同盟最为真诚的吊唁，无疑获得了皇太极和满族权贵们的好感与信任。同时稳固与加强了哲哲与布木布泰的地位。

冬十月，土谢图汗奥巴再次派人来到后金，迎娶努尔哈赤生前许嫁给他的肫哲公主。

不久，布木布泰的四哥满珠习礼也赶着马匹牛羊前来吊唁，自然受到皇太极的热情接待。满珠习礼见到了布木布泰，向妹妹讲述家乡的情况。布木布泰显然比以前成熟多了，她问了一些关于科尔沁及蒙古其他部落的政治倾向。满珠习礼一一回答，他还毫不隐瞒地告诉布木布泰："察哈尔林丹汗不断给奥巴黄台吉施加压力。奥巴黄台吉虽然与大金交好，但对察哈尔仍有顾虑。"满珠习礼明确表示，无论发生什么事，莽古斯一家都会忠于皇太极，支持哲哲与布木布泰。

到了晚上，布木布泰将蒙古情形转告皇太极，皇太极非常重视。他听着布木布泰有条有理的叙述与分析，突然间发现，自己这位年龄不大的福晋，却有着非同寻常的政治眼光。

第二年八月，皇太极决定兑现努尔哈赤许下的诺言，正式将肫哲公主嫁给奥巴。这显然又是一桩政治婚姻。

皇太极内心里很疼爱这位公主，如今因政治原因不得不有所割舍。临行前，皇太极亲自挽着马辔，垂泪将公主送至十里外。公主下马，抱着皇太极哭泣，皇太极也忍不住流下了眼泪。公主依次与诸贝勒告别，又是抱着痛哭，诸贝勒也不由得哭了起来。他们都想到了死去不久的努尔哈赤，均大哭起来。在场众人无不流泪。皇太极安慰公主："你不必太难过了。出嫁以后，要善待你的夫君，让我们放心。你虽然远嫁，但此路岂会断绝？以后当常相往来。"然后，亲自将公主扶上马，将马辔交给阿济格贝勒，让他引着前行。皇太极对科尔沁的来使桑噶尔寨说："察哈尔汗兵侵略你们的国家时，我的父皇曾遣兵救援。土谢图额驸（即土谢图汗奥巴，因娶公主，故有这一称呼。额附即我们平日所说的驸马）感恩前来朝谒，我的父皇视之如子，命令我们：如果比他年长，当以弟弟对待；如果比他年轻，当以兄长对待。不仅如此，还特地将公主许配给他。我现在不敢违背先皇所许婚姻，备重礼送公主远行。我们两国以后自当永笃姻好，恩礼勿替。土谢图额附自当以礼对待公主。"

肫哲公主远嫁后，后金与科尔沁的关系显然更加稳固。

同年十一月，皇太极在哲哲与布木布泰的建议下，将抚养宫中的格格（岳托之女）许嫁布木布泰的兄长满珠习礼。

第二年（即天聪二年，1628年）正月，格格正式下嫁。满珠习礼也成为后金的额附。

在皇太极刚刚即位后几个月内，一连有两位公主下嫁科尔沁，不能不说皇太极对科尔沁相当重视。奥巴是科尔沁的汗王，但其势力范围主要在科尔沁右翼。满珠习礼是奥巴的堂弟，名义上受奥巴的统领，但其在科尔沁左翼有相当大的独立权力。二人实质上分别代表着科尔沁的左、右翼。

九月，皇太极征讨察哈尔蒙古，令科尔沁奥巴、满珠习礼等率军会师。此次，奥巴与满珠习礼有不同的表现。满珠习礼率兵侵掠察哈尔边境后，与皇太极会合，将俘获的人马献给皇太极，得到皇太极嘉奖，赐其为达尔汉巴图鲁，赏财币、驼马、牛羊甚多。而奥巴却在侵掠后，径自率兵返回，不与皇太极会师，令皇太极极为不满。

为什么奥巴竟有如此的举动?

原来，科尔沁与后金交好后，察哈尔林丹汉非常气恼，不断地给奥巴施加压力。努尔哈赤在世时，后金曾帮助奥巴打退林丹汗的攻击。但在皇太极即位后，奥巴再次受到林丹汗的强大威胁，心中不免顾虑重重。与此同时，明廷也在设法拉拢奥巴，使他在政治上左右摇摆。他虽然娶肫哲公主为妻，却故意冷遇公主，对后金的态度也远不如科尔沁其他贝勒积极。此次他接到皇太极的命令，虽然出兵，但只是象征性的。当满珠习礼向他询问会师的地点时，他又不指明实处……此外，还有种种不妥，令皇太极为之震怒。他决定给奥巴一些颜色看看。

十二月，皇太极写了一封致土谢图汗奥巴的信，派近侍索尼、阿朱户前往科尔沁，当面责问。信中列举了奥巴九大违背盟誓的过错，语气十分严厉。其中第四条是:“送公主到科尔沁时，我国使者克里被杀，你不追究其人，这是在侮慢我国!”第六条是:“察哈尔想要杀你，你却将他们嫁给你的女子立为嫡福晋；我屡屡加恩与你，你却将我女的名次列在后面，这岂不也是在侮辱我吗?!”第七条为:“我们曾经盟誓，对待一切敌国，和则同和，伐则同伐，你却背弃诺言，与我国的仇敌明国屡行交易，汝之诈不可信!”第九条是:“满珠习礼出兵时，遣人问你会师之地，你不指明其地，只说无论何地，当如期与我相会。你的真正用意是不想与我会师。你害怕与你的兄弟满珠习礼同行时不好私自行动，于是托言曾侵掠察哈尔，这是你的奸猾！”不仅如此，在使者离开前，皇太极交代：“你们见到奥巴后，用不着给他行礼，不必吃他的食物，厉色待之，到达之日就放言马上回来，看看他有什么反应。”

索尼、阿朱户到达科尔沁后，完全按照皇太极的命令行事。奥巴给他们准备盛宴，他们声称：“我们只是奉命来看望公主的。不会吃你的食物！”奥巴本来就心虚，如今又见两位使者冷眼相对，与以往的来使不同，便问：“以前的使者，因为公主的缘故，见我后会向我行礼。我款待时他们也会接受。现在你们见我不拜，赐宴不食，是不是皇帝对我有什么不满？”索尼直言相告：“我等并非为你而来，何必拜你？又何必吃你的食物？你对大金有异心，我家皇上震怒，恐我们不能达意，另有谕旨给你。”说着，将谕旨拿出，递给奥巴。奥巴没想到皇太极会如此不满，看完那封颇为严厉的谕旨后，心中十分惊慌。他审时度势，明白皇太极绝不会允许他脚踏两条船的，赶紧盛情地招待来使，屡次三番地请来使再住几天，以便好好款待。他还请公主帮忙，劝说来使。最后，索尼、阿朱户见奥巴确实有悔改之意，这才接受他的邀请。

此后，肫哲公主的处境得到明显的改变。没过多久，奥巴又亲自到大金请罪。皇太极再次重申谕旨中的责备之言，奥巴一一认领，并献上十匹骆驼、一百匹马，作为私自与明朝交往的惩罚。又献上十驼百马，作为征讨察哈尔时自己擅自违约的惩罚。皇太极当然不愿失去这一重要盟友，也便见好就收，接受了奥巴的礼物，双方重归于好。

奥巴也见到了哲哲与布木布泰。布木布泰向他讲述了当前的形势，希望他不要再有反复，否则对整个科尔沁都不利。奥巴心领神会。

此后，奥巴一直非常忠于皇太极。同年十月，奥巴率领科尔沁二十三个贝勒参加了皇太极的首次入关征伐明朝的战役。天聪六年（1632 年），皇太极率大军征伐察哈尔，令归附他的蒙古各部出兵。当时各部出兵不多，且行动缓慢，只有科尔沁奥巴率大部铁骑前来，有力地支援了后金，受到皇太极的嘉奖。可惜的是，奥巴战后不久便去世。皇太极十分惋惜，让奥巴的儿子巴达礼承继了父职。

无论是努尔哈赤晚期，还是皇太极时代，科尔沁一直与后金保持着密切的联系，称得上是最亲密的同盟。尤其是布木布泰的家人，对皇太极从没有任何背离，从而真正成为情谊交融的亲人。他们的选择无疑是非常明智的，不仅有力地支援了哲哲和布木布泰，而且使科尔沁左翼成为蒙古最尊贵的部落。

# 22 皇太极强化皇权



皇太极虽然得到汗位，成为天聪皇帝，但在即位之初，他的权力受到相当大的制约。按照努尔哈赤创立的八和硕贝勒共治国事的政体，皇太极并不能实现高度的集权。尤其是代善、阿敏、莽古尔泰，均为皇太极之兄，各自拥有相当的实力，与他同样面南并坐，共同执政，这对他是不小的制约。皇太极不是守成之君，因此，他虽然表面上极力拉拢各大贝勒，并给予他们很高的荣誉与利益，但是，从即位一开始，皇太极便有步骤地加强皇权，以高超的政治谋略和娴熟的政治手腕，不断削弱代善等人的势力。

皇太极首先创建了旗务大臣制度。八旗中各旗均设总管旗务大臣一人，合称总管旗务八大臣，又称八固山额真。八大臣总理旗内一切事务，议政时与诸贝勒同坐，出猎行师时各领本旗兵行，他们直接向皇太极负责。又设十六大臣，协助八大臣管理旗务，同时参与佐理国政、审断狱讼等重大事务。这些官职的增设，分散了各旗旗主在本旗内惟我独尊的特权，削弱了各大贝勒的权力，反过来则大大增强了皇权。

当然，制度虽然设立，但并没有完善，且与过去的制度并行，彼此之间产生不少矛盾，而实权的增夺还需一个长期的过程。汉官胡贡明在上奏中指出了当时八旗旗主并立分权的弊端："有人必八家分养之，土地必八家分据之，即一人尺土，贝勒不容于皇上，皇上亦不容于贝勒，事事掣肘，皇上虽有一汗之名，实无异于黄旗一贝勒也。"

天聪元年（1627 年），皇太极命二贝勒阿敏率军出征朝鲜，阿敏羡慕朝鲜皇帝所居宫殿，曾有意另立旗帜，留兵屯守朝鲜。皇太极虽然心知肚明，但因刚刚即位，不宜有大举措，因此他隐而未发，没有惩罚阿敏，而是努力稳固自己的力量。

又过了两年，皇太极觉得可以结束过渡阶段了，便于天聪三年（1629 年），下令废除四大贝勒按月分值制度。他提出一个冠冕堂皇的理由：由于害怕兄长们过度操劳，以后一切军国政务，可令弟侄辈代办。这样，虽然代善等人的权力下放到他们的弟弟、儿子身上，但这些后辈本身没有太大的威望，遇事总向皇太极禀告，这无疑加强了君权。

到了天聪四年（1630 年）五月，皇太极已将国政大权稳稳地操在手心。而阿敏妄自尊大，擅自撤离永平四城的守卫，违背皇太极的命令屠城抢劫，犯下重罪。他还坐受其他贝勒的跪拜，俨然如同国君。皇太极因此严惩阿敏，同时将以前的旧账翻出，历数其十六大罪状，将阿敏幽禁。崇德五年（1640 年），阿敏死于幽所。

阿敏是努尔哈赤弟舒尔哈齐的儿子，他获罪后，其所属人口、奴仆、财物、牲畜，大部分给了他的弟弟济尔哈朗。济尔哈朗事事听从皇太极的吩咐，成为皇太极的得力部属。

阿敏被幽禁后，与皇太极并坐接受朝拜的只剩下代善和莽古尔泰。代善是大贝勒，权势很大，人又圆滑。因此，皇太极夺权的对象首先预定为权势较小、生性鲁莽的莽古尔泰。而莽古尔泰不识大体，很快被皇太极抓住了把柄。

天聪五年（1631 年），大凌河战役中，莽古尔泰因差遣人员事与皇太极发生争执。皇太极诘问道："有人揭发你的部下每每不听命令。"莽古尔泰恚怒，说："谁说有这回事？"皇太极也生气了，说："如果是揭发者诬告，我就惩治诬告之人；如果揭发者所说是实，你的部下岂得无罪？"说罢，皇太极便将起身乘马。莽古尔泰无法控制自己的情绪，大声喊道："皇上为何独与我为难？我一直承顺，难道你还想杀我吗？"边说边抚摸佩刀，以挑衅的眼光看着皇太极。他的同胞弟弟德格类贝勒见此情景，生怕莽古尔泰招来大祸，于是赶紧大声呵斥其悖乱，并以拳殴之。莽古尔泰失去理智，抽刃出鞘。皇太极冷冷地说："这就是那个曾经亲手杀死自己的母亲以邀宠的人！"事后，莽古尔泰虽然以饮酒过度失言，向皇太极请罪，但皇太极岂肯容他。诸贝勒集议，认为莽古尔泰大不敬，夺去他的和硕贝勒名号，降为多罗贝勒，同时剥夺五个牛录（一牛录为三百人），罚银万两。第二年，莽古尔泰愤恨而死。

此后，原先的四大贝勒只剩皇太极与代善二人。代善根基很深，同时自知处境危险，事事小心谨慎。但皇太极不可能让他继续保持原有的权势，最终于天聪九年（1635年）向代善发难。

这年十月，代善率领本旗军兵外出行猎，安扎营寨。对皇太极素怀怨气的哈达公主莽古济格格（莽古尔泰之妹，皇太极的姐姐）正好路过代善营前。代善命他的福晋外出邀请，又亲自迎接公主入帐，盛情款待。

与军国要政相比，这本不是什么大事。但皇太极却极为震怒，派人谴责代善，说："尔自率本旗人，任意行止，又将怨朕之哈达公主邀至营中，设宴馈物，又以马相赠，是何成心？"又责问代善的儿子萨哈廉；"你身任礼部，尔父妄行，又邀请怨朕之人，尔既然知道，为何竟无一语劝阻？"之后，皇太极竟然关闭宫门，不理政事。他历数代善及代善所领的正红旗贝勒诸多不遵制令、轻视皇权的罪行，并声称：“你们贝勒大臣们，另选一强有力的人做皇帝吧！”皇太极如此强硬的举动令代善及众贝勒大臣极其惶恐，他们一起到朝门外，跪请皇太极出朝听政，说：“惟皇上宽仁盛德，所以远近各国均来归附，以致邦国奠宁，人民安乐。今皇上为一国之主，百官万民，莫不仰赖，大纲小纪，俱待睿裁。而皇上闭门不出，恐误国家大事。伏祈皇上临朝，亲决万几。”



臣子们好话说尽后，皇太极终于重新临朝视事，但代善却几乎被革去大贝勒名号，他的儿子岳托、萨哈廉等同时获罪。

自此，皇太极才达到真正的惟我独尊、南面称君，将中央集权完全掌握在一个人手中。



在这一过程中，皇太极对四小贝勒采取了“打大拉小”的措施。四小贝勒虽然名号上不及四大贝勒，但各领一旗，权势也非常大。特别是努尔哈赤大妃的儿子阿济格、多尔衮及多铎，三个同父同母的兄弟各领一旗，联合起来，势力非常强大。皇太极既利用他们的力量与三大贝勒抗衡，又在他们内部采取分别对待的措施。阿济格年龄大，战功多，但皇太极偏偏不重用他，而是重用年龄较小的多尔衮和多铎。登基后的第二年，皇太极即带领多尔衮出战，并以多尔衮有功，赐号墨尔根代青。以后，又不断提高多尔衮的权力，使阿济格虽有怨气但无话可说。这样一来，年轻的贝勒被提拔起来，对皇太极心存感激，乐意为其效力，而原先权势大的贝勒则被排挤，不再对皇太极的君权带来威胁。皇太极的权力由此高度集中。

作为皇太极的妻子，布木布泰见证了整个过程，从中学到了许多。她一方面帮助哲哲料理后宫，使后宫事务井井有条，免去了皇太极的后顾之忧；另一方面，她努力团结嫁到皇族的蒙古福晋，为皇太极争取更大的支持。她的天赋和幼时所受教育均发挥起作用，以其条理的思维为丈夫出谋划策，得到了丈夫的认可。

# 23 科尔沁二妃



布木布泰的祖母与生母绝对称得上了不起的政治家。布木布泰的祖母也是哲哲的生母，习惯上被称为科尔沁大妃。布木布泰的生母被称为科尔沁次妃，有时也被称为科尔沁小妃。大妃与次妃，合称科尔沁二妃。

在满蒙关系上（无论是在后金时代还是以后的大清早期），科尔沁二妃所扮演的角色似乎比她们的丈夫还要重要。她们在史书上频频出现，因为这样或那样的缘故，一再从蒙古赶来，与皇太极及他的王朝进行着各种各样的友好联盟。这令人想到，起码在科尔沁蒙古的贵族中，男女平等的观念很早就有了。

天聪七年（1633年）夏四月，科尔沁二妃带着国舅吴克善、额驸满珠习礼以及他的公主，前来拜见皇太极。皇太极得到消息，赶紧率领哲哲、布木布泰诸福晋以及众贝勒，渡过阳石木河，赶出五里之外，热情接待。几天后，科尔沁二妃抵达后金都城沈阳，皇太极再次率领妃嫔贝勒迎出一里之外，设盛宴款待。

此次前来，科尔沁二妃不只是看望自己的女儿和女婿，还带着重要的政治任务。

几个月以来，科尔沁发生了一些重要的变化。天聪六年（1632 年）九月五日，科尔沁首领奥巴去世，其长子巴达礼继承了他的位置。天聪七年（1633 年）一月四日，巴达礼在皇太极之兄莽古尔泰死去不久，特派叔父吊唁，而主要用意是希望皇太极能承认他的继承权。皇太极对此非常重视，他既希望巴达礼成为新的科尔沁首领，继续率领科尔沁为自己出力。同时又担心巴达礼权力太大，使科尔沁脱离自己的控制。因此，他并没有急着表态。科尔沁二妃便是在这样的形势下来到后金。

皇太极对自己的两位丈母娘盛情招待，而科尔沁二妃也带来了丰厚的礼品，向皇太极以及他的福晋们献上雕鞍、马、骆驼、牛羊、貂裘等物，双方情谊融融。宴席之后，科尔沁二妃各自到自己女儿的住所，说了许多体己话。此时，哲哲与布木布泰虽然均未生子，但都有了女儿。哲哲在天命十年（1625 年）生了皇二女马喀达以后，天聪二年（1628 年）又生了皇三女。布木布泰则于天聪三年（1629 年）生了皇四女雅图，又在天聪六年（1632年）生了皇五女阿图。皇五女出生不过一年，尚不会走路。母女见面时，哲哲与布木布泰免不了将自己的女儿叫出，参见祖母。

几天后，科尔沁二妃向皇太极提出了此行最重要的事情。她们对皇太极说："我们在宫中见到了您的三个女儿，我们恳请将皇二女迎娶到科尔沁。"

皇二女此时仅仅9岁。

皇太极与哲哲、布木布泰以及诸贝勒商议，然后告诉科尔沁二妃："皇二女年龄尚幼，现在还不考虑婚嫁。"不过，皇太极转而许诺："等皇三女、皇四女长大后，将分别下嫁给祁他特与毕勒塔噶尔。"



皇三女只有6岁，是哲哲的女儿。而祁他特是哲哲兄长、布木布泰之父斋桑的孙子。皇四女只有5岁，是布木布泰的女儿。毕勒塔噶尔却是布木布泰兄长吴克善的儿子。这两桩婚姻都是典型的近亲结婚，只是当时的人们并不知道什么忌讳。

科尔沁二妃得到皇太极这样的许诺，十分欣喜。她们此行的任务算是非常成功地完成了。如此一来，她们将自己的女儿嫁给后金皇帝，而后金皇帝也把女儿嫁到自己家，双方平等而又有"交换性质"的联姻，大大提高了科尔沁二妃以及她们所领导的科尔沁左翼在后金宫廷的地位，也使科尔沁左翼在科尔沁乃至漠南蒙古的地位大大增强。

皇太极本人也有自己的政治意图。他授予科尔沁左翼斋桑家族以大金国额附的光环与权威，不仅可以使骁勇善战的科尔沁左翼更加拥护自己，而且可以借科尔沁左翼制约科尔沁右翼的巴达礼。这样，他就可以放心地正式承认巴达礼继承奥巴的地位。

此次联姻，哲哲与布木布泰在幕后起了至关重要的作用。她们妥善地与双方协商，目的也很明确，就是想亲上加亲，增强自身的力量。

# 24 和与战：对明朝的政治博弈



高明的政治家，把政坛、战场作为博弈的场所，所追求的是最终的胜利，而所谓的“以退为进”、“以假乱真”等手段，不过是为达到目的所采取的必要步骤而已。

与南面的大明博弈，皇太极考虑最多的是和与战的问题。

明朝是后金最大的敌人。但皇太极即位之初，在力量尚不足战胜大明，同时自身处于三面受敌的环境下，他需要有充分的时间加强实力，先解决后顾之忧。在权衡利弊的情况下，皇太极打出了“和”字招牌。

后金朝臣高士俊的一席话很能反映当时的实际情况，他说：“我国（后金）利于和，彼国（明朝）不利于和，我国和而皇上不肯一日不观兵，彼国和则易为因循，易为怠惰，臣所谓借小心以图大事，假退步以求前进。”这正是皇太极与明讲和的动因。

努尔哈赤去世时，明将袁崇焕以吊唁为名派人窥探后金的虚实，皇太极以礼相待，并在使者返回时请他们带上自己给袁崇焕的亲笔信，要求与明朝和好。此后，皇太极一再表达和好的愿望，并在书信中不书天聪年号，承认后金是明朝的属国，以此麻痹明朝君臣。

“和”字招牌背后自然隐藏着许多暗招。

皇太极主动求和，光是天聪三年，请求“讲和”的函件即有八九件之多。不过，皇太极似乎从来没打算“讲和”能够成功，他故意开出明廷根本无法接受的条件，将无法和平的罪责推给了明朝。由此，皇太极争取到了大量的时间，解决内部及外部急待解决的问题。不仅如此，皇太极即便在求和的期间，仍然兴师动众，侵略明朝，获取大量的财物。

天聪元年(1627年)五月，皇太极率兵攻打宁远、锦州，遭到明军炮火痛击，士卒死伤者甚众。皇太极见无利可赚，借口天气太热而撤兵。

天聪三年（1629年），皇太极以明朝不肯讲和为借口，绕开宁远、锦州，趋师由龙井关毁边墙入侵明地，攻占遵化、永平、滦州、迁安等城，大军直逼明朝首都北京。即便在这种情况下，皇太极仍然打着“求和”的招牌，给明朝皇帝写信，愿“盟诸天地，共结和好，永息干戈”。他的目的很明确，此次攻掠，只是为大量劫取财物。宁远、锦州、山海关均在明将之手，有重兵保守，后金军兵虽然可以攻入大明腹地，却不敢久驻。既如此，他便需要“求和”的招牌。

天聪六年（1632年）、天聪七年（1633年），后金多次深入明地，劫掠财物，焚毁房舍，但每一次均打着“求和”的招牌。

在此期间，皇太极还成功地运用“反间计”，除掉了明朝大将袁崇焕。

袁崇焕是一位杰出的军事家，就连努尔哈赤都栽在他的手下，所以，有他守着宁远、锦州，明朝便有了一道无比坚固的长城，令皇太极非常棘手。偏偏明朝崇祯皇帝猜忌心太重，这给了皇太极“反间”的机会。有一次，他捉了两个太监，是明帝身边的红人。皇太极打算借这两人做文章，便想到了《三国演义》中周瑜骗蒋干的故事，于是决定依样画葫芦，让太监知道“袁崇焕与后金勾结的事实”，然后让太监轻松地逃回北京。太监自然像蒋干一样，赶紧将这个“天大的秘密”告诉朝廷。明帝崇祯俨然是曹操再世，而他的臣子们更是落井下石，污蔑忠臣，于是袁崇焕很快便被凌迟处死。袁崇焕一死，皇太极大大地松了一口气。

无论是“以退为进”打着“和”字招牌与明廷周旋，还是用“反间计”除掉袁崇焕，这些计谋均是皇太极从汉人身上学来的。这种擅长学习的本事，也被身边的布木布泰学到家了。

# 25 满蒙一家



皇太极志向远大，为笼络蒙古，他继续将努尔哈赤所定的满蒙联姻视为国策。这一政策自然是哲哲与布木布泰全力拥护的。布木布泰熟悉蒙古情形，努力为丈夫出谋划策，慢慢地参与一些国政。

皇太极即位后，最重要的任务之一就是征服察哈尔。当时，蒙古以大漠为中心分为漠南蒙古、漠北蒙古和漠西蒙古。其中以漠南蒙古距后金最近、威胁最大，深受后金的重视。漠南蒙古中以察哈尔的力量最大，其盟主林丹汗同时是整个蒙古名誉上的共主。科尔沁蒙古也属于漠南蒙古，它与其他较小的部落，受到林丹汗的欺压后，逐步倾向后金。

察哈尔出于战略上的考虑，将明朝作为自己的同盟，企图以此孤立并打击后金。皇太极于是决定西征，不遗余力要征服察哈尔。

天聪二年（1628 年），察哈尔林丹汗与蒙古喀喇沁等部发生重大争执，双方发动战争。喀喇沁等部请皇太极派兵支援。皇太极抓住这一有利机会，以“盟主”的身份，集合蒙古各部大军，攻打察哈尔。此后，皇太极又于天聪五年（1631 年）、天聪六年（1632 年），率大军多次攻击察哈尔。

在此期间，皇太极实现了双重目的，一方面打击并消除林丹汗这一心腹大患，另一方面又加强了对蒙古各部的统治与管理。他曾多次谕告归降各蒙古贝勒：“朕以察哈尔不道，亲率大军征讨，必纪律严明，方能克敌制胜。尔等当严行晓谕所属军士，一出国门，悉凛遵军法，整肃而行。”

不断的联合作战的过程，是皇太极不断加强领导的过程，也是皇太极声威不断扩大的过程。热河北部的札鲁特、巴林，热河中部的喀喇沁、奈曼、敖汉等部落，均归附皇太极。彼此间加强联姻，以此加固联盟关系。

皇太极抓住机会，恩威并济地控制归降的蒙古贝勒，加强管理。

出战察哈尔初期，面对蒙古贝勒各怀私心的状况，皇太极召集科尔沁、札鲁特、敖汉、奈曼、阿鲁各部落贝勒，进行长时间的训谕。

他直截了当地提出问题："朕以察哈尔不道，严整军旅，前往讨伐。先期宣谕尔等率所部兵来会。可是尔等所率兵多寡不齐，迟早不一，如此对敌，怎么可以呢？"

接着，他肯定了值得嘉奖的对象："只有土谢图额附所率军士甚多，又不惜所蓄养的马匹，将它们散给部众，迅速奔驰来会。此种行为，足见其立心笃诚，与朕共忧乐，值得嘉奖。札鲁特诸贝勒也是实心效力。"

然后，他话锋一转，有针对性地教训了一些贝勒，对巴林诸贝勒说："你们既然托命于我，自应身先士卒，竭力戎行，可是你们却吝惜马匹，在后面磨磨蹭蹭，这算什么？尔同类之喀尔喀诸贝勒，有的被察哈尔俘虏杀戮，有的被察哈尔拆散亲人，有的被察哈尔夺去部属，这些你们都忘记了吗？朕从大公起见，兴师来此，正是尔等奋志雪仇的日子呀。可看看你们，似乎仍然对察哈尔有所畏惧，所以只是勉强前来。你们该擦亮眼睛看看，察哈尔能否到达我的城下？我有没有畏惧？你塞特尔动辄托病，难道你真的有病吗？恐怕是不念及国政而嗜饮无度，为酒所困吧。"又训诫阿鲁诸贝勒，指出他们虽深受察哈尔所害，却不思复仇，不多发兵，只是以一旅之师，勉强应命。至于敖汉、奈曼诸贝勒，皇太极也认为他们虽然较巴林诸贝勒优，但也未为尽善。最后，皇太极从严格自我说起，宣告："朕蒙上天眷佑，缵承丕基，国中人民财物，皆吾所有。然而，你们曾见我夺过别人一美妇乎？曾不问其主强夺过一匹良马乎？曾令有才能之人背离他的主人而跟从我乎？果有此事，朕岂不畏天耶？朕本畏天之念而行，没有强取尔等之事。这些不需要朕说，尔等自然知道。现在，朕所忧虑的是，唯恐八旗诸贝勒不体念朕的意思而将你们的良马美物强行夺取。如有此等事，你们告诉朕，朕自会为你们做主。”

如此训谕后，结合平日里的有效管理，蒙古贝勒们逐渐看清形势，一天比一天更为紧密地团结在皇太极周围。

在此过程中，布木布泰则配合丈夫的工作，积极与自己的娘家科尔沁联络，使科尔沁成为臣服后金的表率，对皇太极加强统治起到重要作用。

天聪六年的战役中，林丹汗大败，先逃到西土默特部，后又逃奔青海。二年后，林丹汗病死在青海的大草滩。

皇太极此次征战，击败林丹汗自然是首要任务。但他还有更长远的打算，就是要把察哈尔从敌对方转变为自己的力量。因此，一进入察哈尔境内，皇太极就明确了“以德对敌”的方针，强调六项不允许的军纪，即：深入敌阵时，如果对方不反抗，就不要随意杀害；不要散人夫妇；不要抢掠衣服；不要夺取投降者的财物；不要不经人家的允许就随便进屋；不要拿走人家的器皿。如果有人胆敢散人夫妇，奸淫俘虏的妇女，只要发现，立即处死。如果有人擅自杀害不抗拒的敌人，胆敢抢劫投降者财物的，要严格照例鞭责。

皇太极甚至刻意为敌人考虑，要求自己的部队追击敌人时，天快黑的时候就不要追击了，因为再追下去，敌人将更加恐慌，将不知道该跑到何方。

皇太极的这些命令被严格地执行，并取得很好的效果。

有了这样的前提，在林丹汗死后，他的部属乃至亲人，才会放心地投靠皇太极。

天聪九年（1635 年），皇太极派多尔衮率精兵万人招抚林丹汗的残部，带回林丹汗的正妃和儿子，得到历代传国玉玺。原来臣属察哈尔的蒙古各部转而归附后金。

皇太极继续吸取林丹汗残暴灭国的教训，在取得巨大胜利后迅速改变策略，将原来的仇敌察哈尔改称“察哈尔兄弟”，进行笼络。对于前来归附的蒙古王爷，皇太极无不设酒宴歌舞盛情款待，并赐以丰厚的礼物。

他特地将自己的次女下嫁给林丹汗的儿子额哲。双方举行盛大的典礼。额哲行聘礼，设盛筵进献，接着献上蟒缎、黄金、金器、各色数珠、貂褂、衣服、甲胄、雕鞍、驼马。皇太极选了一些予以接纳。同时，皇太极赏赐额哲貂帽、貂裘、玲珑玉带、缎靴等物。

皇太极还将率国人前来归附的林丹汗妻子窦土门福晋以及囊囊太后纳为自己的妃子，又命济尔哈朗娶林丹汗的另一位妻子苏泰太后，令自己的儿子豪格以及阿巴泰分别娶林丹汗的两位侧福晋为妻。经过皇太极的布置，双方构成非常紧密的联姻关系。

皇太极对其他前来归附的蒙古各部“怀之以德”，这些举措起到了巨大的成功。不久，漠南蒙古十六个部四十九个封建领主，一起尊奉皇太极为可汗，整个漠南均臣属皇太极。

皇太极自是喜不自胜，满蒙一家，载歌载舞。在皇太极的指令下，新编组的蒙古骑兵中设蒙古都统八旗各一，下设副都统参领各二。由此，在满洲八旗的基础上，蒙古八旗也成为正规的组织融入国家制度当中。

这真是一大伟业，法国历史学家勒内·格鲁塞在《草原帝国》中强调：“至此，整个内蒙古已被纳入满族帝国之内，察哈尔、土默特和鄂尔多斯诸汗以个人忠诚的纽带以及封建的效忠誓言与满族王朝联系在一起。这种联系一直紧密地延续到 1912 年清王朝灭亡。”

# 26 重用汉族官吏



皇太极征服察哈尔，笼络察哈尔归附的官员时，他没有忘记历次战争中归附的汉族官吏。天聪九年（1635 年）二月，皇太极便发布了这样一道上谕："迩者察哈尔新附各官，频加恩宥。其征燕京及困大凌河时归附各官（均为汉人），久不宴劳。虽得新附之人，其旧归我国者，岂可顿忘！"

天聪五年（1631 年），皇太极发动了大凌河战役并取得胜利，他对归顺的汉官予以重用，使他们成为后金的忠臣。他还消灭了明军毛文龙部，取得海路控制权。但他对归降的毛文龙部将孔有德、耿仲明等人却恩遇之。

汉族官吏感受到皇太极的知遇之恩，乐于出力。

与其父努尔哈赤相比，皇太极对国内汉人的政策要明智得多。

为了加强对汉人的统治，皇太极改变了努尔哈赤在世时所采取的极端蔑视汉人的政策，努力提高汉人地位。他明确表示：满洲、蒙古、汉人视同一体。

皇太极以文治国，史书上说他“性耽典籍，谘览弗倦”。先进的汉文化强烈地吸引了皇太极。他命达海等人将《四书》、《资治通鉴》、《三国演义》、《大明会典》、《黄石公素书》、《武略》等汉文经典翻译成满文，努力从中汲取营养。他将这些书推荐给妻子布木布泰，受到布木布泰的喜爱。《内政辑要》中记：孝庄生平热爱学习，“无它好，独嗜书史”。夫妻二人同样的兴趣无疑加深了彼此的感情。

皇太极仿照《大明会典》，对国家机构进行大力改革。

天聪三年（1629年），他下令设立文馆，专管译书与记注政事，是国家重要机构内阁的雏形。

两年后，皇太极“受定官制”，设立吏、户、礼、兵、刑、工六部，每部设满承政二员、蒙古承政一员、汉承政一员。承政权利很大，汉人开始在后金政治中扮演相对重要的角色。

努尔哈赤时，满族对汉人知识分子极端仇视，或杀或视其为奴隶。皇太极不同，他仿照汉族科举制度，在全国范围内实行秀才考试，满、蒙、汉三族之人均可参加。他发布公文时，也喜欢将满、蒙、汉三文并用。天聪八年（1634年），他给予几位精通三种文字的臣子以“举人”的称呼。

皇太极开始重用汉人中的知识分子。他设立六部的举措便是由于接受了汉官宁完我的建议。他开科取士的举措自然也是由于汉官的建议。在汉人集中的地方，他派汉官治理。他仿照满洲八旗，编立蒙古八旗与汉军八旗，给予部分蒙古人与汉人很大的权力。他的子侄们对此曾很不理解，发牢骚说："昔太祖（努尔哈赤）诛戮汉人，抚养满洲。今汉人有为王者矣，有为昂邦章京者矣。至于宗室，今有为官者，有为民者，时势颠倒，一至于此。"皇太极并不因此改变自己的政策。

皇太极非常重视从历史中汲取教训。宁远之战中明军使用的红夷大炮给他留下深刻印象，他认为要想在战争中获胜，必须有自己先进的武器。他重用明朝降将佟养性，令他督率从明地俘虏来的一些汉族铸炮工匠，加紧制造大炮。佟养性不负使命，于天聪五年（1631 年）为皇太极铸成了四十门崭新的欧式大炮。皇太极大喜，下令：自今以后，大金国的汉人均归佟养性总理；他的命令就是法律，所属汉官必须服从。

欧式大炮的制成，是皇太极重用汉人的突破性的收获。快速凶猛的骑兵与杀伤力巨大的火炮相结合，使皇太极的军队武装一下子超越了明军，使他能超越努尔哈赤，攻破努尔哈赤时期根本无法攻破的城郭。大炮铸成刚七个月，皇太极便派上用场，以其毁灭性的威力，攻打了明朝廷看似坚不可摧的大凌河城。

在汉官中，皇太极尤其重用范文程。

范文程在努尔哈赤时期曾当过奴隶，后做过小官，根本不受重用。而皇太极则破格录用，让其参与军国政事。每逢议事，皇太极总要问："范章京知道吗？"遇有疑难时，也要问："为何不与范章京商量呢？"范文程的官职起初是章京，后来被皇太极提拔为当朝一品大学士，可谓恩宠备至。而皇太极如此重用范文程，是因为范文程具有其他人无法比拟的远见卓识，能为皇太极实现宏志提供得力帮助。

在皇太极的指示下，布木布泰参与一些政事。她是个有心人，自然留意到范文程的政治才华，对其礼遇之。这为二人以后长久的合作打下基础。

# 27 传国玉玺失而复得



玉玺是封建集权的象征，非比寻常，古人云：得玉玺者得天下。因此，在当时的人们看来，皇太极得到传国玉玺，乃是天乾之象。

这一玉玺原来藏于元朝大内，为元朝诸皇帝使用。元顺帝被明朝洪武帝击败后，丢弃京都，携带玉玺逃往沙漠，后死于应昌府（今内蒙古克什克腾旗西达米诺尔西侧）。玉玺从此音信皆无，不知去向。直到两百年后，传国玉玺才重新面世。

据传，这一国宝是一个牧羊人首先发现的。当时，牧羊人在山冈下放羊。有一只山羊非常奇怪，三天不吃草，只是不停地在一个地方以蹄刨地。牧羊人十分惊奇，不知道地底下究竟有什么东西。怀着好奇心，他也跟着往地里挖掘，挖着挖着，玉玺出现了……

清“皇帝之宝”玉印

传国玉玺不久被元朝皇族后裔博硕克图汗所得，后又落于林丹汗之手。林丹汗死后，此宝由苏泰太后保管。多尔衮奉皇太极之命招抚察哈尔残部，苏泰太后归降，此宝于是到达多尔衮之手。多尔衮仔细端详，只见上面有文字，是汉篆“制诰之宝”四字，美玉温润，以二交龙为钮，光气焕然，确实是至宝。他马上将此消息上报皇太极，并说：“皇上洪福非常，所以能得到天赐至宝，此一统万年之瑞也。”

天聪九年（1635年）八月，汉族官吏鲍承先首先上奏：“皇上圣德如天，仁政旁达，苞符协应，大宝呈祥，天赐玉玺，乃非常之吉兆也。当敕工部制造宝函，选择吉日，由皇上亲自率众臣到郊外远迎。然后由南门进宫，以敬天赐。应将得玺之由来，书于敕谕，颁行满、汉、蒙古，使远近皆知，咸识天命之攸归也。”皇太极应允。

数日后，多尔衮率领军兵返回，因带有玉玺，皇太极十分隆重地到城外迎接。御幄前设置黄案，陈列香烛，皇太极亲自捧着玉玺，率众对天行三跪九叩大礼。之后，皇太极传谕左右：“此玉玺是历代帝王所用之宝，上天赐予朕，并非偶然。”

皇太极得到玉玺的消息迅速传开，为其深获民心增加了筹码，举国为之欢欣。熟悉礼仪的汉族官吏尤其懂得这件事的重要意义，所以纷纷上表祝贺。在外督军的孔有德上奏："臣观自古受命之主，必有受命之符。当年文王成大业时，凤凰飞翔于殿廷。今皇上得到传国宝玺，与文王时的兆相类似。此宝实非寻常，早在汉朝时便开始传承，迄今已二千多年。他人不能得，只有我皇上于千里之外得到，这是上天赐九五之尊而享天下之福无疑也。"

总兵官耿仲明奏言："玉玺，乃是天子之大宝，国家之上瑞，有天下者所必用。今皇上合天心，爱百姓，所以天赐此玺，可见天心之默佑。希望皇上能速成大事，以慰臣民之望。"

这些话深深地打动了皇太极。所谓"速成大事"，是指统一四海，包括将明朝归于自己的控制——这是一个多大的事业！

皇太极踌躇满志。西征察哈尔前后，他还率军北征，统一黑龙江流域，将该地居民编入旗籍，称为"新满洲"。他又东征朝鲜，使朝鲜国主俯首称臣。此时，东起鸭绿江，西抵贺兰山，偌大的疆域都是他的版图。

他要建立一个全新的帝国，建立全新的规模宏大机构健全的帝国典制，建立他的父亲都未曾想过的宏业。而玉玺的获得为他提供了有利的条件，美国汉学家魏斐德在他的《洪业》中写道："1634—1635 年间，后金征讨察哈尔的胜利，还有一项始料未及的收获，即夺取了元朝的传国玉玺。这意味着皇太极可以自称为成吉思汗及元朝皇帝的继承者了。这一新的名号不仅提高了他在中亚的地位，使他进一步获得了当地共主的身份，包括蒙古族信奉的西藏喇嘛教教主的身份；同时，这还为他登上中国皇帝宝座，确立了比作为金朝后裔更充分的权力。”

# 28 海兰珠：皇太极心中最美的云彩



天聪九年（1635 年）十月，皇太极派遣多尔衮前往科尔沁迎亲。此次多尔衮所娶蒙古女子是哲哲的妹妹。十二月，哲哲的母亲科尔沁大妃以及布木布泰的哥哥满珠习礼等人，将多尔衮新娶福晋送至大金，皇太极率诸贝勒福晋迎于五里外，设大宴，入城。

王妃中又多了一位博尔济吉特氏。她既是布木布泰的姑姑，又须称布木布泰为嫂子。乱是乱了点，但在当时满蒙人的眼中，这无疑是亲上加亲。

多尔衮非常高兴。因为此婚姻由皇太极玉成，所以多尔衮特献驼马，皇太极予以接纳。

皇太极又热情地招待大妃与满珠习礼等人，行抱见礼，在大宴上痛快地喝酒、吃肉。

隔一日，科尔沁国杜尔伯特部落额林臣台吉奉献一块宝石。皇太极细细端详，只见石中隐隐有水色，赤如琥珀，大若指玦。此石还有一特殊功能，如有眼疾者，将石中之水擦拭，眼疾可以马上消除。

接着，皇太极又派出使者到朝鲜国，宣扬自己的声威，使其倍加恭敬。

诸事大顺畅，皇太极大高兴，他的事业之辉煌已超过了自己的父亲，可以告慰已逝的努尔哈赤了。他亲自率领诸贝勒大臣拜祭太祖陵。跪拜后，皇太极对诸大臣说："自古以来，凡是国家有吉庆或者变乱之事，均有祭告之典。今当遵从这一规矩，奉告皇考。"说完，他开始读喜庆祝文。其主要内容是："自受命以来，征伐诸国，所在克捷，遐迩大小之邦，罔不臣服，谨以捷音先告一次，用慰皇考神灵。"

由于哲哲与布木布泰的特殊位置，科尔沁国因此成为蒙古中最为尊贵和有权势的部分。但科尔沁的女政治家们并不以此满足，她们还希望做锦上添花的好事，并借此增长家族的力量。

不久，科尔沁大妃偕同次妃再次来访，此行带有明确的政治目的。她们带来布木布泰的姐姐海兰珠。

海兰珠时年 26 岁，天生丽质，风情万种。她原先嫁给林丹汗的弟弟，但现在，她的丈夫已死去。科尔沁二妃想把海兰珠再嫁到大金的皇族。

见到分别多年的姐姐，布木布泰不胜欢喜。想到姐姐无所依托的遭遇，心中充满了同情。她希望自己的姐姐与自己一样幸福，也希望姐姐能到大金帮助自己。于是，布木布泰找到了哲哲，两人商量：就像当年哲哲想要布木布泰帮助自己一样，她们希望海兰珠能嫁给皇太极。这样，海兰珠便可以加入她们的行列，互相照应。

哲哲与布木布泰将这一想法告诉科尔沁二妃，二妃自然十分赞同。

也许是缘分所至，皇太极与海兰珠见面后，可谓一见钟情。

在皇太极眼中，此时的海兰珠甚至可与传国玉玺相媲美。玉玺象征着他的事业和江山，而海兰珠则是他的至爱，是她心中最美的云彩。



皇太极虽然敬重哲哲，喜欢布木布泰，但海兰珠给他的却是一种新奇的感觉。他自己都无法判断这种奇怪的感觉，令自己的心怦然而动。其实，这就是爱情。

皇太极深深地爱上了海兰珠，海兰珠也深深地爱上皇太极。

这一爱情本是非常美好的，也是在哲哲与布木布泰全力操作下促成的。可是，爱情有时候又是自私的。

布木布泰见海兰珠嫁给皇太极后，不再有往日的忧郁，心中万分高兴。但她不会想到，她们亲姊妹之间会在日后产生巨大的感情风波。

# 29 创建大清



国威大振，皇太极的事业达到高峰，实力空前强大。他在学习汉文化的过程中深深受益，也越来越感受到名正言顺对一个人、一个国家的重要性。这其实涉及以意识形态为核心的治国理念，关系到政权能否长久。随着条件的成熟，经过深思熟虑后，皇太极认为自己没必要再以“汗”的名义充当明朝皇帝的藩臣，于是有步骤地按照高度中央集权的方式，为自己上尊号，正式称帝。

天聪九年（1635年）冬十月庚寅，皇太极发布上谕：我国原有满洲、哈达、乌喇、叶赫、辉发等名。以前，无知之人往往称为诸申，这其实与我国没有任何瓜葛。我国建号满洲，统绪锦远，相传奕世。自今以后，一切人等，只许称我国满洲原名，不得仍像以前那样随意妄称。

天聪十年（1636年）四月己卯，按照预定程序，国内满、蒙、汉三族大臣各推出一名代表，捧表文至皇太极面前，恳请为皇太极上尊号。表文以满、蒙、汉三种文字写成，由代表用三种语言跪读："诸贝勒大臣文武各官及外藩诸贝勒上言。恭惟我皇上承天眷佑，应运而兴，辑宁诸国，爱育群黎，当天下昏乱之时，体天心，行天讨，逆者以兵威之，顺者以德抚之，宽温之誉，施及万方。征服朝鲜，混一蒙古，更获玉玺，受命之符，昭然可见。上合天意，下协舆情。臣等遇景运之丕隆，信大统之攸属，敬上尊号。一切仪物，俱已完备，伏愿俯赐俞允，勿虚众望。"

皇太极表示同意：你们数年来屡次为朕上尊号，朕不便再违背你们的心意。

四月十一日，称帝大典在新建皇宫的崇政殿举行。皇太极接受"宽温仁圣皇帝"的尊号，建国号为大清，改元为崇德元年。黎明时分，皇太极率诸贝勒满洲、蒙古、汉官出德盛门，到坛前，进行隆重的祭拜天地仪式。紧接着，发布上谕，正式称帝，并将此谕旨传至四海。他还分封诸兄弟子侄：和硕兄礼亲王代善、睿亲王多尔衮、豫亲王多铎、郑亲王济尔哈朗、成亲王岳托、肃亲王豪格、武英郡王阿济格、饶余贝勒阿巴泰等，并命各兼理六部部务。此后，又对百官群臣做了重新调整。

据说，皇太极之所以定国号为"大清"，是受了汉人五行说的影响。

早在努尔哈赤宁远之败后，有人就说：明朝属“火”，袁崇焕的“焕”字也带“火”，而大金属“金”。按照五行之说，“火”烧“金”，所以后金无法战胜明朝。要想战胜明朝，后金须将“火”变为“水”，以“水”命克明朝之“火”。

随着皇太极对汉族文化的了解加深，他逐步相信了这一说法。于是先将自己的国号定为“满洲”，再将国号定为“清”，就是希望用“满”“清”的浩浩大水将“明火”扑灭，这正是他的宏志。

古代典籍《诗经》中有“维清缉熙”一句，在这里，“熙”的字义便是“明”。

皇太极所定年号“崇德”也是针对明朝的“崇祯”年号，在字义上，“崇尚道德”自然比“崇尚祯祥”要高明许多。

总之，无论是国号还是年号，都透露出皇太极的雄心壮志，同时也显示出他对汉文化的重视。

不过，皇太极虽然重视汉文化，依照汉族模式制订政策，却不愿意自己的民族和国家被完全汉化。

创建大清后不久，皇太极御临翔凤楼，召见所有亲王、郡王、贝勒、固山额真、都察院官，令弘文院大臣为他们读《金世宗本纪》，认为历史上的金世宗禁止子孙仿效汉人陋习，从而使金朝的武功能长盛不衰。

痴迷汉文化的大臣图海，建议放弃女真族原来的短衣打扮，改穿汉人的宽衣大袖。皇太极坚决反对，认为如果宽衣大袖，废除骑射之术，则江山难保，社稷难存，更谈不上入主中原。他特地强调："朕之所以如此，实在是为子孙万世所做的长远之计。在我身上岂有变更的道理？我唯恐日后子孙忘记旧制，废除骑射，完全仿效汉俗，所以常常忧虑。我国士卒，原来有多少？之所以能成就大业，不就是靠娴熟骑射，能够野战则克、攻城则取吗？"

崇德三年（1638 年），皇太极见满族人纷纷仿效汉人，穿起汉族服装，有的甚至解了辫子，缠上小脚。皇太极意识到这些行为的危害，下圣旨："以后再有仿效他国衣冠、束发裹足者，治重罪！"



作为一位有远见的政治家，皇太极的举措无疑是正确的。

一个民族要想真正强大，必须吸收外来的先进文化，但绝不能失去根本，把自己的优势都丧失。这一观点也是布木布泰所深深赞同的。或者，从另一个角度说，布木布泰从自己的丈夫身上，学到了一位杰出政治家所应有的基本素质。

# 大内宫阙与大政方针

30



一方敦厚苍朴的四方城墙，在关东原本光坦坦、莽苍苍的荒原大野里霸气地突兀矗起。从那一刻起，北方的人类便开始在这里孕育着抱负、繁衍着梦想，同时也时时滋生着阴谋……1631年，皇太极决定扩建沈阳城。这一次扩建工程极为浩大，建城的主旨再也不仅局限于军事功能，而是构筑一座宏伟瑰丽的皇都。城墙加高加厚，墙基为石料，内墙砌砖，内以黄土夯实，城内占地达300亩。改原城墙的四大门为八大门，门上两层城门楼，四座角楼，每个城门楼设火炮一门，以备防守。这次扩建使沈阳城第一次具有了帝都风貌。

这是马秋芬在《老沈阳》中对入关前大清都城的描述。我喜欢这样有灵性的语言。

凤凰楼

不过现在，还是让我们回到皇太极的辉煌时代，以朴实的叙述进入皇太极精心打造的大内宫阙。

努尔哈赤时期即建造大政殿与十王亭，作为帝王们处理政事的场所。皇太极并不以此满足。他从继承汗位一开始，便着手修筑辉煌的宫殿群落。到天聪十年，有五十余座建筑的大内宫阙以气派非凡的形象出现在世人眼中。

就其位置而言，大内宫阙基本上坐落在盛京沈阳的中轴线上，符合“天子至尊，国中立宫”的原则。

大清门是大内宫阙的正门，为面阔五间的硬山式建筑，屋顶铺黄色琉璃瓦，以绿剪边修饰。

跨入大清门，走过大约百米的浅红色石板御路，便来到崇政殿。这是大内宫阙最重要的殿宇，即老百姓平常所说的金銮殿，是皇太极举行重大仪式、封赏文武百官、召见外国使臣的地方。整座宫殿金碧辉煌，气势雄伟，前有石栏相护，旁有侧殿相配，殿内四根沥粉贴金的金龙蟠柱，使崇政殿充满了皇家的神秘色彩。

崇政殿正北为凤凰楼，这是皇宫乃至沈阳城最高的建筑，同时将大内宫阙分为两半。凤凰楼的后面即为内廷，是皇帝和他的后妃们生活的地方。

内廷以台上五宫为主体。之所以称台上五宫，是因为五宫居室均建在四米高的高台之上，形成大内宫阙殿低宫高的满族建筑特征。

五宫中，居中面南的是清宁宫，由皇后居住。两侧分别是关雎宫、麟趾宫、衍庆宫、永福宫。皇太极创建大清后，在崇政殿举行大典，册封五大福晋：清宁宫大福晋哲哲，为国君福晋，称皇后；关雎宫福晋海兰珠为东宫大福晋，称宸妃；麟趾宫福晋娜木钟，即原察哈尔多罗大福晋囊囊太后，为西宫大福晋，称贵妃；衍庆宫福晋巴特玛·璪，即原察哈尔窦土门福晋，为东次宫侧福晋，称淑妃；永福宫福晋布木布泰为西次宫侧福晋，称庄妃。

册封典礼非常庄重，五宫福晋均被授予满、蒙、汉三体的封册。其中庄妃封册内容如下：

奉天承运宽温仁圣汗制曰：既有天地受命之汗主持一代之治，则必有天赐福晋赞襄于侧。汗御极后，定诸福晋之名号，乃古圣贤所定之大典。今我正大位，当仿古圣贤所定之大典。我所遇福晋，系蒙古科尔沁部博尔济吉特氏布木布泰，特赐你册文，命为次西宫侧福晋庄妃。你务尽清廉端庄仁孝谦恭之义，谨遵国君福晋训诲，勿违我之至意。

皇太极最重要的五位后妃都是蒙古女子，显示出他的偏爱，但主要还是显示出满蒙联姻的国策已有了更为纵深的发展。

归顺的蒙古各部已成为大清的重要支柱，如何对待蒙古各部成为皇太极必须面对的大政方针。

有一次，皇太极总结林丹汗失败的主要原因，对大学士希福、刚林、范文程说："当年，科尔沁土谢图额附有一名马，起了个爱称为杭爱。土谢图额附视若命根。我曾以十副铠甲与他交换，他不愿意。可是，林丹汗却无理地向他索取，势如强夺，只用一副铠甲就得到了。从此，科尔沁诸贝勒对林丹汗渐渐疏远。后来，林丹汗又故伎重演，用一副铠甲换取阿禄部落济农的上千匹马。济农说：'岂有一副盔甲值千匹马的道理？这是挑衅，想借此侵略，我不能不给他。'从此，阿禄诸贝勒也开始疏远林丹汗。再后来，科尔沁卓礼克图亲王有一只鹰，能横捕飞鸟，十分珍惜。林丹汗得知后，又派人索取。卓礼克图亲王不愿意给他，还是土谢图额附一再劝令，才勉强将此鹰献出。而林丹汗得到雄鹰后，一点没有回报，而且不见送鹰之人。林丹汗如此贪横，怎么能够得人心？我现在对待各处蒙古，每次来朝，厚加恩赏，因此，他们都没有离开我的心思。即便离开，总是恋恋不舍。这样，归附我的蒙古各国，从此富足安闲，对我十分忠心。遇有战事，他们能为我拼力而战。由此看来，以强力服人，不如令人心中悦服，从而尊崇你。”

希福、刚林、范文程听后，上奏道：“治之以德则化，治之以刑则败，就是这个道理。”

观皇太极一生，虽以马上打天下，却是以文德治理国家。他为大清江山打下了坚实的基础，其“文治”政策得到庄妃及其后人的贯彻。

31

# 永福宫庄妃及其侍女苏麻喇

布木布泰成为永福宫庄妃，虽然名号依然显赫，但她的内心里不免有点委屈。

天聪六年（1632 年）册封三宫时，她被封为西宫。当时，后金以西为上，西宫在后宫中仅次于皇后，地位十分高贵。可是现在，她的姐姐海兰珠一来，便跃居第二，成为关雎宫主人，不仅代替了布木布泰原来的地位，而且将皇太极的宠爱集于一身。所谓“关关雎鸠，在河之洲，窈窕淑女，君子好逑”。海兰珠以其娇美的身姿，万般的柔情，将皇太极深深地吸引。

皇太极之所以仍然以哲哲为皇后，一是因为哲哲一直是后宫之主，母仪天下，十分得体，树立了她在后宫中的权威；二是因为哲哲毕竟也是海兰珠的姑姑，于情于理，都不应该排在海兰珠之下。

盛京皇宫全景

皇太极将囊囊太后及窦土门福晋排在布木布泰的前面，则完全是由于政治需要。这两位林丹汗原来的妻子，不仅给皇太极带来了大量的财富，而且是皇太极借以笼络察哈尔的工具。如此一来，布木布泰却成了牺牲品。

布木布泰成为五宫中排行最末的妃子，享受的待遇，包括宫殿的规模，均远低于海兰珠。

海兰珠原也不想伤害自己的亲妹妹，不过事到如今却也无可奈何。她只能力劝皇太极不要只陪着自己一个人，还应该照顾庄妃。

皇太极当然很清楚庄妃的委屈，他与庄妃长期培养起来的感情不会因为海兰珠而完全淡漠。于是，他来到永福宫，向庄妃分析道："自古以来，均是先长后幼，你的姐姐是你的至亲，而且也是你安排朕与她见面的，相信你不会因为你姐姐排在你前面而不开心。至于麟趾宫、衍庆宫二妃，朕不会因为她们而疏远你的。”庄妃是个明事理的人，听皇太极如此真诚地开导自己，便想开了。她主动与姐姐沟通，共同辅助姑姑处理后宫事务。

永福，出自《汉书·礼乐志》，所谓“慈惠所爱，美若修德，杳杳冥冥，克绰永福”，这正与庄妃本人非常相配。她注重培养内在的素养，以此追求永久的幸福。

永福宫坐西朝东，面阔五间，进深三间，前后廊硬山式建筑，方形廊柱，单檐硬山式大屋顶。屋面满铺黄琉璃瓦加绿剪边，正脊与四条垂脊为五彩琉璃。屋内除东北特色的炕、锅灶以及宴桌、餐具等生活用品，还有供庄妃礼佛的佛像、佛龛等佛事用品。看来，庄妃信奉的宗教是佛教。

庄妃的身边有一位年龄比她稍小的侍女，名叫苏麻喇，是她出嫁时从科尔沁蒙古带来的。苏麻喇的蒙古名字叫苏墨儿，意思是“毛制的长口袋”。大概是她刚出生时，眼前正好有这么一个口袋，她的父母便以此起名。

庄妃与苏麻喇非常亲近，既是主仆关系，又是姐妹关系。在庄妃不断成长成熟的过程中，苏麻喇也变得知书识礼，精通满蒙汉三种文字，尤其长于服装设计。

大清初创，皇太极需要制订礼仪，严格等级，这种等级的差别需要体现在衣冠上。庄妃推荐苏麻喇参与大清各级衣冠的厘定，得到皇太极的认可。《啸亭杂录》记载：国初衣冠饰样，皆苏麻喇手制。

苏麻喇若是活在今天，必定是一位世界一流的服装设计师。她以其高超的技艺，灵巧的构思，以原来的女真服装为基础，大量参考蒙古服装的特长，吸收汉族服装的优点，设计出独具特色的满族服装。她所设计的服装，在大清近三百年间没有多大的变化。由她所设计的女式服装演变的旗袍，直到现在，还是许多妇女的首选。

后来，苏麻喇被称为“苏麻喇姑”，得到世人的尊重。

毋庸置疑，苏麻喇的服装设计中有着庄妃的理念。

苏麻喇为自己的主子争得了荣誉。而皇太极把这样重要的事托付给庄妃的侍女，表明他仍然十分看重庄妃，他们之间仍然情谊深长。

由于皇后、宸妃、庄妃的缘故，她们的娘家人获得了别的蒙古家族无法相比的殊荣。

改国号为清后，皇太极分封诸兄弟、子侄军功。册封大贝勒代善为和硕礼亲王，贝勒济尔哈朗为和硕郑亲王，墨尔根代青贝勒多尔衮为和硕睿亲王，贝勒岳托为和硕成亲王，贝勒阿济格为多罗武英郡王。接着又封庄妃的大兄吴克善为和硕卓礼克图亲王，四兄满珠习礼为巴图鲁郡王。

此时，皇帝之下位号最高的就是亲王与郡王，数目非常稀少。而庄妃的家人即占两位，与皇太极的亲兄弟平起平坐。

崇德二年（1637年）五月，科尔沁大妃前来沈阳朝见皇太极。皇太极与他的后妃盛情接待，设国宴招待。大妃归国时，皇太极再设国宴送之，并赐予大量的鞍马、衣服、鞋袜、彩缎、珊瑚、嵌珠玉项圈、银器等物。

崇德三年（1638年）岁末，科尔沁二妃以及吴克善、满珠习礼前往沈阳朝觐。皇太极于崇政殿接见，科尔沁二妃入大清门，皇太极起座。二妃由崇政殿西阶跪谒，皇太极答礼。二妃两跪两叩头，皇太极不答，至第三次叩拜时，皇太极答拜行报见礼。行礼完毕，科尔沁二妃前往后宫谒见皇后、妃子，她们与皇后、宸妃、庄妃等至亲骨肉见面，分外高兴。科尔沁二妃献上貂皮、雕鞍、驼马等物，皇太极收纳，赐国宴款待。隔几日，已是崇德四年正月，皇太极偕皇后、宸妃、贵妃、庄妃，以戚属礼见科尔沁二妃，在崇德殿摆上国宴，并且备陈乐舞。这应该是最高级别的款待了。

此次，皇太极特地追封皇后的父亲科尔沁贝勒莽古斯为和硕福亲王，立碑以纪念。

皇太极封皇后母科尔沁大妃为和硕福妃，赐仪仗。

皇太极还隆重地册封宸妃和庄妃的母亲科尔沁次妃，封其为和硕贤妃。册文上写着：

> 朕惟树仪型于内阃，懿德聿彰，膺褒予于朝章，荣光特贲。今朕登大宝，爰仿古圣之制，以定藩妃之封。兹尔科

尔沁国次妃博礼，乃卓礼克图亲王吴克善、巴图鲁郡王满珠习礼之母也。尔能训诫诸子，佐理国家，故特册封为和硕贤妃。尔其益励厥心，敬承勿替，以妇道自持，以义方训子，则名显当时，德扬后世，而富贵永昌矣。钦哉。勿负朕命。

册文中虽然没有提及宸妃与庄妃，但明眼人不难看出皇太极两位爱妃在其中所起的重要作用。

庄妃见自己的祖母、母亲、兄长们均名利双收，自是万分高兴。她们一家人聚在一起，共度美好时光。

科尔沁二妃此行还有一个重要的任务，就是为次妃的孙子祁塔特与皇太极第三女成婚。婚礼在崇政殿隆重举行，皇太极亲自为小夫妻主持婚礼。

圆满结束朝见后，科尔沁二妃一行带着亲人的寄托以及珍贵的礼品，满载而归。

第二年七月，科尔沁二妃以及吴克善、满珠习礼等人再次朝见。此行的目的主要是为满珠习礼的婚事。满珠习礼曾娶岳托之女为妻，只是此女不幸于崇德二年八月病逝。科尔沁二妃请求皇太极恩准，再选皇族女子嫁给满珠习礼。皇太极与皇后、宸妃、庄妃商量。庄妃提议：“岳托伯父的次女，温雅贤惠，其夫早亡，尚未再嫁。如把她嫁给满珠习礼，将是再合适不过的事。”此提议得到她姐姐宸妃的大力支持。皇太极于是遵照此议，并为满珠习礼夫妇在崇政殿举行婚礼。

崇德五年、崇德六年、崇德八年，庄妃的祖母、母亲以及兄长等又多次前来，无不受到隆重的接待。而喜事也是一桩连着一桩。其中，崇德六年（1641 年）正月，庄妃所生的皇太极第四女雅图嫁给了吴克善之子弼尔塔哈尔，并在崇政殿举行婚礼。崇德八年（1643 年）八月，科尔沁二妃参加了庄妃所生皇太极第五女的隆重婚礼。

庄妃为皇太极生下三个女儿，分别是：第四女雍穆公主，第五女淑慧公主，第七女淑哲公主。其中，第四女、第五女均嫁到了蒙古。第七女嫁给编入满洲镶黄旗的原扎鲁特蒙古人铿格尔耿。

第五女淑慧公主 17 岁时，她的丈夫索尔哈死去。庄妃为女儿做主，将其改嫁给巴林右旗蒙古的色布腾。

庄妃把自己的女儿嫁到相对落后的蒙古。她对自己的故乡，有着深厚的情感。

# 32 最艳丽的花也最容易凋谢



海兰珠在嫁给皇太极之前，曾备受前夫的虐待，而一旦与新丈夫相爱，便荣宠备至，不仅被封为妃子之首宸妃，而且几乎将后宫“三千宠爱”俱集一身。她虽然与妹妹有点小矛盾，但很快得到妥善的解决，起码，二人在面子上没有任何不和的迹象。

最重要的是，皇太极曾宠爱过的皇后及庄妃，均未能给皇太极生下一个儿子，而宸妃却在崇德二年（1637 年）七月初八，在关雎宫为皇太极生下了一个儿子。

这虽然是皇太极的第八个儿子，但子以母贵，皇太极之高兴无法形容。他竟然开有清一代的先例，集文武群臣于笃恭殿，颁发了大清的第一道大赦令，称：蒙天地眷佑，关雎宫宸妃诞育皇嗣。

此事可喜可贺，并大赦天下，使万民咸被恩泽。

宸妃的儿子一出生，便被皇太极定为皇嗣，贵不可言。这是宸妃未曾想过的，她在后宫中的地位因她的儿子将变得坚如磐石。她大喜过望，想着自己的儿子日后当了皇帝，自己就是名正言顺的皇太后，是天下第一人。那么，以前吃再多的苦都是值得的。

宸妃进入人生中最美妙的时刻。

此事轰动了国内外。朝鲜国王特上“皇太子”贺表，称其“隆福如河奔流”，并献上珍贵的礼品。蒙古各部也纷纷前来祝贺。巴林部落阿玉石、卫寨桑、毛祁他特，札鲁特部落内齐、喇巴泰、台吉塞冷、戴青达尔汉、沙里、达尔马等首领特地赶到沈阳，上表庆贺。表文称：“恭遇宽温仁圣皇帝诞生皇子，臣等闻之，喜不自胜，谨赍表并庆贺礼物进献。”紧接着，其他蒙古部落的首领也纷纷进献驼马，均是“喜不自胜”，上表庆贺。

皇太极一高兴，暂时抛开政事，亲率和硕贝勒、多罗郡王、多罗贝勒、固山贝子等出怀远门，到演武场较射。先命蒙古喀尔喀塞臣汗下诸臣与科尔沁土谢图汗巴达礼下诸臣比赛。接着令八旗中每旗各选十名善射者参加比赛，哪一旗失败了，就罚牛羊。

见皇太极兴致很高，将士们无不踊跃参赛。和硕亲王、多罗郡王、多罗贝勒、固山贝子们，也都凑趣，豪爽地参加了比赛。场内一片欢腾。

皇太极还不尽兴，又令多尔衮、多铎、豪格、阿巴泰也参加比赛。比赛规则十分公平，无论多高身份，只要失败，必须站立，胜利者则受到奖赏。

比赛完毕，皇太极又设宴款待外藩朝贡贝勒及朝中大臣。

在所有庆贺者当中，最为高兴的自然是科尔沁左翼——宸妃的娘家。可是，宸妃的姑姑和妹妹却处在微妙的心理状态当中。按理说，她们均应该高兴。可是，二人颇有点同病相怜，她们嫁给皇太极多年，夫妻间不能说不恩爱，可是却未能生下一子。而海兰珠一来，不仅夺去了许多皇太极的恩宠，而且将她们的希望也夺去了。

皇太极有点唐突地将海兰珠的儿子立为皇太子，意味着，即便皇后及庄妃日后生子，也再无成为皇太子的可能——这种事情，谁能不在乎呢?！尤其是庄妃，她又怀上孩子了，保不定还是男孩呢。

好在皇后及庄妃均是识大礼的人，她们均向宸妃表达了自己的祝福。

宸妃从此将所有的希望寄托在自己的新生儿上。儿子的一举一动，均牵动着她最为敏感的神经。她可以为儿子生，为儿子死，她拥有了世界上最为伟大的母爱。

可惜造化弄人，宸妃的儿子只活了六个月，就因患上致命的天花，很快夭折了。

致命的打击迅速蔓延到宸妃身上，她陷入最大的悲痛当中。儿子死了，她的心也跟着死了，即便是科尔沁二妃赶来劝解，即便是姑姑及妹妹不时问讯，即便是丈夫最真挚的爱恋，均无法使宸妃脱离痛苦。

最艳丽的花也最容易迅速凋谢，宸妃整日以泪洗面，身体消瘦，病倒了。

# 福临降生

33



历史上真实发生的事情，有时候比戏剧小说中安排得还要巧。宸妃的儿子死于崇德三年（1638年）正月二十八日，两天以后，庄妃生下了皇九子，这个孩子就是后来的顺治皇帝福临。

《清太宗实录》记载："甲午，戌刻，世祖章皇帝生，上之第九子也。圣母太皇太后，时为永福宫庄妃，妊十一月诞生。是夕，红光照耀宫闱，经久不散，香气弥漫数日。"

《清史稿》中则渲染了一则神奇的故事：庄妃自怀上孩子起，便红光绕身，盘旋如龙形。孩子出生前夕，庄妃梦见神人抱子放入自己怀中，并说："此统一天下之主也。"醒后，庄妃将神仙的话告诉皇太极。皇太极喜甚，说："奇祥也，生子必建大业。"第二天福临降生，红光照耀宫中，香气经日不散。福临生有异禀，顶发耸起，龙章凤姿，神智天授。

《清世祖实录》中的说法更为详细：庄妃方妊娠时，即有红光绕身，衣裾间如有火龙盘旋。侍女以为着火，赶紧上前扑救，但一到庄妃面前，红光便不见了。这种情形发生了好多次，人们都感到非常惊异。孩子降生之前，庄妃梦见一个神仙抱着一个男孩给他，说："此统一天下之主也。"庄妃刚刚把孩子放在膝上，神仙突然不见了。她把梦告诉皇太极，皇太极说："这是异祥子孙，是大庆之兆。"第二天，福临出生。他的顶中有一缕头发，耸然高起，与其他头发不同。这一天，红光照耀宫闱，经久不散，香气弥漫数日。

这些自然均是后来的敷衍之说，不可尽信。

不过，福临正好在皇八子刚去世后降生，无疑给悲戚的皇宫带来喜气，也无疑给皇太极一些安慰。这对于庄妃及福临本人，均是得天时、地利、人和。皇太极为新生儿起名为"福临"，就是"福气降临"的意思。

永福宫内喜气盈盈，温和的烛光照在孩子的脸上。孩子经过长时间的哭闹后，进入美妙的梦乡。庄妃忍不住爱怜地亲亲孩子的小脸，再亲亲孩子的小脚丫子，自言自语地说："你可真能闹。小时候闹，长大后就听话了。"

从 1625 年嫁给皇太极，到现在的 1638 年，整整 13 个春秋，好不容易盼来了贵子。庄妃轻轻地晃动着摇篮，她提前为孩子准备了图书，在他耳边吟诵着；她在墙壁上挂起了小弓箭，让孩子从小对武功感兴趣。她最大的希望就是：自己的儿子，日后能成为文治武略的皇帝。

亲王贝勒文武百官乃至皇后妃子，均向庄妃表达了真挚的祝福。

咫尺之间的关雎宫与永福宫形成鲜明的对比。

凄冷的灯光下，海兰珠的心中涌动了一种不平。为什么？同样的姐妹，妹妹总像有吉星高照。而自己刚刚脱离苦海，幸福的时光却如此短暂。

也许，就是从这一刻起，海兰珠心中产生了难以化解的疙瘩。任凭庄妃如何努力，姐妹俩均无法恢复到以前的亲密无间。

# 34 松锦之战



皇太极实力雄厚，统一蒙古征服朝鲜后，环顾四周，只剩下明朝为敌。此时，明朝内部腐化严重，内乱不断，正走向末路。

皇太极认为机会成熟，一改过去“议和”的面孔，把主要力量放在进攻明朝上。他以咄咄逼人的口气致明朝皇帝书，宣称：“自古天下，非一姓所常有。天运循环，几人帝，几人王。”明确表示要问鼎中原。双方关系由此进入一个新的阶段。

山海关是屏蔽明都的要塞，驻扎着明朝重兵，由大将统领，坚不可破。皇太极多次绕过山海关，派大军入中原侵扰，均是劫掠财物，不敢停留太久，原因就是害怕被山海关守兵切断后路。

不攻破山海关，皇太极就根本无法谈及夺取大明江山。而宁、锦八城则是山海关的门户，守城官兵与山海关联成一体，成为大明的北部长城。因此，皇太极逐鹿中原的第一步，就是拿下宁、锦八城。

崇德三年（1638年）十月，皇太极亲率大军进发山海关。明朝总兵祖大寿是一位久经沙场的老将，曾多次打败皇太极，也曾被皇太极打败。双方知己知彼，算得上老对手。

见清军来势凶猛，已到达中后所，祖大寿马上将军队退回城中，伺机行动。双方互相诱战，明朝士卒死三十人，清兵九人阵亡，三十匹马丢失。皇太极此次只是投石问路，试探明朝军情。不久便班师回国。

次年二月，皇太极再次亲率数万大军，猛烈攻击松山老城。松山是宁、锦八城中战略地位非常重要的一城，只要攻下松山，则宁、锦咽喉被切，宁、锦八城将受到致命打击。

皇太极采用集中兵力的办法，试图一举攻下松山。他亲自上阵，指挥清兵，抬出四十多门先进的红衣大炮，昼夜不停地向城墙轰击。二日后，松山城墙一片断瓦残垣的景象。皇太极大喜，命清军蜂拥而上，企图夺取城池。没想到，就在此时，松山城墙上出现了明朝的大炮，明将金国凤率人死守，并向清军发动猛烈的反击。同时，金国凤派人及时将毁坏的城垛以土木修复。清军死伤近二千人，始终不能占据优势。皇太极见无利可图，只好再次班师回国。

崇德四年（1639年）春天，明廷调著名将领洪承畴总督蓟辽军务，加强北部边境的守卫。

洪承畴之名，皇太极早有耳闻。此人来自福建，中过进士，起于战功。在明廷镇压国内叛乱的过程中，洪承畴战功卓绝。他曾在义州击败了王佐桂大军的进攻，又曾在出任陕北总督时以武力强行镇压了当地的起义，并在潼关之战中一举击败实力强大的李自成起义军，迫使李自成躲藏起来。他的名声与威望，比祖大寿还要大许多。明廷授予他统领十三万步兵、四万骑兵。

当然，洪承畴并不能吓倒皇太极。皇太极不仅想打败洪承畴，而且打算将其纳于自己旗下。面对同样强大的明朝军兵，皇太极决定采取稳扎稳打、步步紧逼的战略，拼尽国力也要把这个硬骨头啃下来。

崇德五年（1640 年），皇太极派兵攻打锦州，被祖大寿打得大败。然而，清军在锦州外围不断劫杀分散的明军，逐步缩小对锦州的包围圈。

崇德六年（1641 年），皇太极派多尔衮率军攻打锦州，同样遭到祖大寿的有力抵抗，清军再次失利。皇太极加大攻势，派济尔哈朗、阿济格、多铎等人统帅八旗精兵，并调朝鲜兵参战，还运载攻城大炮，大举进攻锦州。与此同时，皇太极还高举满蒙一家的旗帜，促使锦州外城的数千名蒙古军投降清军。锦州危急，祖大寿向洪承畴求助。洪承畴马上率大军支援，队伍很快到达松山、杏山。在松山北岗，洪承畴与济尔哈朗所率的清兵遭遇，双方展开激战。洪承畴名不虚传，初战便大胜清军，夺两红旗、镶蓝旗三旗驻营之地。祖大寿派人送信给洪承畴，建议他不要轻敌，应步步为营，徐徐推进，最终将清军打败。洪承畴的确是沙场老将，在胜利面前不骄不躁，他听取祖大寿的意见，将大军屯守于松山，积聚粮草，准备数月后再与清军决战。

皇太极得知洪承畴与祖大寿采取的战略后，知道遇上劲敌了，心中异常着急。可他没有想到，明朝皇帝崇祯却帮了他的大忙。

洪承畴的稳扎稳打没有得到明廷的理解与支持。更有许多短视的官员，不断向崇祯帝提出异议，认为洪承畴是在浪费军饷。崇祯皇帝听信了这些官员的话，于是强令洪承畴马上进军，迅速解除锦州之围。不仅如此，明廷还命令洪承畴接受兵部尚书陈新甲的监督。洪承畴打算合兵一处北上，而陈新甲却命令将大军分成四部。洪承畴没有办法，只好打破原计划，率军直抵锦州。

抵达锦州附近后，洪承畴大战多尔衮、豪格，屡战屡胜。多尔衮几乎被明军炮火击毙，他赶紧向皇太极告急：敌军来者甚众，我军无法抵挡。

这样的话从屡经战火洗练的多尔衮口中传来，皇太极万分着急。他赶紧派出援兵。接着下令，满洲、蒙古 15 岁以上的男子均从军，并召集各路人马集中起来，由他亲自率领，日夜不停，赶往锦州。沿途之中，皇太极鼻血不止，下承以碗，仍然马不停蹄。他所率领的大军及时赶到了前线，双方形势顿时大变；而皇太极本人的出现，则大大激发了清军的士气。另一方面，皇太极还将明军的粮草夺走，将明军的后路掐断，使明军人心惶惶。

次日夜晚，皇太极下达总进攻的命令。顿时，炮声惊破天地，喊杀声铺天盖地涌向明军阵营。明军则似惊弓之鸟，洪承畴想稳住阵脚，但很多将领并不归洪承畴管辖，也根本不听洪承畴的调遣，率先逃走。军心动摇其他将士也无斗志，纷纷逃跑。洪承畴见阵脚大乱，只好撤回松山，据城固守。明军分路逃跑，清兵乘胜追击，从东北方向往西南，沿松山、杏山、高桥、塔山一线，明军尸首遍地皆是，死伤人数达五万三千七百余人。

皇太极命清兵将松山重重包围，洪承畴多次想突围，均未成功。明廷派出人马，打算从陆路、海路援助洪承畴，均被清军击退。洪承畴陷入困境当中。清军进行了旷日持久的围困，并辅以大炮轰击，松山城内粮草断绝，出现人吃人的惨状。皇太极采取心理战术，劝明军投降。他还命令范文程写了一封言辞真诚的信件送给洪承畴，劝洪承畴识时务，顺天意，投降大清。洪承畴对此毫不理会，而他的副将夏承德却暗中接受了皇太极的劝降，最终于崇德七年（1642 年）二月里应外合，使松山陷入清军之手，洪承畴也不幸被俘。

此后不久，锦州总兵祖大寿献城投降。

祖大寿在投降问题上曾多次出尔反尔，与皇太极讨价还价。皇太极的下属都有点忍无可忍了，要收拾祖大寿。但皇太极以宽容的态度，对祖大寿既往不咎，最终使这位以前的“冤家对头”变为忠诚的部将。受皇太极指令，祖大寿给他的外甥——统领宁远守军的明朝总兵吴三桂写了一封信，说：“松山、锦州已下，天运人心，悉归新主。有识者宜熟为审处，及早投诚，则分茅裂土，超出寻常。”劝吴三桂识时务，投降大清。

吴三桂没有回信。他尚在十字路口徘徊。

# 35 “朕岂为一妇人生哉”

就在皇太极战场上春风得意，加紧围攻松山、锦州的时候，盛京突然传来消息：宸妃病体加重，呼吸紧迫！

皇太极倒吸一口冷气，他太在乎宸妃了！

他无法使自己冷静，他急切地想要回到宸妃身边。他已顾不了许多，将前线战事一股脑儿交给多尔衮等人，自己则星夜赶回盛京。

他首先派大臣冷僧机等人，十万加急，到皇宫探望宸妃病情。冷僧机、索尼在五更天到达皇宫，从大清门进去，直奔内门。呼门时得知，宸妃已经薨逝。他们赶紧返回，在路上遇到皇帝圣驾，将此噩耗告知皇太极。皇太极顿时悲痛万分，恸哭不止。

宸妃死时，年仅 33 岁。

皇太极失去至爱，连续六日不思饮食，朝夕悲痛。第七天午时，皇太极身体虚弱，昏迷在地，言语无绪。皇后、宫妃以及诸大臣大惊，急忙将他扶起，唤御医诊治，并陈设祭物向神灵祈祷，保佑皇上平安。

皇太极终于慢慢苏醒过来。他似乎在沉睡中悟到了什么，醒来之后开始进食。他并不记得自己曾胡言乱语，当身边的人告诉他真实情况后，他颇有悔意地对诸王大臣说："太祖驾崩时，我也没有这样悲痛。天之生朕，原为抚世安民，岂为一妇人生哉！只是朕虽然明白这个道理，却无法自持。天地祖宗见我如此悲伤过度，特地以此惩罚。朕以后将善自排遣，以国家大事为重。"众人听后，大喜道："诚如皇上所说，实慰天下臣民的厚望。"

此后，皇太极虽然改变了形象，重新处理政事，但他情难自禁，无法真正排解对宸妃的思念。他率诸王以下文武百官，隆重地为宸妃祭奠。祭文为："关雎宫宸妃，尔副位椒庭，助宣壸教，自居宫掖，礼遇有加，方期克享遐龄，不意中道奄逝，朕怀悯恻，念芳型之不远，忆淑德而增悲，是用备陈祭物以荐馨香。"

整个皇宫、整个沈阳乃至整个大清国，都因为宸妃的去世，沉浸在悲风凄清的氛围当中。

十几天之后，诸王贝勒见皇太极仍然沉浸在悲哀当中不能自拔，于是请他出外游猎，以排解心中愁绪。可是，在皇太极返回路过宸妃的殡所时，触目伤情，忍不住再次恸哭。

宸妃之于皇太极，真是不次于杨贵妃与唐玄宗的感情。

过一段时间，皇太极追封宸妃为敏惠恭和元妃。他亲自率领众臣去墓前祭奠，途中正好碰到前来吊唁的宸妃母亲科尔沁和硕贤妃。皇太极更加伤感，他与丈母娘一起来到爱妃殡所，贤妃哭，他也哭，痛哭数次。

皇太极始终抑郁不乐，难以自拔。他月月祭奠爱妃，日夜思念爱妃，他的生命似乎不再完整。

作为宸妃的妹妹，庄妃也悲痛不已，但她感受最多的是压抑。她至亲的姐姐对她产生了深深的误解，两人曾暗中较劲。

庄妃虽然识大体，努力改善姐妹感情，但宸妃天生是“林黛玉”，一旦对“薛宝钗”产生隔膜，便再难化解。皇太极本是文韬武略的英明帝王，但在宸妃去世后，他在情感上颇似“贾宝玉”，他只能理智上接受庄妃，在情感上却无法再与庄妃产生共鸣。

这算是帝王家的一大悲剧吧。

# 劝降洪承畴

36

宸妃去世后，皇太极的生活中几乎不再有什么让他高兴的事情。如果有，那就是前线大捷，清兵击败明朝十三万大军，连续攻克锦州、松山、杏山、塔山四城，为清军逐鹿中原打下了坚实的基础。

明朝最有名的将领洪承畴被俘，皇太极决心不惜运用一切手段，要将洪承畴说降。可是，洪承畴誓死不屈，滴水不沾，想要自绝，以谢明廷。皇太极派范文程等多位大臣劝说洪承畴，均没有任何结果。

这种情况下，庄妃为讨好皇太极，毛遂自荐，亲自去关押洪承畴的三官庙，用自己的智慧说服了洪承畴，立下汗马功劳。

关于劝降洪承畴的过程，正史中没有记载。倒是野史中多有绘声绘色的细节描述。

民国文人许啸天在《清宫十三朝演义》中写道：洪承畴被俘，一粒饭不吃，誓不投降。皇太极十分忧虑，向众大臣要主意，最后终于得知洪承畴有好色的癖好，于是派出多名美艳侍女前去陪伴，但洪承畴理都不理。皇太极认为劝降不了洪承畴，就无法打败明朝，现在无计可施，免不了唉声叹气，此情形被庄妃（许文中称为“文皇后”）看到，决心为国家大事舍却自己。她先说服了自己的丈夫，然后精心打扮，来到关押洪承畴的地方。她先将洪承畴扶起，也不说话，只是挨近洪承畴，将身上的脂粉香一阵一阵地吹进洪承畴的鼻管。洪承畴是天生一位多情人，别的事体都打不动他的心，只有这女色上的勾当，便是在他临死时候，也多少要动一动心。况且那阵香味，原是庄妃所独有的，觉得异样触鼻，不由他不心中怦怦地跳动起来，终于忍不住睁开了眼，看见眼前出现国色天香的女子，又忍不住问：“你是什么人？”庄妃樱唇中嗤的一笑，说：“好一个殉国的忠臣！你死你的，快莫问我什么人。”……这样，庄妃便与多日一声不吭的洪承畴接上话。洪承畴虽然不愿意投降，但庄妃却略施小计，悲切切地对洪承畴说：“经略降又不肯降，死又不快死，如今我有一碗毒酒在此，经略快快吃下去，可以立刻送命，也免得在这里受苦。我可怜经略，这一点便是我来救经略早离苦海的慈悲心肠。”不知不觉中，洪承畴相信了眼前这位美妇的话，他马上将“毒酒”饮下，等候死神。他却并不知道“毒酒”其实是一碗人参汤，他不仅没死，反而长了精神，少说也有五六天可以活命。庄妃乘机问他家中情况，勾起他的心事，他渐渐有了“活下去”的念头。

写到这儿，许啸天渲染道：

洪经略（即洪承畴）给她这一番话说得脸上红一块白一块，果然觉得神气越清醒了；又听那女子在他耳边低低地说道：“经略大人，我看你还是投降的好；一来保全了大人的性命，二来也不失封侯之位，三来也免得家里几位姨太太守一世孤单，四来也不辜负了俺一番相劝的好意。”她说到这里，霍的坐起身来，一手掠着鬓儿，斜过眼珠来，向经略溜了一眼；接着粉腮儿上飞起了两朵红云，低着脖子，只是弄那围巾上的流苏。一种妖媚的姿态，把个洪经略看得眼花缭乱；他忙收一收神，跳下地来，大声喝道：“你是哪里的淫婢，敢来诱惑老夫？”那女子听了，却不慌不忙，盘腿儿向炕沿上一坐，从怀里掏出一方小小的金印来，向洪经略怀里一丢。洪经略接在手中看时，不觉把他吓得魂灵儿直透出泥丸，两条腿儿软绵绵的跪倒在地，连连磕着头，说道：“外臣该死！外臣蒙娘娘天恩高厚，情愿投降，一辈子伺候娘娘凤驾。”原来那方金印上刻着两行字，一行上满洲字，一行是汉字，有“永福宫之宝玺”六个字。洪经略到这时，才知道坐在炕上的，便是赫赫有名的关外第一美人，满洲第一贵妇人，孝庄文皇后；便吓得他不住地磕头，只求娘娘饶命。那娘娘伸出玉也似的臂膀来，把洪经略拉上炕去。洪经略看时，见皇后穿一件枣红嵌金带的旗袍，那大襟上揩着自己的眼泪鼻涕，湿了一大块。他越发的不好意思，爬在炕上，还是不住的磕头，此后却不听得他两人的声息。

良宵易度。第二天一清早，洪经略从梦中醒来，枕上早已不见了那昨夜劝驾的女子……

《清宫十三朝演义》中的这些描述，被老百姓广泛流传。里面的一些情节环环紧扣，似乎也合乎情理。只是，许啸天最终还是将故事引向艳情，太离谱了，堕入“风月演义”的窠臼。



蔡东藩的《清史通俗演义》颇注重史实，对劝降洪承畴的叙述，与实际的情形颇贴近，现引文如下，供读者雅鉴：

原来洪承畴人本刚正，只是有一桩好色的奇癖。这日正幽在别室，他是立意待死，毫无他念。到了巳牌，红日满窗，几明室净，听门外叮当一声，开去了锁，半扉渐辟，进来了一个青年美妇，袅袅婷婷的走近前来，顿觉一种异香扑入鼻中。承畴不由的抬头一望，但见这美妇真是绝色，髻云高拥，鬟凤低垂，面如出水芙蕖，腰似迎风杨柳，更有一双纤纤玉手，丰若无骨，手里捧着一把玉壶，映着柔荑，格外洁白。承畴暗讶不已，正在胡思乱想，那美妇樱口半开，瓠犀微启，轻轻的呼出“将军”二字。承畴欲答不可，不答又不忍，也轻轻的应了一声。这一声相应，引出那美妇问长道短。先把那承畴被掳的情形，问了一遍，承畴约略相告。随后美妇又问起承畴家眷，知承畴上有老母，下有妻妾子女，他却佯作凄惶的情状，一双俏眼，含泪两眶，顿令承畴思家心动，不由的酸楚起来。那美妇又设词劝慰，随即提起玉壶，令承畴喝饮。承畴此时已觉口渴，又被他美色所迷，便张开嘴喝了数口，把味一辨，乃是参汤。美妇知已入彀，索性与他畅说道：“我是清朝皇帝的妃子，特怜将军而来。将军今日死，于国无益，于家有害。”承畴道：“除死以外，尚有何法？难道真个降清不成？”美妇道：“实告将军，我家皇帝并不是要明室江山，所以屡次投书与明议和。怎奈明帝耽信邪言，屡与此地反对，因此常要打仗。今请将军暂时降顺，为我家皇帝主持和议，两下息争，一面请将军作一密书，报知明帝，说是身在满洲，心在本国。现在明朝内乱相寻，闻知将军为国调停，断不至与将军家属为难。那时家也保了，国也报了，将来两国议和，将军在此固可，回国亦可，岂不是两全之计么？”这一席话，说得承畴心悦诚服，不由的叹息道：“语非不是，但不知汝家皇帝肯容我这般举动否？”美妇道：

“这事包管在我身上。”言至此，复提起玉壶，与承畴喝了数口，令承畴说一允字，遂嫣然一笑，分花拂柳的出去。看官，你道这美妇是何人？便是那太宗最宠爱的庄妃。

这段话中，洪承畴是否有好色的奇癖，庄妃是否真像蔡东藩笔下的樱桃小口、迎风杨柳（这是典型的传统章回小说的笔法），这些都值得商榷，未必是真。说庄妃是太宗最宠爱的妃子，以及后文中说，因为此事乃把庄妃的儿子福临立为太子，也与史实有点出入。但是，这段叙述中关于庄妃是如何一步一步合情合理地说服洪承畴，与历史的真实未必相差太远，值得史家借鉴。

让我们返过头来，再看看正史中关于洪承畴投降后的情景。



皇太极得知洪承畴投降的消息，心中大喜，特地以国宴款待洪承畴。他本人没有出席宴会，为消除洪承畴的顾虑，专门命大学士希福、范文程、刚林、学士罗硕等告诉洪承畴：“朕今日没有穿视朝衣冠见你，也没有亲自赐宴，并不是有慢待的意思。只是因为关雎宫敏惠恭和元妃丧期未过，有所不便。”洪承畴叩首道：“圣恩优异，臣怎敢担当，虽死无憾。”

在海兰珠丧期时，大清国不允许大摆庆典，不允许吹拉弹唱。不少满族官吏因私自在家中吹弹歌舞而遭到皇太极的严惩。可是，洪承畴以俘虏身份投降，皇太极却对他如此敬重，令许多大臣无法理解。

诸贝勒问皇太极："皇上用得着这样厚待明朝俘虏吗？"

皇太极反问道："我们这么多年来栉风沐雨，究竟为了什么？"

众人回答："想得到中原。"

皇太极笑了，说："以前我们想取中原，就像盲人摸象，势必走许多弯路。现在我得到一个引路人，难道不应该厚待吗？"

# 37 皇太极突然去世



崇德八年（1643年）八月八日，皇太极白天正常上朝视事。他在崇政殿召见了科尔沁福妃、贤妃以及固伦公主、诸福晋，从征伐明朝所获的战利品中挑选上等财物，赐予她们。晚上亥时，宫中传出消息，皇上端坐南榻而崩。

正史中记载：皇太极无疾而终。

这怎么可能呢？一个好端端的人，仅仅52岁，上午还在工作，晚上突然死去，竟然称之为“无疾而终”?!

事实上，皇太极早已有病。宁、锦之战中，皇太极鼻血不止，毫不顾忌自己的身体，马不停蹄赶往前线，极大地损害了他的健康。而宸妃之死，对他更是一个致命的打击，他照样拼命从前线赶回皇宫，然后连续六天不吃饭，以至于昏倒。这样的损害，即便铁打的身体也无法承受。更何况，皇太极虽然继续料理国家大事，但他表面强硬的身体下，隐藏着巨大的危机。他的心病无法治愈，越是挺着，越是危险。当他接见宸妃的娘家人后，勾起了重重心事，再加上他晚年体态肥胖，容易勾起“风眩”、“脑溢血”等病症，以至于暴病而亡。

崇德八年四月，因为皇太极频繁生病，国内没有好的治疗方案，清朝官员曾向朝鲜世子馆所问医求助。此事被记载到朝鲜《李朝实录》中，可算是对“无疾而终”的一个否定。

皇太极是一位有为的君主。内阁文库本康熙朝《清三朝实录》上对他的评价是：

> 幼而聪睿，秉心宽弘，仁慈和惠，寡嗜欲。信法令，不杀而威，善于养人。凡勤劳国事者，赐衣服略无吝色。召近臣入宫，日至再三，亲视饮食以宾礼遇之。各国新附之人入见，必询问其姓名谱系，一如旧识。天语蔼然，虽至桀骜暴戾，未有不驯服者……蒙古诸部落各弃其主来降。兵威所摄，朝鲜平定，每岁征明，攻拔城邑，所擒斩不可胜计。于是疆土日廓，明国力屈，计穷莫能相抗……自缵承太祖大业以来，励精图治，罔耽佚豫，总揽国家机务，从无倦容。亲贤纳谏，知过必改，每事与诸大臣共相商榷，

夙夜勤求从事，诸臣莫敢或蔽，故事不壅于上闻，不十年间，群方咸服，国大兵强，遂辟土地务农桑，广渔猎，国用滋丰，民食充足。是以德政合乎天意，爱养慰乎人情，比屋蒙休而万民乐业。

皇太极死后，谥号为“太宗”，他被世人称之为清太宗。

他所开拓的事业，他的处事风范，深深影响了庄妃。皇太极也非常欣赏庄妃的政治才干，让她“赞助内政，越既有年”。

《康熙起居注册》中称：庄妃“佐太宗文皇帝肇造丕基”。可以说，庄妃是在皇太极的引领下，逐渐走上了政治舞台，并成为颇为成熟的政治家。



丈夫刚刚去世时，庄妃悲痛欲绝，愿意以身相殉。但她的主张被诸王贝勒否定，理由是她的子女年龄尚幼，需要她抚养。这种理由显然因人而异。同样的理由，当年的大妃阿巴亥未能活下来。而庄妃没有任何悬念地活下来，昭示着她背后已有强大的政治力量。

曾服侍过皇太极的章京敦达里和安达里也愿意为皇太极殉葬，诸王贝勒没有阻拦。

二人在临死前问诸王贝勒：“如果先帝在天之灵问起后世如何安排，我们该如何回答？”

诸王贝勒说：“先帝肇兴鸿业，我等翊戴冲主，嗣位承基，务当实心辅理。如果先帝在天之灵能够保佑，那正是我们的心愿。”

皇太极死得太突然了，没来得及留下任何关于皇位继承人的遗言。这势必引发一场激烈的皇位争夺战。

## 38 皇位之争又陷僵局



皇太极一共有十一个儿子，三个儿子夭折，其中包括宸妃的儿子。皇太极除宣布宸妃之子是他的皇位继承人外，再没有立过第二个太子。

皇太极死时，他的大儿子豪格 35 岁。庄妃的儿子福临，时年 6 岁；麟趾宫贵妃之子博穆博果尔，刚刚 2 岁。其他的皇子均为皇太极的侧妃和庶妃所生。

皇子当中，地位最高的是博穆博果尔与福临。他们的母亲均为台上五宫的主人。而博穆博果尔的母亲是西宫主子，比庄妃要高两个等级。所以，严格说来，博穆博果尔比福临的地位要高。只是现在，无论是福临还是博穆博果尔，均不会明白残酷的皇位之争意味着什么。

豪格母亲是皇太极的继妃乌拉那拉氏，因没有被封在五宫之列，所以她的儿子只能排在第二等级。然而，豪格却是极有可能成为皇帝的。

在皇太极的儿子中，豪格是惟一一位以自己的文韬武略为国家立下汗马功劳的人。天命年间，他便因为征讨蒙古有功而被封为贝勒，出任镶黄旗旗主。此后，他在对蒙古及明朝的战役中多立功勋，其战绩不在他的叔伯辈之下。他本人英毅，多智谋，拥有强大的实力。崇德元年他被封为肃亲王，掌管户部，并成为正蓝旗旗主，是核心领导层的一员。皇太极死后，他代表着正黄旗、镶黄旗以及正蓝旗为核心的皇权势力。

皇太极生前亲掌两黄旗，是八旗中最高贵的。两黄旗的贝勒大臣们很快聚集到肃亲王豪格家中，以图尔格、索尼、图赖、锡翰、巩阿岱、鳌拜、谭泰、塔瞻八人为首，倡议立豪格为皇帝。豪格见这么多朝中大臣拥立自己，自然信心百倍，认为皇位非自己莫属。

一番商议之后，他们决定先争取郑亲王济尔哈朗的拥护，然后再谋取礼亲王代善的支持。

当时，朝中只有四位亲王、三位郡王，即礼亲王代善、郑亲王济尔哈朗、睿亲王多尔衮、肃亲王豪格及武英郡王阿济格、豫郡王多铎、多罗郡王阿达礼。他们掌握着八旗军兵，同时控制了整个国家的命脉。尤其是四大亲王，为众人公认的掌管国家权力的最高领导层。而且早在皇太极养病期间，便曾任命和硕郑亲王济尔哈朗、和硕睿亲王多尔衮、和硕肃亲王豪格、多罗武英郡王阿济格四人为理政王。

礼亲王代善早在努尔哈赤时代便有相当的实力，他掌管着正红旗和镶红旗，是亲郡王当中资历最老、地位最高的人物。只不过，他现在已暮气沉沉，不大可能成为新皇帝。他所掌管的两红旗，也在皇太极不断强化皇权的过程中受到压制，已大不如前。

郑亲王济尔哈朗是努尔哈赤的侄子，为镶蓝旗旗主，主管刑部。他与代善一样，虽然不大可能成为皇帝，但他的意见却能对新皇帝的产生起到关键的作用。

正因为如此，豪格派何洛会、杨善二人，前往济尔哈朗府中，对济尔哈朗说："两黄旗大臣已经决定拥立肃亲王为皇上，我们想征求你的意见。"

济尔哈朗即刻明白二人的话外之音：这是豪格在寻求自己的支持。

他沉吟片刻，马上表示同意。不过，他紧接着对二人说："睿亲王尚不知道我的意见，只有大家共同商议后，才能做出最后的决定。"

要不是有睿亲王多尔衮存在，豪格肯定会毫无阻碍地当上皇帝。可惜的是，多尔衮此时也正蠢蠢欲动。

努尔哈赤去世时，即有立多尔衮为新皇帝的传言。多尔衮虽然没有当上皇帝，但由于他母亲的牺牲，换来了他本人的平安。皇太极对多尔衮非常器重，对待他甚至好过对待自己的儿子。多尔衮比豪格小 3 岁，但他具有更高的才略，其军功也更多。他多次出征，攻城必克，野战必胜，成为大清国最有名的战将。他为皇太极得到传国玉玺，又在松锦之战中作为三军统帅取得辉煌的成绩，如此，他成为除皇帝之外最有号召力的军事人物。他还是正白旗和镶白旗的旗主，得到两位同胞兄弟阿济格、多铎的大力支持。多尔衮人气很旺，甚至在两红旗、两蓝旗、两黄旗之中，都有部分宗室暗中相助。

就在两黄旗试图拥戴豪格为君的同时，两白旗也在积极策划以多尔衮为帝。

多尔衮雄心万丈，但他注意到八旗内部的紧张气氛，因此他并没有对部下做任何许诺，而是密切地关注事态的发展。

骁勇的阿济格与多铎却急了，他们对多尔衮说："你有什么可以顾忌的，难道我们还怕两黄旗大臣不成？舅舅阿布泰和固山额真阿山告诉我们：两黄旗大臣中，愿意皇子即位的不过几个人而已。我们在两黄旗的亲戚都愿意你登上大宝。"

多尔衮仍然没有轻易表态。

随着时间的推移，以豪格和多尔衮为代表的两派渐渐剑拔弩张起来，形势变得相当严峻。首先议立豪格的图尔格加强了自己的保安，特命三牛录护军披甲胄，持刀剑，将自己的家门团团围住，以防不测。镶黄旗护军统领鳌拜等人，也加强了防备。这无形中加重了京城的紧张氛围。

豪格与多尔衮，均紧紧地绷着一根弦，势必要将对手击败。但他们二人内心里也都明白：即便有矛盾，双方不能轻易发动内战，否则，整个国家将面临巨大的危险。

无论如何，对于大清精锐之师的两黄旗，多尔衮即便再有实力，也不愿意与之为敌。

为探清两黄旗内部的真实意图，多尔衮找到索尼，询问情况。

索尼是正黄旗的官员，也曾在吏部与多尔衮共事，他直言不讳地告诉多尔衮：“先帝有皇子在，必立其一，他非所知也。”

两黄旗坚决拥立皇子的态度使多尔衮大受挫折。他不得不冷静下来，寻求一种新的对自己有利的解决方案。

# 39 儿子背后的“推手”

当豪格与多尔衮的对抗日趋激烈之时，皇宫中也滋生着一股巨大的力量。

皇太极死后，代善、豪格、多尔衮等人的地位虽高，但皇太极的后妃地位更高。皇宫中，又以台上五宫最为尊贵。宸妃已死，五宫剩下四宫，即清宁宫皇后、麟趾宫贵妃、衍庆宫淑妃、永福宫庄妃。四宫名下只有两个男孩：贵妃的儿子博穆博果尔和庄妃的儿子福临。

博穆博果尔刚刚 2 岁，什么也不懂。他的母亲麟趾宫贵妃虽然品级比庄妃高，但由于曾是林丹汗的妻子，是投降来的，因此其影响力远远逊色于庄妃。

福临虽然只有 6 岁，但受到皇太极的宠爱。他 5 岁的时候曾亲手射中一只狍子，令人们大为惊叹，被永久地记入史书。他的母亲庄妃襄助皇太极处理政事，多有功绩，也是众大臣有目共睹的。尤其重要的是，福临不仅能代表皇族的利益，还直接关系着蒙古科尔沁的荣辱；不仅有生母庄妃全力支持，而且有皇后哲哲作为其坚强后盾。

作为两黄旗的女主人，颇有志向的皇太极福晋，庄妃不甘于寄人篱下将皇权拱手相让。她默默地筹划着，要用自己的智谋与才略，将儿子推向皇帝宝座。豪格与多尔衮的对抗，为庄妃施展才干提供了契机。

正黄旗大臣索尼向女主人征求意见。庄妃先听他的打算。索尼毕恭毕敬地回答："欲立肃亲王为君，立九皇子为太子。"九皇子便是福临。



庄妃听后，心中盘算：立福临为太子，不过是一种象征。如果豪格当了皇帝，以后的事便由豪格做主了，怎会有福临的份？

她心中像一面明镜，但并不表态，让索尼继续讲述国中的形势，并让他阐述立豪格为君的理由。

索尼侃侃而谈，将豪格的地位与功绩一一列出。庄妃不动声色地听着。

等索尼讲完，庄妃突然话题一转，问索尼："索大人，你的父亲硕色、叔父均是我朝大臣，是大行皇帝（指皇太极）生前的贴身人。他们精通满、蒙、汉语言，出任过文馆理事，处理过不少大事。是吧？"

索尼回答：“蒙主子记着，臣不胜感激。”

庄妃笑了，说：“不但你父亲、叔父与我们皇家是一家人，你不也是大行皇帝最倚重的大臣吗？大行皇帝常常跟我提起你。”

这几句话，让索尼听着十分受用。

庄妃接着说：“我这些话不是虚话。记得有一次你从蒙古科尔沁返回，皇帝便对我说：‘索尼办事稳重，知道满蒙联盟是我朝国策，处理蒙古问题处理得好！’”

索尼听到这儿，马上明白了庄妃的意思：如果立福临为帝，皇太极一直重视的满蒙联盟将得到巩固；反之，将大大伤害科尔沁蒙古的感情。

索尼一时拿不定主意，不知如何回答庄妃。

庄妃看看索尼，突然快人快语地说：“我的意思想必你已经知道了。你可以下去了。顺便提醒你一句，两黄旗向来为皇帝亲掌，肃亲王现在正执掌着正蓝旗呢……”

她说了一半话，又突然戛然而止。可是，这半句话却使索尼想到了一件大事：如果豪格当上皇帝，他现在所掌控的正蓝旗地位势必会提高。那么，相对应的，索尼所在的正黄旗有可能被换旗，地位下降，他们的切身利益便会受到重挫。

真可谓一句话点醒梦中人。索尼退下后，马上召集正黄旗的大臣密谋，决定立福临为新皇帝。

因此，当多尔衮征询索尼的意见时，索尼已不再坚持“立肃亲王为君”，而是改为“必定立一皇子”。

为了能让儿子当上皇帝，庄妃煞费苦心。

皇太极死后，调兵大符暂时掌握在皇后手中，而皇后与庄妃是一条心，这使庄妃有信心为儿子争得皇位。

最关键的人物还是多尔衮。如果多尔衮赞成立福临为帝，那么，所有的障碍均会迎刃而解。只是，多尔衮自己也想当皇帝。

多尔衮的一位福晋来自科尔沁莽古斯家族，也是庄妃的娘家人。庄妃常常到多尔衮的府中。二人关系很熟。多尔衮与庄妃年龄相仿，也有很多共同话语。

事实上多尔衮很早就暗恋着庄妃，只是碍于皇太极，不敢深想。如今形势变了，多尔衮的非分之想渐渐显露出来。满族人有“兄死，弟娶嫂子为妻”的习俗。如今满人虽然汉化程度加深，这种习俗发生了变化。但是，多尔衮如果成为皇帝，将不仅可以实现他的雄心壮志，而且也可以毫不费力地将庄妃变为自己的枕边人。

当然，多尔衮也清晰地了解庄妃的想法：“她想让福临为皇帝，而不是自己。”

在时势急变的情况下，诸多因素复杂地交错在一起。每个人都有许多想法，而多尔衮也在筹划着，他既制订了夺取皇位的目标，同时想到万一无法实现这一目标，他将走第二步棋。

# 虎狼相争　实力暗藏

40

崇德八年（1643 年）八月十四日，诸王会议在崇政殿举行，商议产生新的皇帝。

这是一个决定大清国未来命运的日子。

两黄旗大臣宣誓：必立皇子为君。接着，他们派两黄旗护军先声夺人，黎明时分便将崇政殿重重包围，弯弓搭箭，一旦违背他们的意志，他们将以武力解决。这一消息传出后，其他各旗军兵也整装待发，随时准备听从主子的调遣，形势变得异常严峻。

会议刚刚开始，索尼、鳌拜等两黄旗大臣便手按剑柄，杀气腾腾地闯入大殿，表明他们“必立皇子”的意愿。

多尔衮怒目相对，喝道：“诸亲王、郡王尚未说话，哪有你们说话的资格！”令他们退下。

因为皇太极没有遗嘱，所以会议仍执行努尔哈赤所确立的“八和硕贝勒共议国政”的制度。索尼、鳌拜等不便造次，暂时退出。

豫郡王多铎、英郡王阿济格乘机发言，力劝多尔衮即帝位。

多尔衮看见两黄旗大臣怒气冲冲的样子，没有表态。

多铎却急了，大声说道：“你如果不答应，就应该立我为帝。我的名字已列在太祖的遗诏当中。”

多尔衮不同意，说：“肃亲王的名字也在遗诏中，并不仅仅有你一人。”

多铎答：“不立我也可以，如果按年长论，应立礼亲王代善。”

众人的目光顿时集中到代善身上。



代善听到自己的名字后，眼睛亮了一下，随即恢复了原样。他当然做梦都想当皇帝，但现在的形势还轮不上他。他沉吟片刻，说道：“睿亲王如果答应，当然是国家之福；不然的话，肃亲王豪格乃是先帝的长子，也应当承继大统。至于我，实在是年老体衰，难以胜任。”

如此一来，在场的人当中，只有豪格是最好的人选了。偏偏多铎、阿济格等人一百个不同意，一副谁要立豪格为君，便与谁拼命的架势。

大殿之上谁也不说话，空气仿佛凝固了。不时能听到殿外两黄旗护军叫嚷的声音。

崇政殿

豪格胜券在握，看到诸亲王直到现在还不愿意立自己为君，遂决定以退席相要挟。他愤愤地说：“我福小德薄，怎能担当皇帝的重任?!”说着，拂袖而去。

豪格本以为，如果他离开，这一天的会议将无法收场。两黄旗包围着崇政殿，不会放任何一个人离开，最后势必还得将他请回来主持大局，这样，他便可以令人信服地当上皇帝。可是，他没有想到，多尔衮另有伏笔。

两黄旗大臣见豪格离席，拔剑而出，说：“我们这些人都是吃皇帝的饭，穿皇帝的衣，皇帝之恩天高地厚。如果不立皇子，我们宁愿以死从先帝于地下。”

场面达到白热化的状态，双方剑拔弩张，大有火并之势。

多尔衮镇静地观察着眼前的形势，暗自寻思：自己如果非要霸王强上弓，争夺皇权，八旗内部势必内讧，血流成河，动摇大清的基业。但是，如果让豪格当皇帝，自己将无容身之地。

想到这儿，他突然大声对两黄旗大臣说："你们说得没错。"

两黄旗大臣见多尔衮如此说，颇有点奇怪，态度缓和下来。大殿之内一片寂静，大家都想听多尔衮的下文。

多尔衮不慌不忙，缓缓说道："只是肃亲王豪格已自动退出，不愿意继承皇位。那么我们就立先帝之子福临为新皇帝。大家看好不好？"说完，他以威严的目光注视着两黄旗大臣。

立福临为帝，丝毫不损害两黄旗的利益，索尼率先表示赞同，其他两黄旗大臣也纷纷附和。有一些豪格的铁杆亲信还想说点什么，但因豪格退出在先，也无话可说了。

多尔衮见形势好转，又说："福临年龄尚小，最好由郑亲王济尔哈朗和我共同辅政，管理八旗事务。等皇帝长大后，当即归政。"



这一建议首先得到济尔哈朗为首的镶蓝旗大臣的赞成。两黄旗大臣见多尔衮已经退步，对此也没有异议，这一建议又被顺利通过。

紧张的局面顿时化解。包围崇政殿的两黄旗护卫当即听从多尔衮的指令，退回本营。

豪格得知会议的决定后，后悔不迭。他不反省自己在政治上的不成熟，反而怨气冲天。

决议已定，为防出乱，代善马上召集亲王贝勒、文武百官，宣布："天位不可久虚，伏观大行皇帝的第九子福临天纵徇齐，昌符协应，爰定议同心翊戴，嗣皇帝位。我们当共立誓书，明告天地。”他首先率领诸王宗室等对天宣誓，奉福临为帝，绝无二心。接着，文武百官也宣誓拥立福临。最后，两摄政王济尔哈朗与多尔衮也对天发誓：“兹以皇上幼冲，众议以济尔哈朗、多尔衮辅政，我等如不秉公辅理，妄自尊大，漠视兄弟，不从众议，每事行私，以恩仇为轻重，天地谴之，令短折而死。”这样，以福临为皇帝的大事便算圆满完成。

庄妃得知自己的儿子被立为新皇帝，喜不自胜，对多尔衮很有好感。

此时，庄妃与多尔衮都是刚刚三十出头，庄妃比多尔衮小一岁。多尔衮貌英伟，长臂善射，仪表不凡，同时尽力讨好庄妃，庄妃心中有数。若不是汉化程度的加深造成人们观念的改变，若不是皇太极时已发布过禁止“兄死，弟娶其嫂”的命令，或许，庄妃很快便会成为多尔衮的妻子。但现在不行。

同时，二人在政治上均已经非常成熟，因此，他们之间的情感也是复杂的。

多尔衮并没有放弃对帝位的追求。

盟誓结束不久，代善的子孙硕托、阿达礼便开始活动，打算把多尔衮推上皇位。阿达礼来到睿王府，在密室中对多尔衮说：“王正大位，我当从王。”多尔衮没有说同意，但也没有严辞拒绝。

接着，阿达礼跑到济尔哈朗府中，擅自代表他的祖父礼亲王代善，对济尔哈朗说："和硕礼亲王让我经常与睿王府往来。"

硕托也派亲信找到多尔衮，说："内大臣图尔格、御前侍卫都与我想法一致，睿王可以自立为君。"

多尔衮同样没有明确表态。

在当时的情况下，没有表态其实就是一种表态，表明多尔衮对硕托、阿达礼的"逆反"之举存有希望。硕托、阿达礼扮演了"先锋"的角色，而作为主帅的多尔衮，要先看看"先锋"的成败。

硕托与阿达礼继续热衷为多尔衮卖命，他们来到代善面前，试探道："今立稚儿，国事可知，不可不速为处置。"意思就是，不应该立小屁孩福临为帝，而应该另立他人。

代善知道他们卖什么药，没等他们讲完，便冷着脸反对："既然已经对天发誓，怎么能出此言？更不要有其他心思！"

这其实是对两位儿孙的警告。但硕托和阿达礼根本不听，继续四处活动。

多尔衮密切地关注着事态的进展。从代善等人的坚决态度中，多尔衮敏感地意识到：自己已经处于受怀疑的危险境地当中，倘若贸然行动，虎视眈眈的豪格等人必然群起攻之，而本来处于中立的代善、济尔哈朗也将对自己不利。权衡利弊之下，多尔衮决定暂时放弃对皇位的争夺，一心一意先做一个实权在握的摄政王。

硕托、阿达礼再次到睿王府求见多尔衮，多尔衮态度大变，将二人牢拒在外。

硕托、阿达礼不死心，又去找曾竭力拥戴多尔衮的多铎，没想到多铎也不见，让人告诉他们："此非相访之时。"

无奈，硕托、阿达礼再次找到代善，希望从这位血肉相连的亲人身上找到支持。可他们万万没有想到，他们已经闯了大祸，代善为了保全自己，竟勃然大怒地说："到这个时候了，还胡说什么？这样的事，岂是你们可以任意所为的？"接着，代善不顾血肉之情，揭发了硕托与阿达礼的"叛上"罪行。

多尔衮则比代善更为高明，他害怕硕托、阿达礼说出对他不利的言辞，于是雷厉风行地采取行动，派人连夜将硕托、阿达礼露体绑缚，以叛逆论斩。同时将知情的硕托之母、阿达礼之妻一起缢杀。一位太监和一名高丽女人参与此事，也被立即斩首。数条人命瞬间就被解决，可以想到多尔衮的手腕之硬！

如此一来，多尔衮一石二鸟，既摆脱了篡位的嫌疑，又成为拥护新皇帝的功臣，使自己的权威更上层楼。

大多数人被蒙在鼓里，只有少数几人洞察其中的秘密，包括代善、济尔哈朗、豪格等人。

庄妃也心知肚明。但她装作不知道。她既对多尔衮多了戒备，同时又要更好地利用多尔衮。

庄妃与福临，可谓孤儿寡母，要想在虎狼群集的恶劣政治环境下保存自己并有所作为，就必须让他们互相为敌，以制衡的策略，用各种各样的办法，甚至非常之手段，使自己立于不败。

庄妃利用多尔衮，无疑达到很好的效果。当福临被立为皇帝后，最不服气的就是豪格，但豪格的怨气几乎全部发泄到多尔衮的身上，咒骂多尔衮："非有福之人，乃有疾病的人，必不得善终。"豪格手下的死党也纷纷聚集，愿为豪格出死力。但豪格等人很快被多尔衮、济尔哈朗无情地控制起来。豪格被贬被庶人，不再有任何权力。他的私党杨善、伊成格、罗硕、俄莫克图均被斩首，其他知情人也受到轻重不同的惩罚。

镇国公艾度礼也对新皇帝存有私见，盟誓时他在纸上写了这样的话："二王迫胁盟誓，我等面从，心实不服。主上幼冲，我意不悦。今虽竭力从事，其谁知之？二王擅政之处，亦不合我意。每年发誓，予心实难相从，天地神明，其鉴察之。"艾度礼的事后来被揭发出来，他和他的妻、子以及以为知情的医生全被斩首。

一系列事件之后，朝中渐渐出现稳定状态，大家对福临的帝位已不再有什么异议。

多尔衮还用其他手段，将大权集于己手。济尔哈朗的位号虽然排在多尔衮之前，但甘愿示弱，只对多尔衮起潜在的监督作用。

庄妃尽力在国政上发挥自己的影响。但由于国体所限，她只能在幕后发挥作用。她巧妙地周旋于多尔衮、济尔哈朗、代善、多铎等人之间，她有她自己的坚强后盾——科尔沁家族乃至整个蒙古，她也有很好的智囊团，这个智囊团中包括范文程、洪承畴等一流的人才。庄妃的实力其实很大，但她善于隐藏起来，这正是明智之举。

# 41 福临称帝



崇德八年（1643 年）八月二十六日，皇太极去世后的第 19 天，福临正式登基称帝。

福临虽然只有 6 岁，但在庄妃的引导下，已初有帝王风范。这天一大早，内外诸王、贝勒率文武群臣汇集在笃恭殿前。福临出宫时天气很冷，侍臣赶紧取了一件貂裘，要给福临穿上。福临却拒绝穿上，因为他见貂裘的颜色是红色，想起母亲跟他说的话："皇帝的衣服是黄色的，非黄色不穿。"

福临将升辇，乳母害怕小孩坐不稳，打算与福临同坐。福临对她说："这不是你适宜乘坐的。"不许乳母上来。

福临起驾后，由东掖门出来，诸王、贝勒、文武群臣跪迎。福临稳稳地走入大殿，端坐皇帝宝座。

他看见下面有许多长辈都向自己跪着行礼，便问侍臣："诸伯叔兄朝贺，我应该答礼，还是应该坐着接受?"侍臣回答："不宜答礼。"于是，福临便不再言语。

接着，和硕郑亲王济尔哈朗、和硕睿亲王多尔衮率内外诸王、贝勒、贝子、公、文武群臣行三跪九叩礼。福临颁诏，大赦天下。颁诏完毕，文武群臣再次行三跪九叩礼，大典宣告结束。

福临登基的前一天，辅政王恭代新皇帝主持祭天仪式，改第二年为顺治元年。福临本人便成了顺治皇帝。

皇后哲哲被尊奉为皇太后。庄妃也自然而然地成为皇太后(虽然正式奉上尊号是在几年之后)。

哲哲死后，谥号为"孝端正敬仁懿哲顺慈僖庄敏辅天协圣文皇后"。这是最后的谥号，起初的谥号并没有这么多字，只是由于除顺治外，雍正、乾隆为表示尊敬，也加上尊敬的字眼，使谥号变得非常繁琐。我们不必这么叫，只记住她的简称"孝端"即可。

庄妃后来的谥号全称为："孝庄仁宣诚宪恭懿至德纯徽翊天启圣文皇后"，我们简称其为"孝庄"。顺治年间，她的称呼是孝庄太后。

顺治成为一国之君，但由于年龄太小，仍然与其生母孝庄共同居住在永福宫中。

永福宫略做修改，将一宫分为内外两宫，便于母子出入办事。永福宫南面还新开了正门，高七尺一寸五分，宽三尺四寸，顺治从这儿出入，符合皇帝“面南背北”的传统。

孝庄对顺治的举止非常满意，继续倾力培养儿子成为有德之君。在孝庄的辅导下，顺治打下了扎实的文化底子。他还像其他满族少年一样，醉心于武功射猎，孝庄对此也多持鼓励态度。

多尔衮却对顺治充满了戒备。他可不愿意这个小皇帝早日亲政，因此故意采取放纵的态度。顺治元年，大臣们多次向多尔衮上疏，请求为皇帝选择博学明经之士做老师，均被多尔衮拒绝。理由是：皇帝年龄太小，不必着急。

几年后，大学士冯铨、洪承畴等人再次联名上书，认为：“皇上一直学习满文，对满书已经十分熟悉。但帝王修身治人之道，主要在六经之中。皇上有万机待理，必须学习汉字，通晓汉书，这样才可以上意得达，而下情得通。伏祈择满汉词臣，朝夕进讲。”多尔衮再次拒绝。随着多尔衮专权加重，再没有人敢提此事。

顺治后来亲政，之所以能够重新捡起汉书阅读，其基础来源于孝庄在他幼年时对他的培养。

# 同一天的三个帝王

42



顺治元年正月初一（1644年2月8日），大清国举行了隆重的典礼。顺治帝亲自到堂子（即清朝皇帝祭祀土谷神的静室）行礼，然后返回宫殿，接受群臣的朝拜。在孝庄的吩咐下，顺治帝又特地下诏：礼亲王代善免拜。

朝堂之上，多尔衮、济尔哈朗两大辅政亲王已开始在新的领导岗位正式办公，一切事务由他俩负总责。朝鲜国王遣派使者前来祝贺，并送来大量礼物。多尔衮对济尔哈朗说："朝鲜国王常以礼馈赠，尤其对诸王独厚，此事以前曾奏闻过先帝。现在我等辅理国政，谊无私交，此等馈送，永行禁止如何？"济尔哈朗点头同意。于是下令，以后禁止诸王、贝勒收受外国馈送礼物。

这一外交举措，实际上是多尔衮有意笼络

朝鲜。

同一天，农民起义领袖李自成在西安称王，国号大顺，改元永昌。

李自成，陕西米脂双泉里人。明天启末年，灾害频繁，老百姓辛苦一年，地头却没收割多少庄稼。手头本来就紧，日子不好过，而明朝官府却雪上加霜，强迫老百姓上交苛捐杂税。老百姓实在没法过了，于是不断爆发农民起义。李自成拉起一支起义队伍，并于崇祯二年投奔农民军闯王高迎祥，因英勇有谋略，被称为八队闯将。高迎祥去世后，李闯将成为李闯王，转战于晋、豫、鄂、川、陕等地，名声极响。四方农民军纷纷归附，力量不断加强，成为明廷的心腹大患。崇祯皇帝派重兵镇压，李自成部队曾一度低迷，屡战屡败，被迫转入陕西、湖北、四川等地的大山之中，打“游击战”。等度过艰难期之后，李自成东山再起，率部进入河南，屡克城堡，声势大振。他所提出的“均田免税”的口号，得到了广大百姓的欢迎。起义军迅速壮大，发展到百万之多。明廷再次派陕西总督孙传庭以重兵镇压，而李自成避实击虚，转战湖广。他连克襄阳、承天等重镇，并把襄阳改为襄京，自称新顺王。他还注重队伍的内部整顿，设立各种官职，使起义军有了较为完备的政权组织。随着队伍的壮大，李自成决定返回陕西老家，然后直逼京师，最终推翻明政权。他再次与孙传庭率领的明朝大军展开较量，这一次，李自成部胜利了，全歼孙传庭主力。崇祯十六年（即崇德八年，公元1643年）十月，李自成进占西安，陕西全境尽被义军掌握。明廷顿时处于非常危险的处境。

李自成称王（实际与皇帝没什么区别）的当天，颁布讨明诏书，称："你明朝长期安于泰宁，以至于纲纪松弛。皇帝虽然称不上昏君，但孤立而弊病很多。臣子无不营私，结党成团，没有几个奉公忠义的。贿赂通于皇宫官府，以至于朝廷的威信与福气渐渐转移；利禄给了皇戚官绅，致使民脂民膏全然枯竭。大明气数已尽，理当让位。"李自成还在诏书中劝崇祯帝投降，并许诺：只要归顺，绝对厚待之。

同一天，明朝皇帝崇祯处于极度的愤怒与恐慌之中。

从他的父亲开始，明朝即处在严重的内忧外患当中。崇祯本人即位后，虽宵衣旰食，试图扭转乾坤，但国事之凋零已非他一人可以挽回。况且，崇祯本人有一些难以克服的弊病，如刚愎自用、过于吝啬、朝令夕改等等。他一直徘徊在"攘外"与"安内"的两难选择当中，出现了多次的军事指挥失当。在他的决策一再出现失误时，清朝的力量更加强大了，李自成的力量也强大了，还有张献忠，均成为明廷不好对付的势力。

崇祯皇帝感到非常头痛，而他的臣子们则已被李自成的声威吓破了胆。当崇祯帝强打精神来到大殿视朝时，立班者竟然只有锦衣卫一人。崇祯帝下令：鸣钟不停，门勿闭，召群臣上殿。可是，很久很久，仍没有一个人前来。后来终于来了，仍然人心惶惶，不成体统。

# 高明的政治眼光

43

大清国一直酝酿着一件大事。

清朝统治阶层，内部虽然有纷争，但对待明朝的态度却是相当一致。无论孝庄、多尔衮，还是济尔哈朗、豪格等人，均有着一致的目标，那就是：南下！夺取明朝的江山！

为此，顺治大位刚定，即由辅政王多尔衮下令，派济尔哈朗、多铎统大军南下，出征宁远。

大清正打算有更大的举动，李自成却先他们一步摧垮了明廷。

在李自成的部队大举进发北京之时，崇祯皇帝想到出征、南迁、勤王三种对策。他派李建泰出征山西，但李建泰还未与李自成如何交锋，便成了俘虏。他又要南迁，但南迁想法无法得到大臣的有力支持，也只好作罢。他想召集全国劲旅尤其是宁远总兵吴三桂的军队前来护卫，但吴三桂一旦离开宁远、山海关前线，又怕清兵乘虚而入。

在迟疑中，李自成的军队越来越近，威胁越来越大。崇祯皇帝终于下了最后的决心，发布《罪己诏》，调集天下兵马保卫京师。吴三桂率四万精兵，并四十余万百姓，日夜兼程，赶往北京。但为时已晚，李自成的部队提前攻入京城。

崇祯帝召集百官，但无一人前来护驾。崇祯帝失望至极，自缢于煤山寿皇亭海棠树下，临死前在衣襟上写下遗诏："朕死，无面目见祖宗于地下，去朕冠冕，以发复面，任贼分裂朕尸，文武可杀，但勿劫掠帝陵，勿伤百姓一人。"明朝至此灭亡。

李自成率大军从德胜门入城，明朝官兵投降。不久，天津、涿州等近畿官兵也纷纷投降。为消灭明朝在北方的残余势力，李自成将吴三桂父亲关了起来，逼其写家书劝儿子投降。李自成还派人送去四万两银子犒赏吴三桂，企图将吴招降。

吴三桂起初本打算接受李自成的招降，并且亲率所部入京朝见李自成，但途中遇到了从北京城逃出的家人，得知自己的父亲被贼"刑掠且甚"，爱妾陈圆圆也被李自成霸占，怒不可遏，拔剑而出，说："逆贼如此无礼，我吴三桂堂堂男儿，岂肯降此狗子，受万世唾骂。自古忠孝不能两全，我与李自成势不两立！"于是决定，引清兵入关，驱逐李自成。这就是"冲冠一怒为红颜"的故事。

吴三桂重新回到山海关后，面对即将攻来的大顺军马，他只有向清朝求助，企图借助大清铁骑，重新为明朝夺回江山。至于此举是否有驱狼引虎的隐患，则不是吴三桂当时所愿意去想的。

于是，清军夺天下的最好机会来临。

早在吴三桂奉明帝之命尽撤宁远兵民入关之时，多尔衮即下令："修整军器，储粮秣马，俟四月初大举进讨。"内院大学士范文程上书分析形势，指出清朝必须马上出兵，同时必须改变以往杀人掠财的作风，要严申纪律，秋毫无犯，从而取得汉族官僚的支持，获得民心。

等吴三桂送来求助信后，形势对清朝更为有利。范文程再次催促多尔衮出兵，认为："闯寇涂炭中原，戕厥君后，此必讨之贼也。虽拥兵百万，横行无惮，其灭道有三：逼殒其主，天怒矣；刑辱缙绅，拷劫财货，士忿矣；掠人赀，淫人妇，火入庐舍，民恨矣。备此三败，行之以骄，可一战破也。我国上下同心，兵甲选练，声罪以临之，恤其士夫，拯其黎庶。兵以义动，何功不成？"此时，范文程已注意到李自成农民军占据北京后的变化：他们已由原来的军纪严明秋毫无犯，变为无法无天，大肆抢劫，迅速丧失民心。这正是讨伐他们的有利条件。

多尔衮豪气冲天，决心倾国而出，"成败之判，在此一举"。

孝庄太后全力支持多尔衮，她当机立断，毫不犹豫地将满洲、蒙古兵的三分之二以及汉军全部，交与多尔衮率领。在她的安排下，顺治皇帝于顺治元年（1644 年）四月初八日，在笃恭殿赐多尔衮敕印，敕文内容如下：

念当此创业垂统之时，征讨之举，所关甚重。朕年冲幼，未能亲履戎行，特命尔摄政和硕睿亲王多尔衮代统大军，往定中原。用加殊礼，赐以御用纛盖等物，特授奉命大将军印。一切赏罚，俱便宜从事。至攻取方略，尔王钦承皇考圣训，谅已素谙。其诸王、贝勒、贝子、公、大臣等，事大将军当如事朕，同心协力，以图进取。

这样一来，多尔衮的地位与权力更加至高无上。孝庄如此用人不疑，显示出她高明的政治眼光。如果换了别的皇太后，恐怕难以有如此的器量和胆量——让已经非常权重的人带走几乎所有的精锐力量，而且不给多尔衮任何监督。

换个角度，此时孝庄与多尔衮的关系已非常密切，孝庄自信可以处理好与多尔衮的关系。

孝庄对入主中原是如此热衷，以至于故老相传：多尔衮本人贪于安逸，是在孝庄太后的一再督促下，才发兵南下的。蔡东藩的评价则更高："至于明社已屋，又由多尔衮出师，唾手中原。后人谓多尔衮肯出死力，皆孝庄后有以笼络之，然则孝庄后固一代尤物乎？明亡清继，成于一妇人之手，吾訾其德，吾服其才。"

# 为明朝报仇？

44

翻开清朝开国史，会发现，在多尔衮之前已有多次大举入关的军事行动，而每一次深入汉地，必伴随严重的劫掠。他们的目的不是夺江山，而是掠财。

此次不同，多尔衮借着百年不遇的良机，决心入主中原。他考虑的是长远的大计，因此，出兵之时，他传下命令：“此次大举南下，不像以前。蒙上天眷佑，我们定当定国安民，以图大业。”

为赢得更多的支持，他不仅要与吴三桂合作，而且一变以往对付明朝的战略，转而扬言：发仁义之师，要为崇祯皇帝报仇！并且立誓：“沉舟破釜，誓不返旌，期必灭‘贼’。”

与此同时，范文程奉命起草写给中原汉人的布告，主要内容是：“义兵之来，为尔等复君父仇，非敌百姓也。今所诛者，惟闯贼。官来归者，复其官；民来归者，复其业。必不尔害。”

李自成见吴三桂不投降，亲率二十万大军开赴山海关。大顺军队从三面包围了关内城镇山海城，又派二万骑兵从山海关城西一片石的北出口，东突外城，进抵关门，截断吴三桂通向关外的道路。吴三桂被重重包围起来，双方展开大战。吴三桂遣使向多尔衮告急，并献策：“请摄政王速整虎旅，直入山海，首尾夹攻，擒获逆贼。”多尔衮得到信笺时，大军已到达翁后（今辽宁阜新一带），当即下令：大军星夜进发。

李自成也清楚事情紧急，迅速挥师向山海关东罗、西罗、北翼等城发起猛烈进攻，几个小时后，吴三桂的军队已明显处于劣势，形势危急。他一边拼命抵抗，一边派出使者，不断催促多尔衮赶快增援。

顺治元年四月二十一日（1644 年 5 月 26 日）夜，清军先锋已到达一片石，并以雷霆之势击败大顺唐通部，接着进距山海关十里。然而，多尔衮是一位相当成熟的军事家，为了防备吴三桂有诈，他并不急于解围，而是静观双方的战事。

次日凌晨，吴三桂知清军已到，炮轰包围圈，然后从缺口处突围出来，面见多尔衮。为表诚意，吴三桂不惜剃发称臣，以白马乌牛祭祀天地，歃血为誓。

多尔衮令吴三桂先行，开关迎接，接着，多尔衮兵分三路，进入关内。

形势顿时逆转，吴三桂再次倾巢出兵，与大顺军打成一片。李自成此时尚不知道清兵已入关，他指挥大顺军，张两翼包围吴军，势必要一举歼灭。双方杀得天昏地暗，吴三桂军队再次处于困境，但多尔衮静观不语，迟迟不去参战。直到双方均已筋疲力尽之时，多尔衮才大旗一挥，两万铁骑突然冲出，直杀向大顺军队。大顺军顿时抵挡不住，只好撤退。清军追杀四十里，大获全胜。

战后，吴三桂将统兵大权交给多尔衮，清军由此凭空增加四万劲旅，力量更为强大。多尔衮封吴三桂为平西王，并将马步兵一万划归吴三桂统领，令他与清军一道，挥师北京。临行前，多尔衮再次重申军纪：“此次出师，是为了除暴救民，灭流寇而安天下。入关西征，不准滥杀无辜，不准劫掠财物，不准焚烧房屋，违令者按军纪严惩！”

清军大胜的消息迅速传回盛京。在孝庄的吩咐下，福临以皇帝的身份向前线将领发去诏书，勉励他们再接再厉，成就大业。

孝庄想得非常多。她已看到了入主中原的曙光，这本是令人高兴的事，但她内心里隐藏着深深的忧虑。

她在想：倘若摄政王多尔衮夺下北京，他还会甘愿让福临当皇帝吗？

山海关一战后，李自成退至永平。吴三桂已奉命先行追击，他假意派人议和，要李自成交出明朝太子。李自成迫于形势，将崇祯太子送入吴三桂大营。吴三桂得到太子后，即刻翻脸，大军进逼北京。沿途之上，吴三桂以明朝名义发布文告，称："义军不日入城，凡是明朝臣民，均要为先帝服丧，整装准备迎候太子。"各地故明势力得到这一消息，纷纷组织力量，予以响应。由于李自成的一些部将在攻占北京城后任士兵烧杀抢掠，失去民心，因此北京城的老百姓也盼着崇祯太子尽快归来。

李自成对吴三桂恨之入骨，返回北京后，先将吴三桂的父亲及家人杀掉，然后急急忙忙登基称帝——算是为自己圆一次梦。可是他已经没有保卫北京的斗志，称帝后的第二天，便放弃北京，向关中撤退。撤离前，李自成下令焚烧紫禁城。大火之下，主要建筑多被烧毁。



清军乘胜西下，势如破竹。顺治元年（1644 年）五月一日，清军到达北京畿辅通州。吴三桂请求护送崇祯太子入城，多尔衮不许，令吴三桂绕过北京城，继续追击李自成的军队。

五月二日，京城内的明朝官吏们伸长脖颈等候太子进城。没想到，他们叩拜的并非太子，而是身着盔甲的多尔衮以及满清铁骑。明朝官吏们尚在惊愕，多尔衮已带领大队人马入城，进朝阳门，然后西行，直奔紫禁城。

满清铁骑入城，故明官吏以及饱经战乱的老百姓再次处于惊恐不安当中。

多尔衮为争取民心，巧妙地以“为明朝报仇者”的身份出现，并传令：从初六日起，为崇祯帝设位，哭临三日。

他还立即发布大学士范文程起草的告示，主要内容是：“天下者，非一人之天下，有德者居之。军民者，非一人之军民，有德者主之。我今居此，为尔朝雪君父之仇，破釜沉舟，一贼不灭，誓不返撤。所过州县地方，有能削发投顺，开诚纳款，即与爵禄，世守富贵。如有抗拒不遵，大兵一到，玉石俱焚，尽行屠戮。有志之士，正于功名立业之秋，如有失信，将何以服天下乎？”

他命令在京故明内阁六部都察院等衙门的官员，均以原有官职，同满族官吏一起办事。

多尔衮还彬彬有礼地请故明大臣李明睿出任大清礼部左侍郎之职。又以书征召故明大学士冯铨，冯铨闻命即到。

五月十一日，多尔衮宣布将解除清军的严密封禁，使京城百姓松了一口气。本来，多尔衮已下达剃发令，并将是否剃发视为是否真心投靠清朝的依据。但那时关内的汉人，普遍保持着身体发肤受之父母的古训，认为剃发是奇耻大辱，所以对清朝此举极力抵御。多尔衮见剃发令容易激化满汉矛盾，于是决定暂时缓和一下，二十四日，谕告兵部说：“前段时间，因为归顺之民无所分别，所以令他们剃发，以此来区别顺还是逆。

现在听说此举不合民意。从今以后，天下臣民照旧束发，悉从其便。”

经过一系列措施，多尔衮成功地控制了京城。二十七日，多尔衮入武英殿，坐上皇帝宝座，摆设故明皇帝专用的仪仗，鸣钟鼓奏乐。大学士冯铨等人率领文武群臣上表称贺。

此时，多尔衮威名播于天下。中原之人，只知有九王（即多尔衮），并不知关外有小皇帝顺治。顺治的后人乾隆皇帝评价：“睿亲王多尔衮扫荡贼氛，肃清宫禁，分遣诸王追歼流寇，抚定疆陲，创制规模，皆所经划……兵权在握，何事不可为？”

这种情形正是孝庄和顺治所担忧的。尤其是孝庄，日夜等候多尔衮的来信。

# 迁都北京城

45

多尔衮有自己的想法。虽然表面上他已在北京站稳脚跟，但许多潜藏的危机随时可能爆发。李自成部尚未消灭；西部的张献忠部也是劲敌；还有，掌握着中原半壁江山的故明将领仍拥重兵，自不会乖乖投降；即便是已经归顺的吴三桂及北京官吏，又怎敢保证没有异心……大清入主中原了，大清将领（包括多尔衮在内）从未想过会这么迅速这么容易。正因为如此，多尔衮更加提高了警觉，他绝不愿意成为李自成第二。



面对人数远远多于满族的汉族新臣民，多尔衮意识到，即便自己想做皇帝，此时也远远不是时候，绝不可以使大清内部产生巨大的纷争。

想到自己钟情已久的孝庄，多尔衮脸上多了一层笑意。他显然既要江山，也要美人。

作为一个政治家，他只要稳稳地掌握住大权，想不想当皇帝还不是自己说了算？多尔衮本人没有儿子，如果侄儿顺治日后甘愿奉自己为义父，不也挺好吗？假如真是这样，多尔衮又何必非从顺治手中要那个名位呢……

也许就是上述这些想法，促使多尔衮做出决定，迎接孝庄与顺治来北京，将大清的首都从盛京迁到北京。他亲自撰写奏疏，提出迁都请求："仰荷上天眷顾以及皇上洪福，我们已经攻克燕京。臣再三思维，燕京势踞形胜，自古以来就是兴王之地，而且燕京还有明朝建都之所，适合成为我们的都城。现在既蒙上天恩赐，皇上迁都于此而安定天下，则内可以治理好国家，外可以使四海臣服，这样内外通达，可以宽慰天下仰望之心，可以赐予四方和恒之福。伏祈皇上熟虑，予以采纳。"

除呈送迁都奏疏外，多尔衮还建议由内大臣何洛会出任盛京总管。何洛会是多尔衮的亲信，很显然，多尔衮并不放弃对盛京（也就是东北）的控制。

迁都之议曾引起一些满族大臣的反对。阿济格便提议："以前初得辽东时，不随便杀人。因此，清人反被辽民杀掉许多。现在我们占据燕京，就应该好好杀戮一番，然后留置诸王镇守。而大军要么还守沈阳，要么退守山海。"他的主张代表了不少出征将领的意见，也与游牧民族时期所养成的旧观念一脉相承。与此同时，东北的一些满族贵族也反对迁都。据当时朝鲜人的观察，辽沈一带的老百姓正盼着丰收呢，他们安土重迁，也不愿意南下。

然而，孝庄见到多尔衮的奏章后却十分欣喜。她与多尔衮一样，有平定中原、君临天下的壮志，所以坚决而果断地支持迁都，并努力说服了朝中持不同意见者。

临行前，孝庄、顺治等专程前往安葬皇太极的昭陵（今沈阳北陵），举行隆重的告别仪式。孝庄与孝端两位皇太后亲率众妃及公主等，在皇太极宝宫（骨灰罐）前默哀，跪献三爵，行三叩首礼。孝庄默默祈祷，希望皇太极在天之灵，保佑他们的儿子顺治成为一代圣君。她看着丈夫的宝宫，心中不免有点伤感——此次一走，恐再无见面之日了。

八月二十日，以两宫皇太后及皇帝为首，数十万军民浩浩荡荡地走上了迁都之路。由于带了大量的辎重，行动十分缓慢。据当时的朝鲜人记载，他们是在“寸寸前进”。

队伍到达了蒙古地界。蒙古王公、贝勒率人朝见，在孝庄的张罗下，顺治设宴款待，并赐以财物。

十一天的长途跋涉后，队伍距北京城只有七百多里的路程了。此时，北京城内突然传出谣言，称：“清朝皇帝进京后，将杀万人祭祀大旗，并放抢三日，老年壮年一律杀光。”京城百姓一片混乱。多尔衮赶紧发出传谕，表明：皇帝此次将家属一起带来，就是为了安定燕京的，绝无恶意。他下令：“严厉缉捕奸

太和殿御路

细及煽惑百姓之人。”多尔衮还广泛调动起汉族官吏进行疏导辟谣，使京城秩序再次稳定下来。



九月十八日，顺治皇帝终于抵达北京城东部的通州。多尔衮很是高兴，马上率诸王、贝勒、贝子、公以及文武大臣前去迎驾。孝庄得到消息，嘱咐顺治，派人赐多尔衮一匹宝马。多尔衮跪受。

顺治帝来到行殿前，诸王大臣跪在两旁迎接。钟鼓悠扬，皇帝仪仗缓缓进入宫殿。

对天行三跪九叩礼后，皇帝升座接受群臣礼拜。

由多尔衮率领，诸王大臣首先向并坐于正中偏西的孝端、孝庄两太后行三跪九叩首礼，接着到坐于正中偏东的顺治皇帝前行大礼。双方见面，自是说了不少亲切话。两宫皇太后与皇帝均对睿亲王的功劳大加赞赏。

次日，顺治帝进入北京城，从正阳门向北进入紫禁城，暂时与母亲孝庄一起，居住在皇宫中破坏较小的宁寿宫中。

入宫后，顺治帝的第一件大事就是举行登极大典。多尔衮授意礼部，择定十月初一为吉日，举行定鼎大礼。多尔衮将这一意见禀告两宫皇太后，两宫皇太后无不欣然同意。

这天一大早，顺治帝在礼部官员的引导下，亲往南郊天坛，举行祭天仪式，读祝文。其主要内容就是：“承祖宗功德，倚任贤亲，救民水火，扫除暴虐，抚辑黎元，定鼎燕京，以绥中国。”明确表示：“臣祇荷天眷，以顺民情，于本年十月初一日告天即位，仍用大清国号，顺治纪年，率由初制。”祝文读完后，君臣再行礼，经亚献礼、终献礼、撤馔、祝帛、焚祝帛等程序，顺治皇帝南面独坐，接受文武百官的三跪九叩大礼。

从这一刻起，顺治皇帝开始以全中国的君主身份出现在历史舞台。

46

# 多尔衮时代



从顺治元年（1644 年）开始，一直到顺治七年（1650 年）十二月九日多尔衮去世，大清名义上由顺治帝统治。而实质上，这是多尔衮专权的时代。

他先被加封为叔父摄政王，接着晋升为皇叔父摄政王，此后又免除了参谒时的君前跪拜，后来又被加上皇父摄政王的尊号。去世十天以后，他被追尊为义皇帝，庙号成宗。

他将政治军事大权集于一身，毫不留情地打击反对他的官僚。朝中没有任何人可以与他比肩。即便是曾经名位在前的郑亲王济尔哈朗，也一再受到排挤，先被降为辅政王，后来辅政王的称号也被褫夺，改由多尔衮的胞弟多铎继任。济尔哈朗慑于多尔衮的淫威，敢怒不敢言。即使这样，济尔哈朗仍然一再受贬，十分压抑。

豪格的处境更加糟糕。顺治定鼎北京后，豪格被重新起用，派往西北镇压张献忠率领的起义军。豪格指挥得力，作战英勇，连打胜仗，捷报频频。最后，豪格不仅将张献忠杀死，摧毁了大西政权，而且将起义军余部尽行俘获斩杀，陕西、四川大部进入清朝的控制范围。对清朝来说，豪格的功劳可谓大矣。然而，等豪格交回兵权后，多尔衮不仅不奖赏豪格，反而以争功等微小罪名处罚了豪格的几位亲信。之后，多尔衮又称："豪格征服四川已有两年，但地方仍然没有全部平定。"于是下面就有人附和多尔衮，认为豪格罪当处死。多尔衮摆出一副宽宏大量的假象，赦免豪格死罪，但活罪难免。接着，豪格被长期幽禁起来。不久之后，豪格死于狱中。有人说，他是自尽而死；也有人说，他是被多尔衮派人谋杀的。豪格刚死，他的福晋博尔济吉特氏便被多尔衮占有。

多尔衮像

政治斗争是残酷的，多尔衮的霸道也是有名的。但我们不能因此埋没他的文治武功。

先说文治。

面对入主中原后的新形势，多尔衮迅速调整了国策。在内政方面，他基本上沿用了明朝的制度。中央机构，设置了新的三院八衙门。地方机构，更是仿照明制。在用人方面，多尔衮虽然首先照顾满族人的利益，但他意识到治理汉人就必须重用汉官。且不必说范文程、洪承畴等人早成为多尔衮集团的核心成员，就是投降过来的官吏，多尔衮也不吝奖赏，授予他们重要的权力。在多尔衮的主持下，大清实行满汉复职的官僚制度，由满汉官员共同治理国家。这是相对皇太极时代的一大突破。多尔衮还采用科举考试与荐举并行的策略，选用大量的汉族官吏，甚至打破以往保守的观念而一度允许满汉通婚。对于明朝的弊政，多尔衮汲取教训：尽量减轻赋税，争取人民的拥戴；严格限制太监的权力，防止再次出现明末阉宦专政的末世气象……种种举措，使国家的制度建设、机构建设均趋于完备，缓和了刚入关时满汉之间的激烈矛盾，为大清稳固的江山奠定了坚实的基础。

再说武功。

在多尔衮的指挥下，清军向驻守西安的大顺军队发动猛烈攻击。顺治元年，多尔衮的胞兄阿济格被任命为靖远大将军，率领吴三桂、尚可喜等满、蒙、汉大军三万余人，取道大同，向榆林、延安进兵，然后南下西安。多尔衮的胞弟多铎则被任命为定国大将军，率孔有德、耿仲明部两万精兵，从河南怀庆直攻潼关。两支军队预定在西安汇合，试图将起义军一举消灭。

沿途之中，清军与大顺军队多次展开激战，双方均有损失。清军一度失利，阿济格、多铎均有过退兵的想法，但遭到多尔衮的严厉斥责。多尔衮以超人的魄力，主导着清军的步伐，不断督促前进，并增援兵力与火炮。清军最终获得大胜，李自成被迫撤离西安。清军继续追击，数十万大顺农民军被瓦解，李自成也不幸壮烈牺牲。至此，清朝最大的对手被清除，清军控制了数省的疆域。

清朝的第二大对手是南明弘光政权。顺治元年（1644 年）五月十五日，驻守南方的明朝官僚拥立明福王朱由崧为皇帝，年号弘光。这一政权统治着中原的半壁江山，统辖近百万大军，力量极其强大。弘光政权企图与清朝讲和，但被多尔衮拒绝。在多尔衮的指挥下，多铎攻破李自成的军队后即率军南下。弘光政权貌似强大，其实十分腐败，内部派系林立，互相掣肘，极大地影响了战斗力。清军铁骑不到半月便杀到了河南安徽交界的归德；再过十日，徐州、颍州、太和等重镇也尽入清军掌握；又过十二天，清军已强渡淮河，兵临扬州城下；围城七日后，清军以红衣大炮轰城，扬州城陷，多铎下令屠城十日，城内顿时血流成河，八十余万军民死于非命……这样的残暴恶行自然令人发指，但当时的战争就是以此种形式展开。清军继续攻城略地，所受反抗越来越小，到南京后，二十三万守军迅速放下武器，举白旗投降。

占据南京后，多铎停止了疯狂的杀掠。按照多尔衮下发的怀柔政策，多铎亲自拜谒了明太祖朱元璋的陵墓，对投降的官员一律留用，严明纪律，严惩胆敢抢劫的八旗兵。为稳定民心，多铎派人在各城门贴出告示，称："剃头一事，本国相沿成俗。今大兵所到，剃武不剃文，剃兵不剃民，尔等毋得不遵法度，自行剃之。前有无耻官民，先剃求见，本国已经唾骂，特示。"

一系列政策之下，南京城内秩序井然，人心渐渐安定。

降官赵之龙、钱谦益等广传檄文，称颂清朝功德，令江南各地官员从速归顺。

由于原来的弘光政权腐败透顶，以致民不聊生。因此，清朝入统后的怀柔政策，赢得了不少民心。远近官吏纷纷投降，杭州的明潞王、绍兴的明淮王也都归顺清朝。



顺治二年（1645年）五月二十八日，多铎奏报，平定江南。

仅仅一年多的时间，在多尔衮的统一指挥下，清军铁骑纵横南北，驰骋东西，摧毁了一个又一个独立的王朝，打败了一个又一个强劲的对手，征服了一片又一片富庶而广阔的领地。可以说，真正意义上的大清江山是多尔衮率兵打下来的。

多尔衮的功劳越大，他的权力也就越大。虽然他口口声声告诫群臣：一定要尊敬皇帝。但这只能更加显示出他的威权。

他一言九鼎，具有至高的地位。他的话就是圣旨。

他建造了与皇宫一样气派的王府。为了办事方便，他将玉玺拿回家中，随时取用。

他有意让孝庄与顺治母子分居，一月见不上一次，以此来弱化皇权。他故意不给顺治请汉文老师，以此弱化顺治的治国能力。

事实上，多尔衮权力之大，完全可以毫无顾忌地自己称帝。但多尔衮始终没有称帝，这给后人留下了一个谜。

到底是什么人制约着多尔衮，使他有所收敛？

答案只有一个，能牵制住多尔衮的只可能是孝庄太后。

那么，孝庄太后作为后宫中的一个女子，本人并不能直接执掌军政大权，她靠什么牵制多尔衮？

为解答这一问题，势必要讲述孝庄与多尔衮的关系。

如此一来，历史上众说纷纭的“太后下嫁”之谜，便将成为本书的一个重点，予以详细介绍。

47

# 孝庄下嫁·“小说家”言



关于“太后下嫁”，传得最热闹也最广为人知的是各种演义中的描写。小说家们或自己臆断或根据自己认为可靠的资料或依照故老相传，加以文学修饰，将“太后下嫁”的事儿写得活灵活现，可谓“深入人心”。

有清一代，由于当朝者讳，没有人敢将此事写入小说。到了民国，书禁一开，人们可以毫无顾忌地书写出来，并大肆渲染。《清史通俗演义》和《清宫十三朝演义》中的描述便是典型的代表。

蔡东藩先生于民国五年（1916年）写出《清史通俗演义》。在序言中他将写书经过作一简介，称“自天命纪元起，至宣统退位止，凡二百九十七年间之事实，择其关系最大者，编为通俗演义。几经搜讨，几经考证，巨政固期核实，琐录亦必求真，至关于帝王专制之魔力，尤再三致意，悬为炯戒。”正因为蔡东藩注重历史真实，又写得生动，因此下至平民百姓，上至国家主席（毛泽东便将蔡东藩的书作为枕边书，长期阅读），均非常喜欢。由此可以推断，他所写的“太后下嫁”应该被很多人接受。且看他所写的内容：

> 忽来了宫监二人，说是奉太后命，召王爷（即多尔衮）入宫。摄政王不敢违慢，即随了宫监入见太后。太后屏去宫女，与摄政王密谈半日，摄政王方出宫回邸。既到邸中，即着人去请范老先生（即范文程），又令邀同内院大学士刚林及礼部尚书金之俊议事。三人应召而至，摄政王格外谦恭，将三人邀入内厅，命左右进酒共饮。饮到半酣，摄政王令左右至外厢伺候，自与范老先生耳语良久。说话时，摄政王面目微赪，范老先生也觉皱眉。语毕，由范老先生转告刚林、金之俊。毕竟金之俊职掌礼部，熟谙仪注，说是：“这么办，这么办，便好成功。”摄政王闻言大喜，即向三人拱手：“全仗诸位费心！”三人齐声道：“敢不效力！”次日即有金之俊主稿，推范老先生为首，递上那从古未有的奏议。看官，你道奏说什么话？小子尚记大略。内称：“皇父摄政王新赋悼亡（顺治六年，多尔衮王妃死），皇太后又独居寡偶，秋宫寂寂，非我皇上以孝治天下之道。依

臣等愚见，宜请皇父皇母合宫同居，以尽皇上孝思。伏惟皇上圣鉴。”云云。此本一上，奉批王大臣等议覆。郑亲王济尔哈朗等向知多尔衮利害，不敢不随声附和。复命礼部查明典礼，由金之俊独奏一本，援引比附，说得尽善尽美。当于顺治六年冬月，由内阁颁发一道上谕，略云：

> 朕以冲龄践祚，抚有华夷，内赖皇母皇太后之教育，外赖皇父摄政王之扶持，仰承大统，幸免失坠。今皇母皇太后独居无偶，寂寂寡欢。皇父摄政王又赋悼亡，朕躬实深歉仄。诸王大臣合词吁请，佥谓父母不宜异居，宜同宫以便定省，斟情酌理，具合朕心。爰择于本年某月某日，恭行皇父母大婚典礼，谨请合宫同居，着礼部恪恭将事，毋负朕以孝治天下之意。钦此。

上谕即颁，太后宫内及礼部衙门忙碌了好几天。到了皇父母大婚这一日，文武百官一律朝贺，内阁复特赦恩诏，大赦天下。京内外各官加级，免各省钱粮一年。太后与摄政王备加恩爱，不必细说。只是摄政王尚忆侄妇（即豪格的福晋），未免偷寒送暖。嗣经太后盘诘，无可隐讳，不知摄政王如何恳求，始由太后特恩，许为侧福晋。顺治七年春月，摄政王多尔衮复立肃王福晋博尔济锦氏（即博尔济吉特氏）为妃，百官仍相率趋贺。后人曾有数句俚词道：“汉经学，晋清谈，唐乌龟，宋鼻涕，清邋遢。”即指此事。惟

《东华录》上只载摄政王纳豪格福晋事，不及太后大婚，闻由乾隆时纪昀所删。

许啸天的《清宫十三朝演义》也是民国间作品，直至现在仍一版再版，可见其影响面之大。而且，他的一个重要观点曾被明清史专家孟森予以反驳。因此，也特将书中关于“太后下嫁”的描述录于其下：

多尔衮依旧向宫里一溜，十天八天，不见他出来。他叔嫂（指多尔衮与孝庄太后）两人的事体，自从给小玉妃才吵嚷过以后，闹得宫里宫外人人知道；这个风声传到皇帝耳朵里去，虽说皇帝年小，却也觉得十分难受，肚子里又羞又气。谁知那时有一位礼部尚书名叫钱谦益的，早已看出摄政王和皇帝的心病，便大胆上了一个奏章，说：“皇太后正在盛年，独处深宫，必多伤感；摄政王功高位尊，又值断弦。不如请太后下嫁摄政王，既足以解太后之孤寂，又借以酬皇叔之大功。”这个奏章，原是多尔衮看的；他看了，不由得心花怒放，当即带了奏章进宫去，和皇太后商量。太后到这时候，却害羞起来，溜了多尔衮一眼，笑说道：“俺不知道！你和他们商量去！”多尔衮回到府去，把钱谦益传进府去，两人商量了一夜。第二天钱谦益上朝，把这个意思奏明皇上，又说从此皇太后和摄政王定了名分，免得外人多说闲话。顺治皇帝当即准奏，第二天发下一道上谕来，家家传诵。那上谕说道：

> 朕以冲龄践祚，定鼎燕京；表正万方，廓清四海。藐躬凉德，曷克臻斯？幸内禀圣母皇太后训迪之贤，外仗皇叔摄政王匡扶之力；一心一德，斯能奠此丕基。顾念皇太后自皇考宾天之后，攀龙髯而望帝，未免伤心；和熊胆以教儿，难开笑口。幸以摄政王托股肱之任，寄心腹之司；宠沐慈恩，优承懿眷。功成逐鹿，抒赤胆以推诚；望重扬鹰，摘丹心而辅翼。金縢靖乱，立姬公负扆之勋；铁券酬庸，乏丘嫂轑羹之怨。借此观胪萱室，用纾别鹄之悲；从教喜溢椒宫，免唱离鸾之曲。与使守经执礼，何如通变行权？既全夫夫妇妇之伦，益慰长长亲亲之念。呜呼！礼经具在，不废再蘸之文；家法相沿，讵有重婚之律？圣人何妨达节，大孝尤贵顺亲。朕之苦衷，当为天下臣民所共谅。其大婚仪典，着礼部核议奏闻，候朕施行。钦此。

却说礼部接了圣旨，便议定太后下嫁的礼节，派定和硕亲王充钦派大婚正使，饶余郡王充大婚副使。先拣定下聘吉日，正副使引导摄政王到午门外行纳彩礼。那礼单上写着：“文马二十匹、甲胄二十副、缎二百匹、黄金四百两、银二万两、金茶具两副、银茶具四副、银盆四只、间马四十匹、驼甲四十副。”礼物陈列在太和殿，在乾清宫赐摄政王筵宴；宴毕，到寿宁宫行三跪九叩首谢礼。到了大婚这一天，五更时候，摄政王排齐全副执事：一对白象领队，后面宝乘、乐队、红灯、冠军使、整仪尉、引仗、柳仗、吾仗、立瓜、卧瓜、星、钺、五色金龙小旗……一对一对的过去。共用内监一千二百四十六人拿着，从大清门直接往寿宁宫门；沿路铺着黄沙，站满了执事。摄政王多尔衮，端坐在金辇里；后面六百名御林军，各各掮着豹尾枪、仪刀、弓、矢，骑在马上，耀武扬威。最后面竖着一面黄龙大纛，慢慢的走进宫门去。宫里面早有一班亲王福晋，贝勒、贝子夫人，内务大臣命妇，内管领命妇；都是按品大装，在内院伺候。到了吉时，皇太后穿着吉服，皇帝率领一班王大臣到内宫行三跪九叩首礼，跪请皇太后升辇；十六位女官，领导太后下辇，三十二名内监，负辇出宫。陪送的福晋、夫人、命妇，各各坐着彤舆，跟在后面。摄政王的金辇，在后面陪行。到了王邸门口，仪仗站住；到仪门口，大小官员站住；到了正院，金辇停下。女官上去，把太后从金辇中扶出来，到西院暂息。到了合卺吉时，把太后请出来，女官跪谢合卺酒，摄政王和皇太后行合卺礼，送进洞房。第二天，顺治皇帝登太和殿，百官上表庆贺；皇帝降谕，在东西两偏殿赐群臣喜庆筵宴。

从此以后，皇帝下旨，称睿王为皇父摄政王，每日早朝，皇父摄政王坐在皇帝右面，同受百官跪拜。

# 下嫁拾遗

48

“太后下嫁”之说，正史中没有记载。到民国年间，有一些长于典故的人士，立志补正史之阙，用野史笔记的形式将这一事件记于书中，流传下来。

成书于1916年的《清稗类钞》是一部有名的野史集成。作者徐珂在自序中阐述自己的写书目的：“足以补正史，资谈助，不佞读而善之。”他对太后下嫁的叙述，是以“传说”的口吻讲出：“相传当时太后下嫁，敕礼部议礼，部议成书六册，名曰《国母大婚典礼》。其领衔者为钱谦益。闻当时百官贺表，亦出钱手笔。高宗见其书，疾谦益，故虞山著述见摈于时。”

许指严也是晚清民国的一位治史专家，曾著《清鉴易知录》，奠定了他在史学界的地位。许指严同样热衷于野史撰述，他的友人郑逸梅曾评论：“闻指严祖父，固宦海中人，熟悉宫廷及官场中事。指严幼得祖父欢，很颖悟，所记十九处于祖父口述，他一一追记，非虚构也。”我们看看他在《十叶野闻》中有关“太后下嫁”的描述：

【多尔衮为皇父】清初宫廷瞀乱，贻讥千古，史臣因而深讳，不敢施一直笔者，惟睿亲王多尔衮尸其咎也。多尔衮为清太宗母弟，行居九，或曰，贵时人称九千岁是也。太宗既崩，福临尚幼，遗命以皇母弟摄政，仿周成负扆故事。然某君秘记，则言太宗深恶多尔衮，遗命并未及彼。且相传太宗暴毙，乃多尔衮贿内侍毒之。宫闱事秘，史无佐证，未敢断也。要之，多尔衮树党自固，宫阃亲近皆其心腹，故能传受遗诏，大权独揽，非其他伯叔兄弟所能及。先是，中原甫定，南方诸遗臣辄兴兵倡义，宇内骚然不宁。福临幼弱，未亲政，多尔衮借军机重要为名，出入宫禁，如履帏闼。博尔济太后（即孝庄）与多尔衮福晋本同姓姐妹，亲密如家人。太宗初崩，太后原有垂帘之意，因祖训所格，恐宗室中转有挟此名义别生枝节，以摇动福临之位置，于计殊不便。多尔衮夙见信于博尔济太后，乃献计，用摄政制，而许以内权让后，一如太宗生时。且其利益有突过者，故博尔济太后深喜之。又多尔衮貌英伟，长臂善射，仪表不凡，谄事博尔济后无所不至。博尔济后深信其可恃，故外内联络，情逾骨肉。或传太宗未崩之先，多尔衮即通于后，特迹尚未著。至福临即位，始觍然不讳。顾遵汉制，内则父子，外则君臣，天无二日，民无二主，故虽摄政，仍援君臣之义，不废拜跪之礼。每入宫，或遇燕见，摄政王须北面而朝。博尔济太后心恶之，下诏诸臣议崇摄政王典礼。内三院首以皇叔九千岁之礼进。多尔衮冒昧不察，遽受其策。及行礼，诸臣一跪三叩首，而朝帝、后时，仍不免北面。一日，太后与多尔衮同游海子，并辇而行，侍卫前奏事，俱先帝、后而后及摄政。多尔衮偶有奏对，鸿胪赞礼者犹三呼跪拜如常仪，多尔衮心大不怿。翌日，使人谓太后曰："予终不能与太后共享安乐，以予为职分所限，君臣安有敌体？方今心劳多病，请罢摄政职出宫，闭门思过，不复能望见太后颜色矣。"太后得奏，心大懊丧，乃立命内大臣某往摄政王府议下嫁事，且命内三院拟称尊皇父大典。时明臣陈之遴为大学士，咋舌曰："此礼亦可议乎？"满人摭其言入告。太后大怒，命即论死以示威。会有救之者，谓太后大嘉礼，不宜用刑，乃降谴戍编管三姓城，于是无敢持异议者。时策书出内三院汉臣某手，或曰龚芝麓尚书。策引周旦姬文，浮华满纸。自是群臣朝贺，咸先皇父摄政王，而后及帝。凡章表一切，咸称皇父矣。福临少长，心知其非，凡阅章奏有皇父字，辄废阁不阅，或遣内侍送多尔衮处。顾福临性沉默，好佛典，有怒辄隐忍不发。旋以多尔衮征讨有大功，诸武臣咸听命。四方未靖，恐投鼠伤器，且不欲伤太后心，乃有醇酒妇人之意，如汉惠帝故事，厚宠董妃，辄不视朝。及九王败，始稍稍问政事。

【下嫁拾遗】太后下嫁，千古奇闻，自不待言。殊不知在满洲旧俗，固无足异，特举汉家历史相较，始觉自惭形秽，而后讥为奇耻耳。在当时都中，除一二清流外，方且播为佳话，同瞻盛事。相传颁一诏书，亦汉人手笔，略谓"朕虽以天下养，而太后春秋鼎盛，孑焉无偶，春花秋月，悄然不怡，表以皇叔摄政王，周室懿亲，元勋贵胄，克配徽音，永承休美"云云。相传当时婚礼之盛，为从来大婚所未有。盖开国太后，特行婚嫁之礼，理固宜然，其无足怪。所难堪者，惟幼主耳。其时金帛赏赐，动逾千万。辇下有巧工擅织技者，能以金银丝织成帷幔茵褥之属，精妙绝伦，明季宫中曾征为供奉。太后闻之，遣人访问。巧工不肯来，许以重金，亦不受，将执而戮之。而太监知其状，献计曰："彼性孤僻，徒杀之而织工不成，求无益于太后。且嘉礼而行刑，以起谤渎，非计也。小臣有术，可使彼就范，惟不敢直陈耳。"太后问若何。曰："巧工有妾，常为大妇所厄，不得逞。苟使人许以织成后，由太后旨，许其妾同居。且先取其妾来，俟其织成后赐还，一若出于太后之特赏者，则彼必不抗拒。”太后许之，巧工果来，凡历月余而成全具，名其殿曰“莺梭殿”。上自帘幕承尘，下至地衣，无不用金银五彩丝组织，绚烂霞绮，眩人目精。盖一殿之所费，数逾巨亿。太后顾之，犹以为未足，更命巧工南往苏、杭间，采取绣丝冰茧，缕金刻玉，以为墙壁敷坐之饰。又得西洋大玻璃屏，曲折钩斗，成三十六角度，满室照耀，如行冰雪中，见者色然，骇己身之化千亿也。巧工又善绘，能以摄光镜映出山水、人物等现象于纸上，复以五色笔依影描之，栩栩欲活，曲尽妙肖。太后令摹《全宫妃女捧金莲送局图》。图广五尺余，长一丈有奇，中凡人物千数百人。自摄政王、太后为新夫妇外，男女宾相及执烛拥毡，奉盘托、壶餐、薰炉、掌扇之属，莫不须眉毕现，姿态动人。近而逼视，不见笔墨痕迹；远而察之，前后高下，层折清瞭，浅深浓淡，一览可分。自有绘法以来，未尝有此神妙，盖即西洋法之滥觞也。后乾隆时有祁世宁者善此术，或云即巧工之再传弟子。其图以关于下嫁事实，康熙初，欲削之以掩家丑，乃并图毁之，惜哉！巧工后以窃宫女潜遁事发，戮于禁中。

民国期间，杨公道撰《多尔衮轶事》，对“太后下嫁”也有详细的考证：

【太后下嫁】太后者非他，太宗之妃，顺治之母也。以家族论，对于多尔衮为小叔行；以国体论，则母仪天下者也。何能有下嫁之事？更何能有嫁摄政王之事？然而父老相传，言之凿凿，且谓其中亦自有其原因焉。太宗之崩也，世祖年方冲幼。虽遗命郑亲王济尔哈朗与睿亲王多尔衮同辅政，而军政大权实在多尔衮一人之手，倘怀异志，莫敢谁何！当时朝廷情势，危于累卵。

太后时方年少，美冠后宫，性尤机警，知非有以羁縻扶持之，不足以奠宗社于泰山之安。故宁牺牲一身，以成大业。固与博尔济锦氏（即豪格的福晋）之纵欲毁家，适成反比例也。多尔衮既垂涎太后之姿色，时以陈奏机密为由才出入宫禁。奏事既毕，又纵谈市斤鄙事，用以试探，太后均持若即若离态度，以相对待。一日多尔衮入宫，正值太后午休，桃腮带晕，云髻半松，多尔衮情不自禁，欲向御榻就坐。太后急忙起身责之，说："你要反哪！"多尔衮自打耳光，诉说相思之苦。太后说："你的意思我早已知悉，但我们彼此所处地位，不可做这种苟且之事。你若施以逼迫，我惟有立死而已。若诚意见爱，务矢赤心，为国驰驱，卫我母子，待天下统一之日，即我二人姻缘成就之时。"多尔衮悚然敬服，唯唯听命。太后即令他长跪，对天立誓。誓毕，太后亦表示永不相负。多尔衮又索要证物为信，太后乃命各刺臂作血书，彼此交换保存，多尔衮才退下。太后并令他自今日起，非奉宣召不得入宫。太后之所以如此，因深知男子之恋爱，全在未偿所欲时。况且，弃旧怜新，尤其是多尔衮的惯态。自此以后，多尔衮奋勉图功，精勤倍常，以讨太后的欢心。间或有劝其自谋为帝者，“皆以念及血书而止”。以多尔衮之桀骜不驯，亦可称盖世之雄，竟服帖于石榴裙下，可见色之魔力亦很大啊！

以后天下即定，多尔衮屡请践盟，直至以死要挟。太后鉴于多尔衮的一片真诚，不忍心背弃，遂召顺治帝到后宫，泣告此事本末，及不得已缔约之缘故。然而，因为有碍于礼制，此事在事实上万不可行。若欲背约，则国基未固，恐招致祸乱。便秘密谋划一个计策。

数日后，宫中忽然扬言太后驾崩，一切丧葬典礼，备极丰隆。又数日，忽降内旨，以顺治皇帝的乳母某氏指婚于摄政王，命择日成礼，并发内帑数万为赞助嫁妆的费用。又命满汉大学士二人，为之媒妁，襄办典礼。奁具之丰盛，无与伦比，自宫门至府门，绵延数里不绝。彩舆经过之处，沿途均设锦障，禁止人们窥探。多尔衮则望门祇候，延入正殿。参叩毕，然后行交拜之礼。空前之大典，遂以告成。于是天下臣民莫不心知其中奥秘。

【牧斋之逢恶】 下嫁一事，太后本有所不愿，多尔衮亦顾及舆论而不敢匆忙行事。这时牧斋（即钱谦益）正长礼部，因与侍郎某某力赞成之。历引辽金诸王故事，并说盛德如舜，尚以同姓成婚为美谈，礼顺人情，何所施而不可。多尔衮困惑不定，于是把他们的意见交给廷臣讨论。廷臣也都唯唯诺诺，不敢有一异词。至于所行仪注，本无前例可引，牧斋乃引经据典，制定出来。事成之后，得赐万余金，太后亦有手制荷包之赐。

【一字值千金】下嫁诏书，为牧斋手笔，约二百余字。因为写的好，太后赐给他四颗东珠，说："这四颗珠，值金四十万，卿所作诏书，不几一字值千金么！"当时传为佳话。

【楹联之调笑】皇太后下嫁之日，前去贺喜的廷臣，都撰写颂词及楹联。亲亲贵贵等词，溢于纸上。一天多尔衮接得一联，展开一看，则是"红罗帐中，无限恩情呼嫂嫂；黄泉路上，有何面目见哥哥"二十二个字。多尔衮为之失色。后来探知送联人，也是满洲贵族中的矫矫自好者。多尔衮恨至切骨，因而在其他事上寻机报复，将此人杀害，其子妻入府为奴，虐待之残酷，达到无人性的程度。

以上所述，是野史中的代表。尽管野史可以补正史之缺，尽管上述三位作者均为很有来历的人物，但文章限于故老相传，里面部分内容有明显的漏洞。因此，野史可以作为参考，但真正要搞清楚历史真相，我们必须知道相关的史实。

与“太后下嫁”有关的史实当中，最有名的是张煌言所作的四句诗：

**上寿觞为合卺尊，慈宁宫里烂盈门。**

**春宫昨进新仪注，大礼恭逢太后婚。**

这是明确地指出“太后下嫁”的文字记载。诗中“合卺”指成婚。慈宁宫是孝庄太后居住的宫殿。“新仪注”表明此事从来没有。“太后婚”则更直截了当地指明“孝庄下嫁”一事。

此诗作于顺治六年（1649年），正好是多尔衮改称“皇父”后的第二年。

作者张煌言（字玄著，号苍水），明崇祯十五年举人，后加入反清行列，是著名的抗清将领。康熙三年被俘，不屈而死。他的诗文慷慨激昂，其《张苍水集》广为传诵。上引诗文系十首《建夷宫词》中的一首。

另外，多尔衮生前被尊为“皇父”，死后被尊为“义皇帝”，后又被指责“亲到皇宫内院”，这些史实被清楚地记载于《东华录》、《清史稿》等正史中，而历史档案馆至今仍可以找到称呼多尔衮为“皇父”的奏折。这些史实本身，均被史家承认，在此不再赘述。

《朝鲜仁祖实录》对“皇父”称呼也有记载：朝鲜国王问：“清国咨文中，有‘皇父摄政王’之语，这是什么举措？”大臣金自点回答：“臣问过清国使者，使者说：‘现在去掉叔字。朝贺之事，与皇帝一体。”另一位大臣郑太和接过话题：“敕中虽然没有此语，似是已为太上皇了。”朝鲜国王点头：“这样清国有两个皇帝了。”

还有一个颇能使人产生联想的史实是：孝庄临死前，最后的遗言是：“太宗奉安久，不可为我轻动。况心恋汝父子，当于孝陵近地安厝。”孝庄的孙儿康熙皇帝遵从孝庄的指示，没有将孝庄与她的丈夫皇太极合葬一处。康熙的儿子雍正则将孝庄的遗体葬于昭西陵，虽尊崇备至，但却将昭西陵划在风水墙之外。

围绕着这些主要的史实，人们展开了对“太后下嫁”的种种猜测与争论。

# 孟森说





孟森先生是著名的明清史专家。在他之前，人们只知道“太后下嫁”，并未详细考证这一事件是否属实。而孟森先生通过仔细的考证，论证了并没有“太后下嫁”一事。一石激起千层浪，孟森的这一说法直接引发了旷日持久的“下嫁疑案”巨大论争。因此，孟森的《太后下嫁考实》便成为涉及“太后下嫁”最为经典的文章。只要提到“太后下嫁”之论争，就不会不提孟森及他的文章。此文如此重要，所以不得不录其重要部分如下，并将笔者读文时所思所想，随文附上（楷体），便于读者鉴戒：

清世虽不敢言朝廷讳言之事，然谓清世祖之太后下嫁摄政王，则无南北，无老幼，无男妇，凡爱述故老传说者，无不能言之。求其明文则无有也。清末禁书渐流行，有张煌言《苍水诗集》出版，中有句云："春宫昨进新仪注，大礼恭逢太后婚。"此则言之凿凿矣。然远道之传闻，邻敌之口语，未敢据此孤证为论定也。改革以后，教育部首先发旧礼部所积历科殿试策，于抬写皇上处，加抬写摄政王，而摄政王之上，或冠以"皇叔父"字，或冠以"皇父"字，亦不一律，一时轰然，以为"皇父"之称，必是妻世祖之母，而后尊之为父也。然当时既不一律称为皇父，则视之与皇叔父等。初入关，摄政王只称"叔父摄政王"。后以赵开心言，叔父乃家属所称，若臣民共称，当作"皇叔父"。诏从之。嗣称"皇父"，先发见者为殿试策，后大库红本皆出人间。顺治四年以后，内外奏疏中亦多称"皇父"。父之为称，古有"尚父"、"仲父"，皆君之所以尊臣，仍不能指为太后下嫁之确据。（疑问：1.既然故老相传，那必定有它的道理。为什么故老相传中没有"太后没有下嫁"的说法？2.如果仅仅是尊称，为什么要用易引起人误解的"皇父"称呼。要知道，古代的"尚父"、"仲父"称呼，一听便可以让人知道只是"尊称"，而不会像"皇父"这样让人联想很多。）

若以"皇父"之称为下嫁之一证，则既令天下易尊称，必非有所顾忌不欲人知之事。诚应如苍水诗，帝由无父而有父，岂不更较大婚及诞生皇子等庆典为郑重乎？故必觅得当时公平之记载，不参谤毁之成见者，乃可为据。苍水自必有成见。且诗之为物，尤可以兴致挥洒，不负传言之责，与吾辈今日之考订清史不同。今日若不得确据，虽别有私家记述，言与苍水合，犹当辨其有无谤书性质，而后定其去取。况并无一字可据，仅凭口耳相传，直至改革以后，随排满之思潮以俱出者，岂可擅入补史之文耶？（孟森考证严谨，令人佩服。但也不能排除一个疑点：太后下嫁，难道一定就要大肆渲染吗？毕竟，随着当时汉化程度的提高，虽然也存在兄死弟娶其嫂的事，但这种习俗并不是当朝所要大力宣传和支持的。）

蒋氏《东华录》所据之旧实录，所载摄政王事实，为王录所无者极多。“皇父”之来历，蒋录有之。清主中原，用郊祀大礼，以效汉法，乃始于顺治五年。此两实录所录同也。是年冬至郊天，奉太祖配，追崇四庙加尊号，覃恩大赦，即加“皇叔摄政王”为“皇父摄政王”。凡进呈本章旨意，俱书“皇父摄政王”，盖为覃恩事项之首，由报功而来，非有渎伦而来，实符古人尚父、仲父之意。（既然王录有所忌讳，说明太后下嫁还是有可能的。否则为什么不明明白白地写上“皇父”呢？一般只有皇帝登基或遇特大事件时才有可能大赦，古来因有为臣子加尊号而大赦天下的事否？）张苍水身在敌国，想因此传闻，兼挟仇意，乃作太后大婚之诗。所起人疑者，尤在清世屡改实录。王氏《东华录》于顺治五年冬至郊天恩诏则云：叔父摄政王治安天下，有大勋劳，宜增加殊礼，以崇功德。及妃世子应得封号，部院诸大臣集议具奏。以下不载议奏结果。盖王录详其改称之前，蒋录但举其改称之事，其实一事，而王录则讳言“皇父”属实，想系后改实录如此。王录所讳，不但“皇父”之称，凡摄政王之所享隆礼，皆为所削。如初薨之日，尊为“懋德修道广业定功安民立政诚敬义皇帝”，庙号“成宗”。八年正月，以追尊摄政睿亲王为成宗义皇帝，妃为义皇后，祔太庙。礼成，覃恩赦天下并载诏文。凡此皆为王录所无。则知后改实录，乃本其追夺以后之所存者存之，亦非专为皇父字而讳也。（疑问：既存史，凡有之大事，皆应记录，何必隐去？为什么不写？）又蒋录于议摄政王罪状之文，有王录所无之语云：自称“皇父摄政王”，又亲到皇宫内院。又云：凡批票本章，概用“皇父摄政王”之旨，不用皇上之旨，又悖理入生母于太庙。其末又云：罢追封，撤庙享，停其恩赦。此为后实录削除隆礼不见字样之一贯方法。但“亲到皇宫内院”一句最可疑。然虽可疑，只可疑其曾渎乱宫廷，决非如世传之太后大婚，且有大婚典礼之文布告天下等说也。夫渎乱之事，何必即为太后事？虽有可疑，亦未便太甚其恶。（为什么只可疑其渎乱宫廷，有就是有，如果有，又怎么可以说是“太甚其恶”呢？）

全国口传，惟曰太后下嫁，而文人学士则又多所牵涉，谓太后大婚典礼，当时由礼部撰定，礼部尚书为钱谦益，上表领衔，故高宗见而恨之，深斥谦益。至沈德潜选谦益诗冠《别裁集》之首，亦遭毁禁，而德潜以此得罪于身后。此说也，仍由苍水诗中“春官进仪注”而来，联想至钱谦益以实之。今考钱谦益之为礼部尚书，乃明弘光朝事。清初部院长官不用汉人，至顺治五年七月，乃设部院长官汉缺，其领衔尚不得由汉尚书。《世祖纪》五年秋七月丁丑，初设六部汉尚书、都察院左都御史，以陈名夏、谢启光、李若琳、刘徐祐、党崇雅、金之俊为六部尚书，徐起元为左都御史。而谦益之入清受官，据《贰臣传》，顺治二年五月，豫亲王多铎定江南，谦益迎降，寻至京候用。三年正月，命以礼部侍郎管秘书院事，充修《明史》副总裁。六月，以疾乞假，得旨，驰驿回籍，令巡抚、巡按视其疾痊具奏。谦益之入朝仅此。

《东华录》顺治三年正月甲戌，以故明礼部尚书钱谦益仍以原官管秘书院学士事；礼部尚书王铎仍以原官管宏文院学士事。此文与《贰臣传》不合。今北京大学有《世祖实录》底本，则曰顺治三年二月初五壬午，礼部尚书王铎、礼部右侍郎钱谦益，随豫亲王赴京，除受今职，各上表谢恩，则又与《贰臣传》合。不知《东华录》所据之实录本何以两歧。然即使《东华录》为可信，其以某官管某职，原无此官而但有其职，荣以虚衔而已。在三年固未有汉礼部尚书，至五年有是官时，谦益去国久矣。（如此一来，《清朝十三朝演义》及《多尔衮轶事》中关于钱谦益的说法被驳倒。）

……

世祖（即顺治皇帝）时之尊为皇太后者有二后：太宗元后孝端，太宗庄妃以生世祖而尊为后曰孝庄。孝端崩于顺治六年，年五十一，摄政王薨于顺治七年，年三十九。孝庄后崩于康熙二十六年，年七十五。计其年，孝端长于摄政王十三岁。顺治五年间，摄政王称“皇父”时，孝端已五十岁矣。孝庄则少于摄政王者两岁。以可以下嫁论，当属孝庄。孝庄崩后，不合葬昭陵，则营陵于关内，不得葬奉天，是为昭西陵。世以此指为因下嫁之故，不自安于太宗陵地，乃别葬也。《孝庄后传》：后自于大渐之日，命圣祖（即康熙皇帝）以太宗奉安久，不可为我轻动。况心恋汝父子，当于孝陵近地安厝。此说姑作为官文书藻饰之辞，不足恃以折服横议。（怎么可以用“姑作为”之假定字眼？）但太宗昭陵，已有孝端合葬；第二后之不合葬者，累代有之。世祖元后废，不必言；继后亦不合葬。先合葬者乃董鄂氏端敬后，后合葬者乃圣祖生母由妃尊为后之孝康后。继后孝惠后别葬，谓之孝东陵。世宗（即雍正皇帝）亦惟一后合葬。高宗（即乾隆皇帝）生母尊为孝圣后者，崩于乾隆四十二年，高宗亦不为合葬，别起泰东陵。仁宗（即嘉庆皇帝）第二后孝和后，又别起昌西陵，不合葬。宣宗（即道光皇帝）则第四后孝静后，别起慕东陵。文宗（即咸丰皇帝）则第一后未即位以前崩之孝德后合葬。第二后孝贞后，即同治初垂帘之慈安太后，则别起定东陵；穆宗（即同治皇帝）生母由贵妃尊为后之孝钦后，又并葬定东陵，皆不合葬。凡此皆以意择定，何独强孝庄不能以遗言自指葬所？此昭西陵虽清代无他例可援，亦不能定为下嫁之证。况列帝之后皆有此例乎？（这些例证只能解释孝庄与皇太极分葬并不是孤例，但无法说明孝庄死前没有对丈夫皇太极怀有愧疚之情。试问，孝庄如果果真没有下嫁，她为什么在临死前不交代别的，单交代这些话呢？而这些话还被堂而皇之地写入史册，令人生疑。）

由是则太后下嫁之证无有，而旧时所以附会其下嫁者，皆可得其不实之反证。以此欲作一考以辨其讹，然卒未有不下嫁之坚证。

迟之又久，乃始得读《朝鲜李朝实录》。私念清初果以太后下嫁之故，遵摄政王为“皇父”，必有颁诏告谕之文。在国内或为后世列帝所隐灭，朝鲜乃属国，朝贡庆贺之使，岁必数来，颁诏之使，终朝亦无一次不与国内降敕时同遣。不得于中国官书者，必得于彼之实录中。著意翻检，设使无此诏，当可信为无此事。既遍检顺治初年《李朝实录》，固无清太后下嫁之诏，而更有确证其无此事者。急录之以为定断，世间浮言可息矣。（这是全文之关键。孟森先生所称“太后没有下嫁”的重大证据。由此可以推断，确实没有“太后下嫁的诏书”。但是，倘若太后虽然下嫁，却并不想大肆宣扬此事，所以并不专门下达诏书，则如何？或者，以多尔衮为“皇父”，在朝鲜人看来就意味着“太后下嫁”，所以并不专门写出，又如何？且看他下文如何展开。）

《朝鲜仁祖实录》：二十七年己丑，即清世祖顺治六年，二月壬寅，上曰：“清国咨文中，有‘皇父摄政王’之语，此何举措？”金自点曰：“臣问于来使，则答曰：今则去叔字。朝贺之事，与皇帝一体云。”郑太和曰：“敕中虽无此语，似是已为太上矣。”（此话似乎隐藏着多尔衮已成为顺治皇帝名义上的父亲太上皇的意思。）上曰：“然则二帝矣。”以此知朝鲜并无太后下嫁之说。（这似乎得不出“无太后下嫁之说”这个结论，看来，我与孟森先生的看法有所出入。）使臣向朝鲜说明“皇父”字义，亦无太后下嫁之言。是当时无是事也。（此言似乎很有道理！）当时无之而二百数十年尚传其说，此有数故。清初人民皆不餍夷族入主，先有视为无礼教之成见。会摄政王逼肃亲王豪格死于狱而取其福晋（此为事实，多尔衮在豪格死后不久，于顺治七年正月，纳豪格福晋博尔济吉特氏为妃。不过，此一事实与上文中《朝鲜仁祖实录》中对话的时间不同，一为顺治七年，一为顺治六年。因此，似不能排除“太后下嫁在先，多尔衮纳豪格福晋在后”的可能），此为当时议摄政王罪状，所明载奏疏及谕旨者，自是事实。肃亲王为太宗长子，世祖亲兄，此而可以无礼，则去无礼于太后者几希。天下哗传，明遗老由此而入诗，国人转辗而据以腾谤。后人好奇，平正之论或久而不谈（此又有假设之言。）新奇神秘不敢公然称道者，反传述之不已，无从辨正。有加辨者，亦以为媚兹一人不足息好奇之念。今以异代订定史事虚实，则不能不有考实之文耳。（孟森先生考证严谨，将各种可能均想到了。可是，在反驳“太后下嫁”说的时候，他自身也不免用了多处假设，而这些假设容易使人生疑。像类似有关“钱谦益”的说法，孟森先生的说法令人可信。但“太后是否下嫁”，在我心中，仍有许多疑问。）

孟森将《太后下嫁考实》写完后，首先请当时著名学者胡适阅览，征求意见。胡适怀着浓厚的兴趣，将文章一气读完。他一方面对孟森严谨治学的精神十分钦佩，另一方面，他也不免有一些疑问，因此，很快给孟森写了一封信：



心史先生：

《太后下嫁考实》大稿奉还，承赐先读为快，感谢感谢。今早别后车中读此文，至佩先生不轻置信之精神。惟读后终不免一个感想，即是终未能完全解释“皇父”之称之理由。《朝鲜实录》所记，但云“臣问于来使”，来使当然不能不作模棱之语，所云“今则去叔字”，似亦是所答非所问。单凭此一条问答，似仍未能完全证明无下嫁之事，只能证明在诏敕官与使节辞令中无太后下嫁之文而已。鄙意决非轻信传说，终嫌“皇父”之称似不能视为与“尚父、仲父”一例。下嫁之传说已无证据可凭，而“皇父”之称自是史实。后之史家于此事只能说据殿试策与红本及《朝鲜实录》，摄政王确改称“皇父”，而民间有太后下嫁之传说，但无从证实了。鄙见如此，乞先生恕其妄说。

胡适敬上

廿三，六，廿六

孟森看过胡适的来信后两天，给胡适回复一信：

适之先生：

朝鲜之问皇父来由，实录载在顺治六年二月壬寅。金自点所答“曾问使臣”，其问使臣必非当日之事，或在其前有若干时日矣。今姑作为问在是年是日，则壬寅乃十三日，当是时摄政王方全掌国事，如以太后嫁彼为伦理上之污点而讳之，则必不以皇父之称诏示天下。至势力名分之不应亵渎太后，当时本非摄政王所虑也。既以皇父之称诏天下，如果因得婚太后之故以自尊异，则必以太后下嫁明告天下，而后知有其实故据其名。因其公然称皇父，必不讳太后下嫁。惟其无下嫁之事，则坦然称皇父以仲父、尚父自居，则亦无嫌，故有皇父之称。即事实只有两途：一则太后实行下嫁，一则非但不下嫁，并无不可告人之暧昧情事。若云下敕，而在中国则后来讳之，朝鲜或实录失载，但其君臣有此讨论，则敕书可决其无有。使臣知为国讳，必有摄政王死后，朝局将翻之日。摄政王之死在七年十二月初九日戊子，其时世祖之举哀行礼固未尝不用帝崩之仪注也。是月二十五日甲辰，尊故摄政王为懋德修道广业定功安民立政诚敬义皇帝，庙号成宗。八年正月十九日丁卯，成宗义皇帝祔太庙。二月十五日癸巳，苏克萨哈、詹岱、穆济伦首告故摄政王多尔衮逆节。二十一日己亥，暴多尔衮罪于中外，削其尊号及母妻追封，撤庙享。故朝事之反覆，始于八年二月十五，即云摄政死而朝局必翻，使臣有先见，亦当讳于七年十二月初九以后。若在两年以前，国有大庆，太后大婚，使臣方负宣扬之责。若以为可讳，即清廷何必用公文称皇父？夫以国无明文之暧昧，吾辈今日固无从曲为辨证。但中冓之言本所不道，辨者为多事，传者亦太不阙疑。此为别一事，不入鄙作考实之内。惟因摄政王既未婚于太后，设有暧昧，必不称皇父以自暴其恶。故知公然称皇父，既未下嫁，即亦并无暧昧也。复请在鉴，并示当否。

弟森拜上

廿八

孟森之言固然有理，但仍然不能完全排除疑问。况且，孟森先生只考虑多尔衮一方的情形，而不提及孝庄这一方面的处境和想法，是否有点片面？况历史的真实情况本身往往非常微妙，往往并不只有“是”还是“不是”，还存在着介于“是”与“不是”之间的大多数情况。孟森先生虽然提出了一个非常重要的问题，但其回答尚不能完全解开谜团。

至于胡适先生，在孟森回信后也没有再作讨论。他有什么观点，也是令人不好琢磨的。

# 学术界的论争

50



孟森之后，直至今日，学术界就“太后下嫁”疑案不断论证，出现了两种不同的观点。

与孟森同时代的著名史学家郑天挺先生，最早发现当时国立中央研究院珍藏的顺治五年（1648年）工科给事中魏象枢《圣朝大礼既行亟请更正会典》揭帖中，将多尔衮称之为“皇父”。但他认为，“皇父”只是一种尊号，不能反映孝庄太后下嫁多尔衮。

在《多尔衮称皇父之臆测》一文中，郑天挺先生详细从仪制上加以考证，“叔王”与“亲王”差异尤显，而“叔王”与“叔父王”亦有别，“皇父”之称又与“叔父王”不同。但“皇父”并不等同于“太上皇”。首先，“‘皇父摄政王’之体制仪注，今无完确之文献足据，所可知者，凡朱笔批票本章，皆用‘皇父摄政王旨’字样，不用皇帝朱批”；其次，“皇父虽称皇帝为尊，而其仪注则次于皇帝，内外题奏或仅称‘皇上’，或仅称‘皇父摄政’，或‘皇上’‘皇父摄政王’并称，但无列‘皇父摄政王’于‘皇上’之前者”；第三，“‘皇父摄政王’告群臣称‘旨’，皇帝告群臣称‘敕’”。郑天挺还从顺治六年赐祭朝鲜国王的一份礼单上进一步看出，“皇父摄政王”之一切体制均下于皇帝，与“太上皇”是不同的。

郑先生还从蒋良骐的《东华录》中有“皇父”的称呼，说明乾隆三十年时清廷对“皇父”之称尚不深讳。而后来的王氏《东华录》、《清实录》、《清史稿·世祖本纪》以及清国史馆《宗室王公传》中之《多尔衮传》中均将多尔衮“皇父”之称削而不书，说明对“皇父”称呼的忌讳是在后来汉化程度加深才有的。既然乾隆三十年时对“皇父”称呼尚没有忌讳，那么，“皇父”之称呼在清初就只是一个尊号，代表着爵秩的区别，并没有什么不可告人的隐私，多尔衮并不是就此真正成为顺治的“父亲”。由此可以推出，郑天挺先生认为，历史上并没有出现所谓的“太后下嫁”。

同样是清史名家的王钟翰先生，意见则不同。他认为，“太后下嫁，当时必有其事”。其主要根据则除“多尔衮生前确实曾经被加封过‘皇父摄政王’的称号”外，还有张煌言的《建夷宫词》及《清初皇父摄政王多尔衮起居注跋》。虽然孟森认为张煌言“自必有成见。且诗之为物，尤可以兴致挥洒，不负传言之责”，但王先生则称：康熙间史学大家全祖望曾表彰张煌言文集是“身可死，集不可泯”的“传信”之作，那么，张煌言的诗可以作为根据。另外，王钟翰举出 1946 年刘文兴撰写的《清初皇父摄政王多尔衮起居注跋》，里面写着：“清季宣统初元，内阁库垣圮。时家君（刘启瑞）方任阁读，奉朝命检库藏。既，得顺治时太后下嫁皇父摄政王诏、摄政王致史可法书、唐通、马可书稿等，遂以闻于朝。”由此，王先生根据现有史料做出判断：一则摄政王多尔衮年近不惑而无子嗣，孝庄盛年孀闺独处，又素具权谋，能交欢于多尔衮，无疑地可以巩固其嫡子幼帝的大位，从当时政治背景等情况考察，不难推断，多尔衮受封皇父之日，即是太后下嫁摄政王之时。

李鸿彬先生也持“太后下嫁”说。他的理由是：一、据清人记载，蒋良骐的《东华录》卷六说：多尔衮“自称皇父摄政王，又亲到皇宫内院”。这条史料明显是说太后下嫁了，不然多尔衮称“皇父”，又深入“内院”，无疑是把太后置于妻子、皇帝置于儿子的地位。如果太后没有下嫁，她和皇室亲王贝勒是万万不能接受的。奇怪的是此事却得到他们的默认，当多尔衮死后，竟破例追封为诚敬义皇帝。另外，四川师范学院图书馆收藏的《皇父摄政王起居注》一书，书后有刘文兴所撰的跋，可算是太后下嫁的有力佐证。二、据《朝鲜仁祖实录》朝鲜君臣的对话，说明朝鲜君臣也发现所谓“皇父”的奥秘，无疑是指太后下嫁一事。三、张煌言的诗是“太后下嫁”的证明。四、康熙二十六年十二月，当孝庄文皇后病重时，对康熙说：“太宗文皇帝梓宫，安奉已久，不可为我轻动。况我心恋汝皇父及汝，不忍远去，务于孝陵近地择吉安厝，则我心无憾矣。”这种做法是违背清朝帝后丧葬制度的，可见她有难言苦衷。因为下嫁摄政王多尔衮一事，再同皇太极合葬便不合情理。所以康熙把太皇太后的灵柩停放在东陵，雍正时才葬入东陵地宫。

牟小东先生则以孝庄灵柩浮厝于“暂安奉殿”近四十年，直到雍正皇帝登基后才决定就地造陵大葬，以及孝庄的昭西陵偏偏造于“风水墙”之外的事实，认为确有“太后下嫁”之事。他还论证道：“其实，孝庄下嫁，本不为奇。满洲入关以前的社会性质虽然已由奴隶制迅速向封建制过渡，但很早以前女真人的落后习俗，如弟娶兄嫂、妻姑侄媳的一些群婚制的残余，延续到入关初年。据初修《太宗实录》，天聪时曾禁止婚娶继母伯母婶母嫂弟妇侄妇，谕曰：‘明与朝鲜，礼义之国，同族从不婚娶。’今《太宗实录》已删此条（转引自《陈垣学术论文集·汤若望与木陈忞》，中华书局版）。又顺治十七年（1660年）六月，内大臣伯索尼上言：‘外藩法令宜宽，外藩皆令遵内定法例，不许再醮同族之人为婚。太宗皇帝初定例时，因彼不能遵行，遂行停止。今如必令遵行定例，恐男女之间，反滋悖乱。请仍照旧例，以示宽容。'（王先谦《顺治朝东华录》卷七）说明此事在清初是不重视的。"

此外，黎东方先生、姜相顺先生等人也从各个角度论证，认定有"太后下嫁"之事。有人甚至还从《红楼梦》中寻找根据，认为孝庄确实下嫁。

因"太后下嫁"一案关系重大，影响着清朝前期乃至整个清朝的历史，所以，不断有重量级的专家参与论证。许多研究人员投入到解开这一历史疑团的工作中，他们试图从浩繁的历史档案中发现"孝庄下嫁"的原件，但他们失望了。由此，又有不少人认为，根本就没有"太后下嫁"的事情。

阎崇年先生认为："太后下嫁"的事确实没有。

孟昭信先生经过翔实的考证，也得出没有"太后下嫁"之事。他的结论是："布木布泰是一位有政治头脑、远见卓识的女子。她懂得事体大小与如何弃取。看得出，她坚毅果敢，保卫幼子皇位不动摇；洞察形势，对政情了如指掌；紧紧抓住自身优势——两黄旗，与黄旗大臣结成强有力的核心集团，并积极以正义驱邪恶，争取各旗多数的同情和支持。她小心翼翼，不敢走错一步。以色情保儿子的皇位那种荒唐事、蠢事，不是她的选择。如果她在困境中，慌不择路，下嫁多尔衮，不但身败名裂，而且已拥有的一切成功，连同儿子的皇位都将付诸东流。有的读物把她描写成低俗、浅薄、风流、放荡的女人，完全黑白颠倒。那样的女人，怎么能在崇德、顺治、康熙三朝几十年中，都做出重大贡献，怎么能成为举世公认的清代杰出女政治家？”

# 51

# “太后下嫁”之我见



看过大量资料，我一直在两种意见中徘徊。一会儿认为孝庄确实下嫁，一会儿又从别的说法中否定了这一想法。

两种说法似乎都有不可辩驳的道理。

最后，我将所有的史实与说法依次列出，并抓其关键处加以辨别，得出我自己的看法：“太后下嫁”只有其“实”，没有其“名”。

也就是说，历史上其实没有“太后下嫁”一事，但孝庄太后考虑到政治的需要，再加上其他种种因素，她确实私下里成为了多尔衮的情人。

为什么这么说，且听我细细道来。

首先，在正史中没有“太后下嫁”的文字。

在浩如烟海的历史档案中没发现任何直接资料，甚至没发现任何相关资料。清统治者试图在史书中削去多尔衮的“皇父”二字，但最终未能完全掩饰。倘若真有“太后下嫁”的明文行于天下，清统治者也必将愈以掩饰，但他们真能一点不漏地使一件关乎国运的大事完全灭迹吗？对此，我持怀疑态度。

就连刘文兴所说的“其父曾得顺治时太后下嫁皇父摄政王诏”一事，后来证明也是捏造的。万依、王树卿、刘潞在《清代宫廷史》一书中写道：“为此我们曾求教于故宫博物院研究员朱家溍先生。据朱先生讲：三十多年前我和刘文兴先生就是极熟的朋友。刘先生在文字声韵的研究中态度是非常严谨的。但在生活中却有些喜欢开玩笑。当时我听说此跋，曾就太后下嫁诏提出几个怀疑问题，文兴微笑着说不出道理。我便说这是你老兄又在开玩笑捉弄人对不对？他哈哈大笑说：‘的确，诏书是没有的，我因为打算卖掉这部书，所以写跋语时加点噱头，你何必认真，姑妄听之而已。不过我相信太后下嫁是真的。’朱先生还说：‘刘先生于解放后一直在兰州大学任教，我们之间虽然长期没有来往，不过我相信我们在一起谈过的事他一定能记得。’同时朱先生还谈了很多检出诏书闻于朝的不可信的分析。我们认为，既然跋语作者自己否定了这条资料的真实性，其他问题也就不必讨论了。”

其次，在国外的资料中没有发现“太后下嫁”的明确记载。

退一万步讲，我们假设真有太后下嫁一事，而且后来的清朝统治者真的将这件重大的“丑闻”在档案中抹得干干净净，不留任何痕迹。这似乎还有“说得过去”的可能。那么，当时国外的档案中也没有关于太后下嫁的记载，这能说得过去吗？国外的档案是不需要为此事掩饰的！

朝鲜的《李朝实录》中有“皇父”的记载，却没有“太后下嫁”的记载。这基本上可以证明没有“太后下嫁”的事情。正如孟森先生的推断。如果还要想方设法地怀疑，称：“但是，倘若太后虽然下嫁，却并不想大肆宣扬此事，所以并不专门下达诏书，则如何？或者，以多尔衮为‘皇父’，在朝鲜人看来就意味着‘太后下嫁’所以并不专门写出，又如何？”反驳这一点，我需要找新的证据。德国人魏特在《汤若望传》中，客观地讲述了“多尔衮自称‘皇父与国父’、顺治皇帝为自己的生命忧惧、多尔衮霸占豪格之妻”等史实，但文中也没有提到“太后下嫁”一事。倘若真有太后下嫁之事，作为当时在中央上层的汤若望不可能不知道此事，《汤若望传》中也没有任何理由不写此事。这便进一步证明孝庄确实没有下嫁。

第三，当时的“民间笔记”中没有“太后下嫁”的任何记录。如《北游录》等类似回忆录的作品，没有任何相关叙述。按照常理，统治者可以完全掌控宫廷档案，却不可能将民间文字也完全掌握。要知道，当时还有许多与清廷作对的各种势力，他们宁愿有“太后下嫁”之事从而大力宣传。事实上，我们现在知道的“太后下嫁”资料，多为清朝灭亡后才在民间笔记及小说演义中出现的。其间相隔二百余年。

同时代的张煌言倒有诗文记载，即便张煌言不会虚言，但他一方面处于清廷的对立面，另一方面他在远离清廷的南方，不可能完全真实地得知“太后下嫁”的情况。相反，多尔衮“皇父”称呼以及多尔衮娶豪格之妻等事，均可能误传为“太后下嫁”，而由张煌言以真事记载下来。且张煌言的诗文确实是孤证，不足以证明“太后下嫁”这一史实。

另外，查清朝鄂尔泰、张廷玉等人编撰的《国朝宫史》，慈宁宫建于顺治十年。据《清实录》记载，孝庄是在顺治十年闰六月才移居慈宁宫的，移居前还遣官祭告太庙。此时，多尔衮早已死去，何来“慈宁宫里烂盈门”一句？那么，公认的张煌言作于顺治六年的小诗，显然并不可信。

既然档案资料、时人的回忆录乃至国外文献均没有记载，而惟一的所谓孤证又有明显的缺漏，太后没有下嫁便可由此得到认定。

至于容易引发误会的“皇父”称呼，孟森与郑天挺二位先生的论证已具有足够的说服力。这里不再赘言。笔者还想说明的是，“皇父”之称虽类似于“尚父”、“亚父”等尊称，但多尔衮偏偏直接用“皇帝的父亲”来称呼自己，只能表明他已有当皇帝的野心，而且他一厢情愿地想造成“太后下嫁”的舆论。

如果太后真的冠冕堂皇地下嫁，多尔衮死后，弹劾多尔衮的奏折就不会明目张胆地指责“多尔衮娶豪格福晋”的事实。那样显然是在讽刺当朝太后，也将为顺治皇帝所不容。

但是否因此就否认了孝庄与多尔衮的暧昧关系？笔者认为也不可以。故老相传，能传播如此之广，如此长远，并非空穴来风。

孝庄在临死前的遗言：不愿意与丈夫皇太极合葬一起，也说明她有对不起丈夫的地方。

我们不必给孝庄立什么贞节牌，如果一味地把她塑造成所谓的“完人”，那就不是真实的历史了。她虽然伟大，但也是活生生的人，丈夫皇太极死时，她年仅30岁。如果是在我们这个时代，她的再嫁应是无可厚非的，而活在那个新旧交替的时代，她也不可能完全以当时汉族的封建礼教要求自己，那样，她成不了高明的政治家。

事实上，孝庄虽有两黄旗的支持，有相当的实力，但在多尔衮专权的情况下，单从政治方面抗衡，远不足以阻止多尔衮称帝。因此，无论从满族旧俗的角度，还是从当时的政治需要，以及孝庄与多尔衮长期形成的情感依恋，孝庄与多尔衮必定有暧昧关系。结合当时的历史背景，只有这样才有可能拢住多尔衮。而多尔衮后来收养子，奢侈淫欲，并私自活动想当皇帝，说明他本人处于矛盾中，他与孝庄也产生了矛盾。孝庄以其高明的情感投入及高超的政治手腕，使多尔衮最终未能称帝。

52

# 与多尔衮的情感纠缠



客观地讲，孝庄与多尔衮在一起，比孝庄与皇太极更匹配。首先是年龄问题，孝庄比多尔衮小一岁，比皇太极却小二十一岁。年龄的差异，使孝庄与多尔衮有更多的共同话语。孝庄出嫁不久，便因多尔衮母亲大妃之死，而对多尔衮寄予深厚的同情。此后，更因为多尔衮英勇神武屡立战功而另眼相看，双方相互交往，感情颇深。多尔衮钟情于孝庄的美丽智慧，但因为皇太极在世而不敢有任何的表露。孝庄则在皇太极在世时只忠诚于丈夫。

孝庄曾经为皇太极倾注了全身心的情感，而皇太极最终因宸妃而一再伤害孝庄的感情。皇太极因宸妃而死，最大限度地伤害了孝庄的感情。多尔衮则在孝庄落于低潮的时候，给孝庄以崭新的生活，并将孝庄的儿子扶向皇位。孝庄对此不能不有所触动。

皇太极去世后，面对多尔衮不断发动的爱情攻势，孝庄无论从情感还是生理需要，以及更重要的是政治需要考虑，不可能完全拒绝多尔衮。

当多尔衮打下北京城，将她们孤儿寡母接入中原，让顺治成为中原之主后，孝庄理应对多尔衮更有好感。

多尔衮的权势日益增高，无人可与比肩。

入主中原后，代善已无多大的实际影响，先是年老体弱，后于顺治五年去世，使多尔衮少了一份顾忌。多尔衮还将豪格玩弄于股掌，罢济尔哈朗辅政，这些均使孝庄清楚地认识到，虽然自己有索尼、鳌拜等两黄旗重臣的忠心拥戴，但两黄旗重臣或被处死或被贬谪，被严重地削弱和分化。只要多尔衮愿意，他完全可以取代顺治成为皇帝。多尔衮没有这样做，反而一再告诫群臣要尊重皇帝，这既使孝庄感受到多尔衮对自己的一片真情，也使她意识到儿子地位的岌岌可危。

即便为了儿子，孝庄不可能不与多尔衮有暧昧关系。同样为了儿子，孝庄在情感的处理上有一个底线，即：无论如何，不能让多尔衮完全如愿，不能公开下嫁多尔衮。否则，自己的儿子顺治将处于非常尴尬的境地。

多尔衮没有儿子，孝庄可以让顺治在名义上成为多尔衮的义子，以此来制约多尔衮。因此，她可以容忍多尔衮自封“皇父”。但多尔衮再想更进一步，却是孝庄坚决不同意的。

不能说孝庄对多尔衮没有深厚的感情，但与伟大的母爱相比，显然还有不足。

多尔衮则在胶着的情感纠缠中深感悲痛。出于发泄自己的情绪，也为了给孝庄看，他开始悖理行事，纵欲无度。

顺治七年（1650年），多尔衮39岁，身体多病，非常虚弱，但他不仅纳豪格福晋博尔济吉特氏为妃，而且与朝鲜公主成婚于连山，并越级追封自己的母亲乌拉纳喇氏为孝烈敏献哲仁和赞天俪圣武皇后，又征调全国一年税银总额的百分之十二为自己在热河建宫殿……种种举措，多尔衮似乎不再有任何顾忌，将自己置于皇帝的位置。

或许，多尔衮真想当皇帝了，他在自己的府中穿起了龙袍；并打算给已经逐渐成人的顺治皇帝建一个城堡，将其圈禁起来；又无所顾忌地收领了养子……这些举措对多尔衮没有任何好处，同时对孝庄与顺治造成了很大的伤害。当年十二月初九，多尔衮死于喀喇城。

多尔衮刚去世时，出于政治考虑，顺治给予多尔衮无比的尊崇。但不久，受多尔衮多年压制的济尔哈朗等人开始反击，成功地制服了多尔衮的亲信，又通过顺治皇帝，追论多尔衮的阴谋篡逆罪状，公布天下。对此，孝庄太后没有任何异言。

# 多尔衮死后荣辱

53



多尔衮活了39岁。当死讯传到京城时，顺治皇帝表现出非常伤心的姿态。他虽然不过12岁，但当皇帝已经7年了，经历过很多事情，完全不再是多尔衮眼中的小屁孩了。柩车返回京城，顺治亲自率诸王、贝勒、文武百官身着缟服，迎奠于东直门五里外，并诏令追尊多尔衮为懋德修道广业定功安民立政诚敬义皇帝，庙号成宗。次年正月，尊多尔衮之妃为义皇后，袝太庙。又以多尔衮养子多尔博袭亲王，俸视诸王三倍。

顺治皇帝还在诏书上特意指出："朕以冲龄即位，削平寇乱，垂衣端拱，统一多方，皆皇父摄政王之功也。"

这些其实都是做样子。顺治对多尔衮早有成见，只是惧于多尔衮的势力，所以不得不有此举动。事实上，他与母亲孝庄一样，正高度紧张地注视着突变的政局。

多尔衮生前掌握着正白旗、正蓝旗、镶白旗三旗的直接指挥权，权势最大。他一死，三大旗处于群龙无首的状况。由于没有提及自己的摄政王位置由谁替代，这使不少人对此有所幻想。

多铎已于顺治六年（1649 年）去世，多尔衮不顾另一位同胞兄弟阿济格的反对，收养了多铎之子多尔博。多尔博此时年龄尚小，还不能在权力斗争中发挥任何作用。因此，阿济格野心勃勃，试图把多尔衮的势力据为己有，并率三百骑兵，火速赶往京师，大有抢班夺权之意。

长期受多尔衮压制打击的两黄旗大臣以及蓄势待发的济尔哈朗联合起来，趁此大好良机，迅速对多尔衮的势力进行反扑。阿济格随多尔衮柩车进京时，即被抓了起来。接着为其定罪，第一条罪状竟是：阿济格不尊重死去的摄政王，别的亲郡王五次哭临，而只有他不去。

紧接着，多尔衮的亲信纷纷落马，以各种罪名，被斩被囚。

最后，矛头直指刚死不久的多尔衮。

多尔衮的近侍苏克萨哈、詹岱见机行事，早一步投靠顺治，被留为议政大臣。他们揭发多尔衮的罪状：“多尔衮死时，其侍女吴尔库尼将殉，请以王所制八补黄袍、大东珠素珠、黑貂褂置棺内。多尔衮在世时，欲以两固山驻永平，谋篡大位。”固山额真谭泰也说：“多尔衮纳肃王豪格的福晋，还令肃王子至府第较射，何洛会以恶言詈之。”

于是，郑亲王济尔哈朗、巽亲王满达海、端重亲王博洛、敬谨亲王尼堪及内大臣等上疏，称：“昔太宗文皇帝龙驭上宾，诸王大臣共矢忠诚，翊戴皇上。方在冲年，令臣济尔哈朗与睿亲王多尔衮同辅政。逮后多尔衮独擅威权，不令济尔哈朗预政，遂以母弟多铎为辅政叔王。背誓肆行，妄自尊大，自称皇父摄政王。凡批票本章，一以皇父摄政王行之。仪仗、音乐、侍从、府第，僭拟至尊。擅称太宗文皇帝序不当立，以挟制皇上。构陷威逼，使肃亲王不得其死，遂纳其妃，且收其财产。更悖理入生母于太庙。僭妄不可枚举。臣等从前畏威吞声，今冒死奏闻，伏原重加处治。”

顺治听后，顺水推舟，下令将多尔衮削爵，撤庙享，并罢孝烈武皇后谥号庙享，黜宗室，籍财产入官，多尔博归宗。

后来，顺治十二年的时候，吏科副理事官彭长庚、一等精奇尼哈番许尔安试图为多尔衮翻案，请复爵号。结果，彭长庚、许尔安被流放宁古塔。

直到数朝之后，顺治的曾孙乾隆皇帝才重新看待这段史事，为多尔衮翻案，认为：“睿亲王多尔衮扫荡贼氛，肃清宫禁。分遣诸王追歼流寇，抚定疆陲，创制规模，皆所经划。寻奉世祖车驾入都，成一统之业，厥功最著。殁后为苏克萨哈所构，首告诬以谋逆。其时世祖尚在冲龄，未尝亲政，经诸王定罪除封。朕念王果萌异志，兵权在握，何事不可为？乃不于彼时因利乘便，直至身后始以敛服僭用龙衮，证为觊觎，有是理乎？实录载：王集诸王大臣，遣人传语曰：'今观诸王大臣但知媚予，鲜能尊上，予岂能容此？昔太宗升遐，嗣君未立，英王、豫王跪请予即尊，予曰："若果如此言，予即当自刎。"誓死不从，遂奉今上即位。似此危疑之日，以予为君，予尚不可；今乃不敬上而媚予，予何能容？自今后有忠于上者，予用之爱之；其不忠于上者，虽媚予，予不尔宥。'且云：'太宗恩育予躬，所以特异于诸子弟者，盖深信诸子弟之成立，惟予能成立之。'朕每览实录至此，未尝不为之堕泪。则王之立心行事，实为笃忠荩，感厚恩，明君臣大义。乃由宵小奸谋，构成冤狱，岂可不为之昭雪？宜复还睿亲王封号，追谥曰忠，配享太庙。依亲王园寝制，修其茔墓，令太常寺春秋致祭。其爵世袭罔替。"

# 太后诰谕——从儒家经典中汲取营养



顺治八年（1651 年）一月十二日，顺治皇帝亲政。他虽然只有 14 岁，但端坐大殿，指挥众将，旁若无人，颇显治国之才。

五天后，科尔沁亲王吴克善将大女儿送到京城。此前，顺治已在多尔衮与孝庄的安排下，初聘吴克善之女为皇后。和硕亲王满达海、多罗端重郡王博洛、敬谨郡王尼堪以及内大臣等人上奏，请求皇帝在二月内举行大婚礼。顺治没有准奏，说："大婚吉礼，此不可遽议。"

孝庄虽然早已是太后，但一直没有正式定仪制，上尊号。一月二十三日，朝廷正式定皇太后冠顶及皇后、诸妃衣冠制。皇太后冠顶与皇帝相同。又定皇太后仪仗及皇妃仪仗制。

二月初十日，顺治皇帝尊其生母为昭圣慈寿皇太后。皇太后即孝庄文皇后博尔济吉特氏。

册尊仪式非常隆重。早在顺治初亲政时便开始筹备。内院奉旨后，由礼部选择吉期，礼部、工部官员一起将册宝置办妥当，交内院镌刻册文和宝文。册尊前一天，派遣官员祭告天地、太庙、社稷。册尊当天，内院将奏书放于木匣当中。天刚亮，便将皇太后仪仗陈设于宫中。内院、礼部官员进宫，设黄案于宫殿正中。亲王以下，公以上，均身穿朝服依秩序列于午门内，满洲、蒙古、汉军固山额真、尚书、精奇尼哈番、梅勒章京、侍郎等官在左翼门外序立，文武百官在午门外排班。接着，便由顺治皇帝亲自出面，穿礼服，先在中和殿阅奏书，然后在礼部尚书、侍郎的导引下，来到后宫。内监奏请皇太后御宫殿，皇太后穿礼服而出。中和韶乐队奏起“豫平之章”。皇太后到宫殿升座后，鸣赞奏“跪”，顺治下跪，由大学士跪进奏书。皇帝接受奏书后，转而恭敬献上。宣读官走到案前，北面跪着，打开匣子，取出匣中奏书，大声宣读。读毕，重新放入匣中。这时，丹陛大乐队奏起“益平之章”。皇帝向皇太后行三跪九叩首大礼。内监奏报“礼成”，皇太后从宝座站起，中和韶乐队奏起“履平之章”。皇太后返回，音乐停止。礼成。

十一日，以上尊号礼成，特颁“恩诏”于天下。

顺治非常重视儒家提倡的“孝道”，一再声称：“朕闻君德莫先于克孝，礼制莫重于尊亲。”并规定：“新君继位，奉母后为皇太后，皇太后为太皇太后，则上尊号；国家大庆之典，则上徽号。”

孝庄太后也有举措，她郑重地诰谕顺治皇帝，称：“作为天子，处于至尊地位，其实非常不容易。只有上承祖宗功德，大展宏图；下能兢兢业业，治国理民，这样才可以成为合格的天下共主。百姓是国家的根本，治民必须选拔任用贤才，治国必须亲近忠良远离小人，用人必须出于真知灼见，莅政必须详细审理果敢处置，赏罚必须谋求平衡，服用必须合乎规矩。不可以奢侈糜烂，务必追求远大；要勤学好问，惩忿戒嬉。倘若专事安逸享受，则大业难免不保。凡政务在前，必须认真对待而不要厌倦。皇帝只要遵守上述言语，不仅可以福泽遍及万世，也是大孝之本呀！”

从这一诰谕中可以明显看出，孝庄此时不仅深谙治国之道，而且从儒家经典中汲取了大量的营养。这是她经历数朝后的经验总结，更是她汲取汉文化精髓之所得。与满族、蒙古文化相比，以儒家文化为代表的汉文化显然更为深厚、更为先进，更能有效地统治一个疆域广阔的多民族国家，更能聚拢普天下的民众。作为一个杰出的政治家，孝庄从国家大局着眼，处处以社稷为重，善于吸取先进思想，对清王朝的稳固与发展起着重大而积极的作用。

# 55 新皇后　旧婚姻

顺治的新皇后是多尔衮生前所定。

多尔衮为了加强满蒙联盟，特地为皇帝挑选了蒙古王公的女儿为正妻；为了讨好孝庄太后，专门选择了孝庄的亲侄女——科尔沁卓礼克图亲王吴克善之女博尔济吉特氏。



顺治当时正因为多尔衮的悖乱行为而为自己的生命忧惧操心。因此，他对新皇后的人选根本不可能表示出任何的不满。

顺治六年（1649年），清廷特派皇帝的叔父八王阿济格前往科尔沁迎亲，不料却引来了一场麻烦，使这场婚姻从一开始便蒙上了不祥的预兆。

《汤若望传》中对此有详细的记载：

八王阿济格于1649年协带一大批人员赴蒙古行聘。他们路过山西大同。这大同城向来是以妇女美丽著名的。阿济格的随员们因此作出种种重大狂暴行动。他们抢劫民间妇女，甚至其中有一位正是在吉日迎娶过门的时期被抢劫的。这样一种未有前闻的罪恶，是人们认为不能不予以惩治报复的。当地军队的总司令官，同阿济格素常本有仇隙，竟完全站在了叛变的人民的一面，甚至蒙古人亦是表示同情于叛变的人民的方面。因有这一种情形，更加上施行新赋税所招惹民间的怨恨，就很容易发生北京和其他省份的人民将群起而叛变的危险了。

可是竟没有一个人敢向摄政王劝阻他这一种愚狂行动（多尔衮正在为顺治建造新城堡以囚禁顺治）的。汤若望竟敢决断，向这一位权威崇高的人物进劝，使他改变意向。他当然不能公开地向摄政王陈说，人民对于他这一计划怎样思想，因此他就不得不藉他的职权范围，以为进言的地步了。在他的一本奏疏中，他指陈因天象与各地方不顺利的情形，应即停止新城阙之建筑工作。一开头摄政王甚觉愤怒，因为满朝中惟独汤若望一个人来反对他。但是有人却使他注意，汤若望这奏疏并未逾越自己的权限，这是完全尽职责的言语。如果人们不相信他的言语时，那么他将来决不要再进言了。因此摄政王就很踌躇起来。翌日早晨，他特召汤若望面见，向他细询，并深以他的这种行为为然。于是建筑工事方面方得停止，而一切工人登时俱被释放。

就在这一日内，工部还自京外弄来工人七百名，俱皆铁锁所系。他们现在很自由地自汤若望的房前走过，并且俱皆五内感铭跪倒在地，叩头称谢。一位与汤若望厚交的阁老，汤若望在他的自传中曾说，“他的胸前也有一部长须飘飒，这是中国人们所少有的一种情形的”，公然在大街上作了一次感谢汤若望的演说。

摄政王现在默察当时情势，而作势有所不能不作的事件了。就是他带领一切满军与汉军向山西出发，征服当地反正人民。汤若望选择作战能用的大炮，并制造炮架，以供军用。这是一件很能唤醒军官之间的兴奋狂热的事件。阿码王（即多尔衮）此行竟得成功，又把蒙古人拉到他的一边来，而将山西反正的人民平服，然后入蒙古，把为皇帝选定之皇后，迎接至北京。

这里的汤若望作为一个外国人，当时在清廷中处于什么样的地位，他为什么能参与清廷的机要，他以后还在清王朝中扮演什么样的角色……这些，我将在后文中介绍。

我现在想要提醒读者的是，从上述史料的叙述中，我们应注意到，是多尔衮全力促成了顺治与博尔济吉特氏的结合。而多尔衮死后，顺治迅速将对多尔衮的仇恨心理表露无遗。

顺治与新皇后的结合有很多好处：有利于满蒙联姻，巩固满蒙联合；有利于顺治皇帝对政权的控制；此婚姻是孝庄太后非常赞成的，等等。可是，顺治出于对多尔衮的不满，对这门婚事从一开始就有成见，他与他的表妹并没有多少感情基础，两人的生活习惯有许多不协调的地方，而且，顺治自小就是一个具有偏激性格的人物……

这些因素影响着这一婚姻，影响着顺治与孝庄的关系，也影响着整个王朝的稳定。

56

# 顺治个性



顺治皇帝具有极强烈的个性。

他的个性本是非常张扬的。他本人非常聪明，身上流淌着皇太极与孝庄的血液，幼时受到母亲很好的教育，又在特殊的机缘下具有了至高无上的地位。这样的人，天性中就有极强的自信及自负。

可是，随着顺治皇帝年龄的增加和多尔衮威权的日益增大，顺治在极尊贵的位置受到巨大的生命威胁，他为了保全自己，不得不在多尔衮面前装出幼稚和温顺的样子，以减少这位叔父的警惕。

多尔衮不准许给顺治请汉文老师，只让他穿着龙袍，做傀儡皇帝。凡天下国家大事，顺治不敢过问，也没有人向他禀告。

作为一个 10 岁左右的孩子，顺治几个月无法与自己的母亲见面，他感到万分委屈。孝庄为了儿子的长远，也做了妥协。

顺治又岂能不知道母后与多尔衮的暧昧关系，但他能做什么呢？他只能感到耻辱。他了解母亲的苦衷，但他又能做什么呢？他只能暗自压抑着。

强烈的反差，强烈的压抑，使顺治的性格非常奇特。有时候，他有很深的韬晦，非常温顺；有时候，他又突然暴怒起来，像疯狂的猛兽，用鞭子毒打身边的近侍，发泄着自己的无穷怒火。“他心内会忽然想起一种狂妄计划，而以一种青年人们固执的心肠，坚决施行，如果没有一位警告的人，乘时刚强地加以谏止时，一件小小的事情已经足够激发他的暴怒来，竟致使他的举动如同发疯发狂的人一般了。”

顺治非常喜欢运动。在飞驰的骏马上，他可以毫不费力地射中任何一种禽兽。在这样的时候，他感觉摆脱了多尔衮的阴影，可以忘却一切不快。他是非常勇敢的。

可是，他似乎还是摆脱不了多尔衮的威胁。短暂的快乐后，他便会意识到多尔衮的亲信无所不在地监视着他，跟踪着他，使他害怕，使他感到自己非常怯弱，也使他感到非常难受。

要不是孝庄太后总是适时地利用短暂的见面时间开导他，要不是苏麻喇姑及奶妈李氏总是无微不至地关心他，顺治皇帝或许真的会受不下去。

一次行猎中，多尔衮的亲信巩阿岱、锡翰、席纳布库等人，故意将顺治引向密林峻岭上的险径，迫使顺治不得不下马步行。那些人乘机无情奚落："年少不习骑射，似此路径还要下马步行？"顺治十分狼狈，他有心发作，但马上想到这些人胆敢如此，不就是因为他们背后有多尔衮吗？顺治还得忍。

在多年的忍耐与耻辱、压抑与暴怒之后，多尔衮去世，顺治终于可以亲政。当他觉得报复多尔衮的机会到来时，他便毫不掩饰地宣泄其多年的怨气，削夺了多尔衮的尊号，籍没其家产，毁掉其坟墓，命令将其尸体挖出，用鞭子抽，用棍子打，最后砍掉脑袋，暴尸示众。

然后，顺治皇帝便开始努力地治理好国家。他要用实际行动表明，自己的治国能力要比多尔衮强得多。

执政之初，由于他对汉文化了解太浅，以致连大臣所上的奏折都看不懂，这极大地刺激着他的自尊心。他开始发愤读书，"每晨牌至午，理军国大事外，即读至晚，然顽心尚在，多不能记。逮五更起读，天宇空明，始能背诵。计前后诸书，读了九年，曾经呕血。"几年后，他已经非常博学。

# 第一次大婚

57



顺治皇帝虽然因多尔衮的原因而对新皇后产生很大的反感，但孝庄太后却要竭力促成这门婚姻。顺治亲政之初，整个国家社稷其实是孝庄在幕后整体协调着，顺治帝不可能一开始就违背母亲的心意，因此，他即便再不满，也最终不得不体体面面地将博尔济吉特氏娶入宫中。

清代，人们把未成年皇帝迎娶皇后的典礼称之为大婚。清朝先后有四位皇帝举行过大婚，他们分别是顺治、康熙、同治、光绪。顺治的此次大婚是清朝历史上的第一次大婚，也是入主中原后清朝皇帝的首次婚典，因此，其规格之高、礼制之完备，也非前任皇帝可以媲美。

顺治皇帝大婚，开始沿袭中原地区的“六礼”。“六礼”成形于周朝，记载于《礼记》，包括

中和殿内景

纳采、问名、纳吉、纳征、请期、亲迎六种仪式。

首先是纳采。简而言之，纳采礼就是男方请婚人向女家提亲并进献礼物。



顺治八年（1651 年）六月癸亥，在孝庄太后亲自过目后，定大婚礼物。行纳采礼，清廷送给科尔沁卓礼克图亲王家的礼物有：马十匹、玲珑鞍十副、甲胄十副、缎一百匹、布二百匹、金茶筒一、金盆一、银桶一、银茶筒一、银盆一、驮甲二十副、常等甲三十副。等卓礼克图亲王吴克善夫妇送皇后到京后，赐亲王夫妇黄金百两、白银五千两、缎五百匹、布千匹、金茶筒一、银桶一、银盆一、上等镀金玲珑鞍二副、常等玲珑鞍二副、漆鞍二副、马六匹、夏朝衣各一袭、夏衣各一袭、冬朝衣各一袭、冬衣各一袭、貂裘各一领、上等玲珑带一、刀一、撒袋一副、弓矢全、甲胄一副。

经过六礼后，最盛大的册立皇后典礼在八月戊午举行。

前一天，朝廷便以大婚礼祭告天地、太庙。

这天早上，天刚亮，首先将皇后仪仗陈列于卓礼克图亲王府邸。设黄案，一个置于院中，一个置于东侧，将受册宝匣置于院中黄案。

皇上卤簿全设太和殿前。设一黄案于殿中，置册宝彩亭两个。内院、礼部官员均身穿朝服，在太和门外阶下依次排列，然后捧册宝由中道进入大殿，将册宝放置于殿中黄案上。

顺治皇帝身穿朝服而出，御太和殿，视册宝完毕，将其传给使臣。使臣跪着接受，自殿中由中道捧出。礼部官员做前导，至太和门外，将册宝各置一彩亭中。校尉举册亭在前，宝亭在后，由协和门出，诣皇后所在的卓礼克图亲王府邸。

与此同时，朝廷已先遣两亲王奏请孝庄皇太后至位育宫。皇太后乘辇出宫，设仪仗、作乐，至协和门，皇太后仪仗停候。皇太后辇由中道进入，皇上出宫，步行，迎接皇太后至太和门内。皇太后由太和殿入宫。

再说册封使臣到达府邸，卓礼克图亲王等穿朝服出迎，放置册宝彩亭于门外。皇后及其母亲、格格等也穿着朝服，依次排列，在院中迎接。

内院、礼部官员捧册宝由中道入府，放置于东侧黄案之上。接着，读册内院官于东侧向西而立，朗读册文、宝文。

皇后册文内容为：“朕惟乘乾御极，首奠坤维，弘业凝庥，必资内辅，义取作嫔于京室，礼宜正位于中宫。咨尔博尔济吉特氏，乃科尔沁国卓礼克图亲王吴克善之女也，毓秀懿门，钟灵王室，言容纯备，行符图史之规，矩度幽闲，动合安贞之德。兹仰承皇太后懿命，册尔为皇后。其益崇壶范，肃正母仪，奉色养于慈闱，懋本支于奕世，钦哉。”

宝文内容简单，只有“皇后之宝”四字。

读完册文、宝文后，读册内院官将册宝授予女官。二女官上前，跪着接受，然后献给皇后，皇后也是跪着接受，然后递给侍立女官，侍立女官同样跪着接受，然后放置于中央黄案上。

皇后望阙行六拜三跪三叩头礼。礼毕，皇后升辇。女官捧册宝前行，仍放于彩亭内。然后，仪仗、鼓乐在前，大队人马浩浩荡荡前往皇宫。

到达协和门，仪仗停了下来，不再向前。二女官捧册宝前行，皇后辇在后，由中道向里面行进，至太和殿阶下，皇后从辇上下来（即降辇），由中道步行入宫。

此时，和硕亲王以下，有顶戴官员以上，均穿朝服，集朝会所。固伦公主，和硕福晋以下，一品命妇以上也都集中于宫内。

巳刻时分，礼部堂官奏请皇上御中和殿。

朝中官员依序排立，恭候皇上。多罗郡王以上在太和殿阶上站立，多罗贝勒在阶下站立，固山贝子以下、有顶戴官员以上全部在太和殿丹棚内排立。皇上率诸王入太和殿，向等候多时的皇太后行三跪九叩头。行礼完毕，皇上重新御中和殿。诸王出立殿外阶上。

皇后率诸王妃朝见皇太后，行三跪九叩头礼。行礼完毕，返回宫中。诸王妃入侍皇太后。

皇上再次御太和殿，赐诸王及蒙古王公、贝勒、文武群臣国宴。在规格最高的盛宴结束后，皇太后乘辇回宫，皇上将皇太后送至太和门内，然后自己也返回宫中。

这样，这一天的繁文缛节才告一段落。

至庚申日，顺治皇帝御太和殿。诸王、贝勒、文武群臣上表行庆贺礼。顺治将策立皇后事诏告天下。诏文的主要内容是："于顺治八年八月十三日册立科尔沁卓礼克图亲王吴克善之女为皇后，贞顺永昭，奉尊养之，令典敬恭匪懈，应天地之同功，爰合德于阴阳，期锡类于仁孝，诏告天下，咸使闻知。"意思就是，皇帝与皇后的结合，符合天地阴阳的规律，能更好地以仁孝治理国家。

此次大婚意义在于，它标志着顺治已经成人，整个王朝将在他的带领下走向新的历程。

58

# 顺治朝的新国策



顺治亲政后，意识到自己身负的重任，殚精竭虑地处理国事。他需要不时地向母亲孝庄请教，孝庄总是以最大的耐心教导他。整个王朝在平稳中向前发展。

由于多年受多尔衮的压制，顺治绝不允许在朝堂之上出现第二个多尔衮。因此，翌年正月，他便正式谕告内三院："以后所有的奏折，均要上呈给朕，不必给和硕郑亲王。"这样，济尔哈朗的权力受到很大的压缩。三月十五日，他又下令："罢诸王、贝勒、贝子管理部务。"从而将大权集于一身。

顺治又将原来由多尔衮掌管的正白旗划归自己，并将皇帝直接掌管的正黄旗、镶黄旗、正白旗定为上三旗，其他五旗为下五旗。上三旗规格

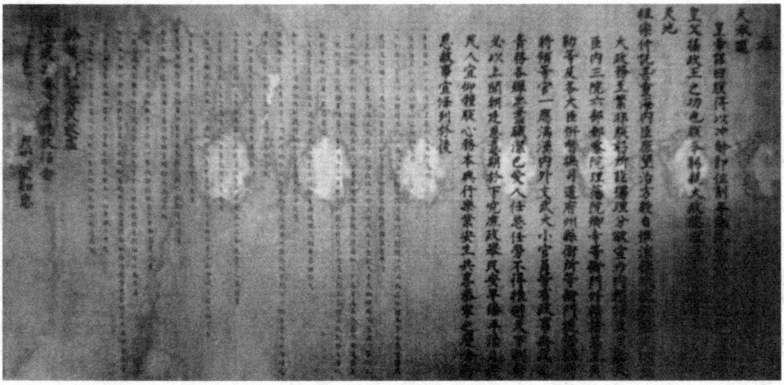

顺治帝亲政诏书

高，实力强大，极大地增强了皇权。

在孝庄有力的支持下，顺治重用索尼、鳌拜、范文程、洪承畴等人，实现了统治权的顺利过渡。

索尼曾敢于不惜性命地抵制多尔衮，被无故削职，现重新起用，并优升二级为一等伯。

鳌拜向来忠诚于孝庄与顺治，现以“军绩颇多，且为国效力之处，其功甚懋”，从优升为二等公。

范文程虽受多尔衮器重，一直是大学士，但当多尔衮与孝庄的矛盾日益激烈时，他巧妙地运用政治智慧，只做国家的大臣，不做皇家的奴才。最后干脆托病在家，躲开政治风险。因此，当刑部等审议大学士刚林、祁充格等依附多尔衮罪时，顺治为同样是大学士的范文程说话，认为：范文程“曾效力于太宗朝，在盛京时又不曾预贝子硕托之罪，后知睿王所行悖逆，托疾家居，众所共知。睿王取去刚林时，以范文程不合其意，故不取去。”最后决定：范文程仍留原任。

洪承畴曾在平定南方之乱中立下汗马功劳，但后来受到多尔衮的猜忌与排挤。孝庄与顺治则予以重新重用。

当时的社会矛盾是复杂而剧烈的。多尔衮时期的血腥镇压并没能将抗清力量完全剿灭。相反，顺治亲政之初，反清势力呈壮大趋势。南明永历政权得到大西农民军余部孙可望、李定国的支持，在云、贵、两广一带活动；郑成功的部队则在闽、浙沿海一带斗争，产生了巨大的号召力。顺治九年，定南王孔有德、敬谨亲王尼堪相继在抗清力量的强大攻势下战败身亡，消息传到京师，举朝震惊。清军在入关后首次遭到巨大的挫折，而国库空虚、国内灾祸频仍，均使顺治感到沉重的压力。

无论是孝庄还是顺治，均意识到事态的严重，感到必须以新的国策应对新的矛盾。他们首先动用内库，以解国库空虚带来的紧张局面。接着，下令在灾区实行减免赋税、招抚流民、奖励地主招民垦荒等措施缓解社会矛盾。与朝臣商议后，顺治皇帝还决定扭转多尔衮时期“重剿轻抚”的军事方针，采取“抚”重于“剿”的怀柔策略。顺治十年五月十四日，顺治皇帝令各地督抚广贴告示，称：“自今顺治十年（1653年）五月二十五日以前，凡有啸聚山林、劫掠道路、曾为土贼者，无论人数多寡、罪犯大小，但能真心改悔，自首投诚……尽赦前罪。”此后，顺治皇帝多次发布谕令，允许抗清势力投降自新，并由当地政府合理安置，一改多尔衮时期的诛戮政策。

顺治皇帝还试图招抚郑成功。他曾敕封郑成功为海澄公，允许其拥兵自保，而且指定泉、漳、惠、湖四府为其驻兵之所。这一计划虽然最终失败，但顺治皇帝的怀柔政策基本不变，并取得很大的成绩。

面对严峻的满汉矛盾，顺治皇帝很有魄力地重用汉族上层人物。

他笼络吴三桂。在南明试图施行反间计时，谕告吴三桂："朕与王，虽是君臣关系，但在情谊上则如同父子，别人岂能离间。"授其金印，并以皇太极第十二女和硕公主嫁吴三桂长子吴应熊。

他重用范文程、洪承畴等人，也收到很好的效果。他时常按照范文程的建议办事。例如，顺治十年，他便依范文程等议，命部院三品以上大臣各举所知，"不论满汉新旧，不拘资格大小，不避亲疏恩怨，取真正才守之人，堪任何官，开列实迹，疏名保举，各具专本奏闻；一官可举数官，数官可举一官。……若用后称职，量其效之大小，保举官加以优典；若不称职，亦量其罪之大小，保举官议以连坐。"这一制度实际上吸取了古代察举制的优点，使用人制度更加畅通。至于洪承畴，则在顺治的鞭策下，在平定南方的战役中立下了他人无法相比的功勋。

当然，顺治尽管大力提倡满汉平等，但他又不可能改变清朝“首崇满洲”的政策，一遇到关键问题，他总是偏袒满人。

顺治皇帝深受汉文化的熏陶，学习儒家经典四书五经，祭“先师”孔子，行孔孟之道，倡导忠、孝、节、义的观念，坚持“帝王临御天下，必以国计民生为首务”的原则，并强化科考制度，使清朝的大政方针由原来的“武力称雄”向“文教治国”转变。这一重大转变深深地启迪着他的后代，才使得清王朝出现了“康乾盛世”，出现了爱新觉罗氏统治中原达二百多年的悠久历史。

# 册封达赖喇嘛

顺治九年（1652 年），清王朝处理了一件关系满蒙的重大事件。

自漠南蒙古被皇太极征服后，漠北喀尔喀车臣汗部首领也派遣使者到达清廷，要求通贡。皇太极对此十分重视，马上遣大臣对车臣汗部首领进行嘉奖表彰，并劝漠北其他部落归顺。一系列笼络措施后，漠北喀尔喀三部（即土谢图、札萨克、车臣）各大汗基于利益之考虑，于天聪三年（1629 年）向清廷进表通贡，名义上臣属于清廷。

虽然如此，漠北蒙古在事实上是相当独立的。清政府不可能花太大的物力在漠北，便只能以怀柔的方式予以笼络。蒙古人尊崇黄教，这一点为孝庄所熟知。尽管皇太极曾一度不喜欢黄教，但在黄教所能产生的重大影响面前，他很快改变了态度。征询孝庄等人的意见后，皇太极开始厚待喇嘛。征服察哈尔后，墨尔根喇嘛将千金铸成的护法嘛哈噶喇佛像献给皇太极，承认后金政权为蒙古喇嘛教的保护者。皇太极喜不自胜，不惜财力，用了三年时间，花了二万余两黄金建造盛京实胜寺。不仅如此，他还听从大喇嘛的建议，在盛京建造四寺四塔，象征四方统一。这些兴佛佑国的举动，深得蒙古人的好感，取得很好的效果。多尔衮摄政期间，也基本遵循这些政策。

顺治三年（1646 年），漠南蒙古苏尼特部额驸多罗郡王腾机思发动反清叛乱，漠北土谢图与车臣两汗竟然出兵帮助腾机思。多尔衮派多铎领兵平叛，很快获得重大的胜利。但是，多铎并没有彻底追剿，而是通过西藏达赖喇嘛进行宣抚，发挥宗教信仰的凝聚力，取得非常好的效果。清廷因此不仅在武力上取得上锋，而且赢得人心。顺治五年（1648 年），腾机思乞降，土谢图与车臣两汗也遣使贡驼马，上表领罪。清廷与漠北蒙古原本疏松的关系逐步变得紧密起来。这使清廷更加重视宗教的力量，重视达赖喇嘛。

达赖喇嘛是黄教两个活佛转世系统称号之一。“达赖”的蒙古语意为“大海”，“喇嘛”藏语意为“上人”或“上师”。“达赖喇嘛”的蒙古语意思是“德智广深如海无所不纳之上师”。这一名号始于明朝万历六年（1578 年），当时蒙古土默特部顺义王俺答汗迎请黄教领袖索南嘉措到青海传教，崇奉备至，赠以

“圣职一切瓦齐尔达喇达赖喇嘛”。如果深究“达赖喇嘛”与清朝来往的源头，首先应从漠西厄鲁特蒙古谈起。



漠西厄鲁特蒙古游牧于蒙古草原西部直到准噶尔盆地一带，清初已形成准噶尔、和硕特、杜尔博特、土尔扈特四部。四部之间结成松散的联盟。和硕特部的首领顾实汗占据青海草原时，西藏喇嘛教内部，正在进行红教与黄教的纷争。西藏统治者藏巴汗支持红教派，肆意地摧残黄教派。黄教派向顾实汗求救，顾实汗率铁骑进发拉萨，击败藏巴汗。为表示自己尊崇黄教，支持黄教派的首领达赖与班禅喇嘛，顾实汗亲自向班禅求法受戒，皈依黄教。为确立黄教在藏传佛教中的领导地位，顾实汗等希望得到中原王朝的认可，他们似乎已预测到“清”将代“明”，于是主动与清廷联系。顾实汗于崇德六年（1641年）向皇太极称臣，归顺大清。皇太极也派人去见达赖喇嘛，希望他们派高僧到大清传教。五世达赖于是派出使者，双方联系逐渐频繁。这样便有了达赖喇嘛愿意为清廷宣抚漠北蒙古的基础。

多尔衮摄政时，清廷也曾专门派人到西藏问候达赖、班禅，并请达赖赴京。

顺治刚刚亲政时，作为幕后主政人，无论从政治角度还是从个人信仰方面，孝庄更为重视黄教。在孝庄的督促下，清廷于顺治八年（1651 年）四月，再次派人到西藏敦请五世达赖到北京与皇帝会晤。五世达赖接受了敦请。

次年三月，五世达赖率藏官侍从三千人，起程赴京。清廷对此极其重视。达赖一行刚抵达青海境内，顺治帝便特遣内务府大臣前往欢迎。顺治甚至打算亲自到边外接见达赖。

九月，顺治召集满汉大臣，就如何接待达赖一行进行商议。顺治传下圣旨，称："太宗皇帝时，尚有喀尔喀蒙古未曾臣服，太宗皇帝以外藩蒙古惟喇嘛之言是听，因此召请达赖喇嘛。可惜的是，使者尚未到达，太宗皇帝便晏驾了。后睿王多尔衮摄政时，往请达赖喇嘛。达赖许诺在辰年前来。等朕亲政后，再次召请，达赖喇嘛马上启行前来，从者三千人。现在，朕打算亲自到边外迎接。外藩蒙古贝子如有想见喇嘛者，也令在边外相见。你们认为如何？"

对此，满汉大臣分成两种意见。满族大臣普遍认为："皇上如果亲自迎接，喀尔喀必定会跟从达赖喇嘛归顺我朝，这是大有裨益的事。而且，既然邀请了对方，如果不去迎接，恐于理未当。我以礼敬喇嘛但不入喇嘛之教，也不会有什么妨害。"汉族大臣则反对皇帝亲自到边外迎接，认为："皇上为天下国家之主，不应当往迎喇嘛。如果以特请缘故，可在诸王、大臣中派遣一人代皇上迎接，这也算敬喇嘛了，不为失礼。"

顺治起初接受满族大臣的意见，谕告达赖喇嘛，皇帝将亲自到边外代噶地方（内蒙凉城）迎接。达赖喇嘛得到消息，马上回奏，表达“不胜欢忭”之情，“自当兼程而进”。

可是，没几天，就在顺治帝打算起程的时候，汉大臣洪承畴、陈之遴上奏，以天象不宜外行加以劝阻。

什么是“天象”？大凡看过《三国演义》的人，必定记得，诸葛亮常常在夜晚观测天上星星的变化，预测人间大事。洪承畴等人就是继承着这一传统。

洪承畴、陈之遴的上奏原文为：“臣等阅钦天监奏云，昨太白星与日争光，流星入紫微宫。窃思日者人君之象，太白敢于争明，紫微宫者，人君之位。流星敢于突入，上天垂象，诚宜警惕。且今年南方苦旱，北方苦涝，岁饥寇警，处处入告。宗社重大，非圣躬远幸之时，虽百神呵护，六军扈从，自无他虞，然边外不如宫中为固，游幸不若静息为安。达赖喇嘛自远方来，遣一大臣迎接，已足见优待之意，亦可服蒙古之心，又何劳圣驾亲往为也。天道深远，固非臣等所能测度，但乘舆将驾而星变适彰，此诚上苍仁爱陛下之意，不可不深思而省戒也。”

此奏虽然玄虚，但却很强烈地打动了已痴迷汉文化的顺治帝。孝庄太后在这样的奏言面前，也立刻改变了原来的态度。于是，顺治马上下旨：“此奏甚是，朕行即停止。”然后，他命令和硕承泽亲王硕塞等前去迎接达赖喇嘛，并向达赖喇嘛解释：“前者朕降谕欲亲往迎迓。近以盗贼间发，羽檄时闻，国家重务，难以轻置，是以不能前往，特遣和硕承泽亲王及内大臣代迎。”达赖喇嘛对此表示理解。

十二月十六日，达赖喇嘛到达北京。顺治皇帝亲自到南苑接见，赐坐，赐宴，非常隆重。达赖喇嘛献上马匹、方物，顺治帝予以接纳。隔几天，到了顺治十年正月，顺治帝特在太和殿为达赖喇嘛设宴，以最隆重的礼节最高的规格款待达赖喇嘛，并赏赐黄金六百五十两，白银一万一千两，大缎一千匹以及其他众多的珠宝、玉器、鞍马等。此后，皇帝与王公大臣们依次设宴款待达赖喇嘛一行。

孝庄太后是否接见过达赖喇嘛，正史中未曾记载。但以情理推测，孝庄必定私下接见过达赖。二月，当达赖喇嘛返回时，顺治帝又特在太和殿赐宴饯行，并且命和硕承亲王硕塞偕固山贝子顾尔玛洪、吴达海率八旗官兵送达赖至代噶地区。又命和硕郑亲王济尔哈朗、礼部尚书觉罗郎球在清河为达赖饯行。

当年四月，顺治帝派遣礼部尚书觉罗郎球、理藩院侍郎席达理等，前往代噶地方送达赖喇嘛金册、金印，册封达赖喇嘛为“西天大善自在佛所领天下释教普通瓦赤喇怛喇达赖喇嘛”。此举意义重大，象征着清王朝与达赖确立了统属关系。此后，西藏每代达赖喇嘛转世，必经清朝中央政府册封，成为定制。

宗教的力量是巨大的，达赖喇嘛接受清廷册封后，疆域辽阔的漠西蒙古、漠北蒙古也真正地成为大清的一部分，接受清廷的统治。

# 西方传教士汤若望

60



汤若望（1592—1666），德国传教士，原名约翰·亚当·沙尔·冯·白尔（Johann Adam Schall Von Bell），明万历末年来到中国。他的初衷是来中国传教，但他真正能够得到官方的认可，是因为他通晓天文、历法、数学、医学、机械等。明崇祯三年（1630 年），汤若望因礼部尚书徐光启的推荐，入钦天监供职，主要任务就是观察天象。1642 年，汤若望曾受命监制火炮，以防御清军。

清军入关后，汤若望积极与清朝统治者沟通，其才能得到更大的发挥。在一次测算日食的活动中，汤若望按照西洋新法推算，其时刻分秒及方位，均与事实十分吻合。而当时盛行的大统、回回两历，均差时刻。汤若望由此得到重用，多尔衮授予他钦天监监正的职位，命令他修历法、编“时宪历”。

钦天监监正不过是正五品的官职，但汤若望却享有不少特权。清廷特免其参加每日的朝会，允许他在私人住宅中办理钦天监监务。汤若望本人则成为许多权贵的座上客。不少满族权贵认为，像汤若望这样通晓天文地理的人物，是带着神秘使命来到这个世界的。其中，代善便将汤若望待若上宾。

顺治皇帝对汤若望很有好感。多尔衮曾试图不惜财力为顺治建一座新城，以此将顺治变相地囚禁起来。对于这一狂妄的举措，满朝文武无人敢置一词，只有汤若望公开进劝，指出“因天象与各地方不顺利的情形，应即停止新城阙之建筑工作”。多尔衮开始非常愤怒，但后来竟然接受了汤若望的建议。对此，顺治皇帝自然了然于心。顺治亲政后，有一次曾非常感激地在朝臣们面前提及汤若望，认为汤若望使他注意到他的皇叔的专权跋扈，而且预言了他的皇叔的早死。

顺治八年（1651 年）三月，汤若望还因为一件偶然的事件，成为孝庄极为敬重的人物。

一天，汤若望的馆舍里突然来了三位满族妇女。她们声称，她们是汤若望所认识的一位亲王的眷属。她们府邸中的郡主患上重病。郡主的母亲不相信医士，希望听一听汤若望的高见。接着，三位满族妇女将郡主的病症详细地告诉了汤若望。汤若望听后，说：“按照你们所说的情况，郡主的病症并不严重。”

说着，他将一面圣牌交给了三位妇女，叮嘱她们："只要郡主将这一圣物挂在胸前，她的病体将在四天之内痊愈。"

说也奇怪，汤若望的话竟然灵验了。五天后，三位妇女再次来到汤若望的府邸，并送来大批钱财，作为对汤若望的酬谢。汤若望不愿意接受财物。三位妇女于是将带来的钱全部捐助了教会。又过了数日，一位蒙古妇女携带一使女来见汤若望，并送上更多的钱财，让汤若望购置蜜蜡及其他做神事的物品。蒙古妇女告诉汤若望：她的女主人就是皇帝的母亲，即孝庄太后。那位患病的"郡主"其实是皇帝的未婚妻博尔济吉特氏。此时，顺治还未举行大婚，博尔济吉特氏由姑妈孝庄照管。

这位蒙古妇女多半是苏麻喇姑，她郑重地对汤若望说："皇太后将亲自前来拜访，并以父执敬礼。"不久，汤若望还成功地为孝庄治好了病。

孝庄尊汤若望为义父。而顺治皇帝先是授予汤若望"通玄教师"的尊称，后又称汤若望为"玛法"。"玛法"的意思就是"爷爷"。

汤若望的官职不断高升，最终成为正一品大员。

汤若望渊博的知识为顺治开启了一扇宝库的大门，顺治一度沉迷于此，贪婪地吸收着其中的新鲜营养。他经常在晚上召汤若望进宫，听其讲伦理道德、治国之策、西洋科技乃至基督教义，二人常谈至深夜。有时候，顺治还会驾临汤若望的教堂

（即南堂），与汤若望进行长时间的交流。而汤若望品德高尚，深怀宗教信仰，不贪图荣华富贵，更得到顺治无比的尊重，称："玛法为人无比，他人不爱我，惟因利禄而仕，时常求恩。朕常命玛法乞恩，彼仅以宠眷自足，此所谓不爱利禄而爱君亲者矣。"顺治对汤若望的尊敬甚至达到历史上"未知其闻"的程度，"欢洽有如家人父子"。

《汤若望传》中记载："这位皇帝这样充满了信仰与敬爱，向他的这位'父师'仰视着……在他们那时常会聚的时机里，聪明的求知若渴的皇帝学子，要求汤若望对于一切可能事件的解答，譬如日食与月食之原理，彗星或流星等问题，再就是物理的问题，和关于这一位或那一位官员的问题，或行政的问题，或钦天监下级生员有无进步的问题。……即便在国家大典朝会时，皇帝坐于宝座上，汤若望亦不得不走上丹墀，直接坐于宝座之前的坐垫上。甚至他曾多次被召入皇帝寝殿。当皇帝晚间已躺在床上将要安息时，他命他的玛法坐于他的床的旁边，汤若望便屈身向床上，与青年的皇帝谈话。"

"皇帝有时仅只为数位侍童所扈从，有时竟带领一大批，为数竟达六百名之扈驾骑兵，亲临汤若望住宅，访问汤若望。扈从兵马在大街上围护守候，皇帝则独自同汤若望坐在室内，或穿房越屋，在宅内到处走动，或令汤若望进饮食，自己随便取用。1656 和 1657 两年间，皇帝竟有二十四次，临访汤若望于馆舍之中，作较长之晤谈。皇帝亲临民宅，这是非常稀少的事情，况且在这两年之中，除临访汤若望之外，他仅有一次出宫拜访一位皇叔于其府邸之中。他在汤若望馆舍中的行动，完全和到了他的朋友的家里一样。有时他来时是先到教堂中去的，有时他并不令人通知，一直走入汤若望的住室中……”

汤若望将传教作为来中国的首要任务。他试图将顺治变为一位虔诚的基督教徒，但中国毕竟是儒、佛、道三教的兴盛之所，即便顺治有意洗礼，封建政权也不允许他这么做。但是，由于汤若望特殊的地位以及他与皇帝的特殊关系，大批的天主教士得以涌入中国，自由而广泛地传播他们的信仰。

汤若望在孝庄心目中也占据重要的位置。在汤若望的影响下，堂堂的孝庄太后竟然在胸前挂上了十字圣牌，有人见后惊怪，而孝庄引以为荣。孝庄与汤若望还曾心照不宣地合作，共同引导顺治皇帝向好的方面发展。

例如，针对顺治皇帝的火暴脾气，汤若望敢于不顾一切，予以规劝。针对顺治皇帝的强烈性欲，汤若望也勇于适时地提醒，引导顺治走应该走的路。有一次，汤若望劝顺治不要淫乐，顺治开始还强言护短，后来平静下来问汤若望：“玛法，哪一种罪过是较大的，是吝啬还是淫乐呢?”汤若望回答：“是淫乐，尤其在地位高的人们，因为这是一种恶劣的榜样，所引起的祸害更要多，更要大的。况且在这两种罪恶中，淫乐也是更危险的。”顺治略一思索之后，点头默认。

除面谈之外，汤若望前后向顺治呈递三百余封奏折，多数谏言得到采纳。

汤若望的德行才干同样得到朝臣们的认可，范文程与之十分亲近。事实上，汤若望第一次见到顺治帝，便是由于范文程的引见。汉族大臣龚鼎孳则这样评价汤若望：“睹时政之得失，必手书以密陈。于凡修身事天，展亲笃旧，恤兵勤民，用贤纳谏，下宽大之令，慎刑狱之威，盘固人心，镞厉士气，随时匡建，知无不言。”

顺治皇帝曾对汤若望言听计从，即便后来迷恋佛教，他对汤若望仍然非常敬重。

在清初的政坛，汤若望是一位不能不提的特殊人物。

# 太监问题

61

太监，又名宦官、阉人、阉宦等。这一封建社会特有的群体，服务于皇宫之中，又因无法与宫中女子发生性行为，从而保证了皇族血统的纯正。



太监们熟知皇宫机密，擅长揣摩皇帝的心思，有时甚至得到皇帝的信任，自成一套与外廷相对的行政体系，干预朝政。在清朝之前，不少朝代曾出现太监当权的局面。晚明时阉宦祸国，直接导致明王朝的衰亡，这为清朝统治者提供了前车之鉴。在朝代更替的过程中，太监们被驱逐出宫，成千成百地到处流浪。顺治之前，虽然宫中也有太监，但为数极少，更没有专门的太监机构。然而顺治朝时，情况有所转变。

随着宫廷机构的增多，宫女的增加，皇宫中

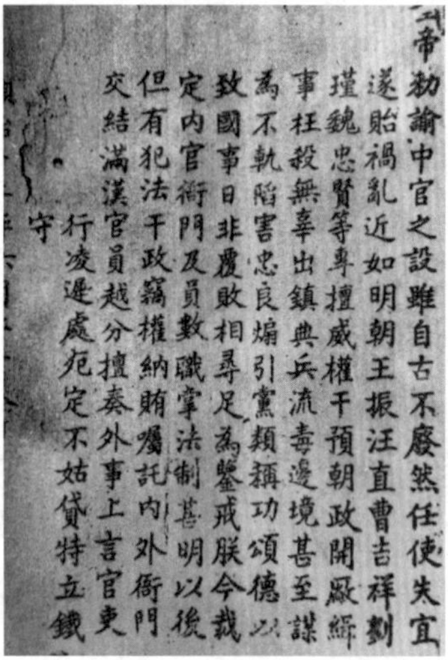
皇帝勅諭中官之設雖自古不廢然任使失宜
遂貽禍亂近如明朝王振汪直曹吉祥劉
瑾魏忠賢等專擅威權干預朝政開廠緝
事枉殺無辜出鎮典兵流毒邊境甚至謀
為不軌陷害忠良煽引黨類稱功頌德以
致國事日非覆敗相尋足為鑒戒朕今裁
定内官衙門及員數職掌法制甚明以後
但有犯法干政竊權納賄囑託内外衙門
交結滿漢官員越分擅奏外事上言官吏
行凌遲處死定不姑貸特立鐵
守

顺治严禁太监干政铁牌

对太监的需求自然水涨船高。这样，故明的太监们又被一批一批收入宫中，照旧供职，被收入宫中而又重新扎根筑巢的太监达数千名之多。

太监们渐渐地开始影响皇帝的生活。他们提供各种服务，并引诱皇帝贪图淫乐。在太监们的建议下，顺治甚至不顾满族权贵的反对，选收汉人做宫女。他曾专门派太监到江南采买女子，弄得民间不安，许多人家为避祸，纷纷急着嫁女。

最受顺治宠信的太监是吴良辅。此人曾在多尔衮死后不久为顺治稳定政权出过力，顺治将他当自己人看待。在吴良辅的蛊惑下，顺治着手设立了一批宦官机构，分别为乾清宫执事监、司礼监、御用监、内官监、司设监、尚膳监、尚衣监、尚宝监、御马监、惜薪司、钟鼓司、直殿局、兵仗局，号称“十三衙门”，名称、人选皆按明代旧制，俸给、冠服、品级与廷臣相同，乾清宫执事官称为“都管中堂大人”，与清初“内三院”（内国史院、内秘书院、内弘文院）的大学士相同。各监之掌监太监，称“部堂大人”，相当于各部尚书、侍郎。如此一来，太监们权势大增，越发地耀武扬威。

孝庄太后对此深为忧虑，她语重心长地规劝顺治要以国家社稷为重，并列举古时太监乱国的种种事例。顺治对此有了顾虑，于顺治十年（1653 年）六月二十九日特下圣旨：

朕稽考古制，唐、虞、夏、商，未用寺人。自周以来，始具其职，所司者不过阍闼、洒扫、使令之役，未尝干预外事。秦、汉以后，诸君不能防患，乃委以事权，加之爵禄，典兵干政，流祸无穷。岂其君尽暗哉。缘此辈小忠小信，足以固结主心；日近日亲，易致潜持朝政。且其伯叔弟侄、宗族亲戚，实繁有徒。结纳缙绅，关通郡县，朋比夤缘，作奸受贿。窥探喜怒，以张威福。当宫廷邃密，深居燕闲，稍露端倪，辄为假托。或欲言而故默，或借公以行私，颠倒贤奸，混淆邪正。依附者巧致云霄，忤逆者谋沉渊井。虽有英毅之主，不觉堕其术中。权既旁移，变多中发，历观覆辙，可为鉴戒。但宫禁役使此辈，势难尽革。朕酌古因时，量为设置。首为乾清宫执事，次为司礼监、御用监、内官监、司设监、尚膳监、尚衣监、尚宝监、御马监、惜薪司、钟鼓司、直殿局、兵仗局，满洲近臣与寺人兼用。各衙门官品岁有高下，寺人不过四品。凡系内员，非奉差遣，不许擅出皇城。职司之外，不许干涉一事，不许招引外人，不许交结外官，不许使弟侄亲戚暗相交结，不许假弟侄等人名色置买田产，因而把持官府，扰害民人。其在外官员，亦不许与内官互相交结。如有内外交结者，同官觉举，院部察奏，科道纠参，审实一并正法。防警既严，庶革前弊。仍明谕中外，以见朕酌用寺人之意。内院即传谕该衙门遵行。著刊刻满、汉字告示，自王以下及官吏军民人等咸宜知悉。

虽说下了这样的圣旨，但由于没有明确而严厉的惩罚措施，以至于太监们只是稍稍收敛一下，没过多久，就变本加厉，更加嚣张了。小太监们与满族兵丁勾结，到处敲诈勒索汉民。大太监则试图交结朝臣，干预朝政。

顺治十一年（1654年）长至节（冬至）次日，顺治皇帝大宴廷臣，十三衙门的太监们居然超越各亲王的班次，争先入殿拜舞。乾清宫执事官太监孟进禄更是忘乎所以，竟以“老臣”自称。这些举动惹恼了户科给事中郝杰，作为“给事中”，他负有辅助皇帝处理奏章、稽察驳正六部之违误、注销文书事宜的职权，所以他率先提出抗议，向顺治帝历数各朝太监祸国之罪。顺治帝再次感觉到太监的危害，当即下达一道手谕：朝贺大典，内监不得按明代制度入班行礼。并将孟进禄等十三衙门之掌监太监，交付刑部处理。这是清代第一次制裁太监。

顺治十二年（1655年）六月，顺治又立下铁牌，严令不许太监干政，称："中官之设，虽自古不废，然任使失宜，遂贻祸乱。近如明朝王振、汪直、曹吉祥、刘瑾、魏忠贤等，专擅威权，干预朝政；开厂缉事，枉杀无辜；出镇典兵，流毒边境；甚至谋为不轨，陷害忠良，煽引党类，称功颂德。以致国事日非，覆败相寻，足为鉴戒。朕今裁定内官衙门及员数、执掌，法制甚明。以后但有犯法干政，窃权纳贿，嘱托内外衙门，交结满汉官员，越分擅奏外事，上言官吏贤否者，即行凌迟处死，定不姑贷。"

由此可见，顺治本人深知太监干政的弊病。但是，由于他在生活上仍然十分依赖太监，有时候不免贪图淫逸，心神浮躁。

顺治十五年（1658 年）二月，发生了太监吴良辅等交结内外官员作弊纳贿事件。按照铁牌规定，吴良辅应凌迟处死，但顺治皇帝不惜自坏章法，偏袒吴良辅，称："如果全部按迹追究，犯罪株连的人太多。因此从宽处理，一概免于追究。"吴良辅因此安然无恙，可是与他勾结的朝臣却受到了严厉的惩处，有的被革职，有的被流放。

对此，孝庄太后虽然不满意，但没有予以干涉。因为顺治已是一国之主，孝庄不宜管得太多。况且，她也知道，儿子对她与多尔衮的旧事仍耿耿于怀。因此，在没发生重大变故的情况下，她采取少干预的态度。她只是暗中审视着宦官的利弊。在她看来，皇宫中不可能没有太监，但绝对应该给予严格的管制。后来，十三衙门就是在她的直接干预下被撤除的。

# 62 《万古愁》进入大清宫



从整体看，顺治在治理国家方面显示出卓越的才干，令孝庄为之欣慰。然而，顺治的性格有点另类，常做一些莫名其妙的事情，使孝庄不得不时刻关注。当她得知《万古愁》竟在皇宫中弹唱，并成为皇帝非常喜爱的曲子时，她悬着的心不禁又紧了一下。

《万古愁》乃明朝遗老归庄所著，既是一首愤世嫉俗的佳作，又是一篇怀念前明的反清诗文。此曲在民间私下里传播，不知怎的竟被顺治知道，他不但不生气，反而令乐工们演奏。诗文的前半部内容谈古，仿佛与当世无关，尽是些牢骚话：

混沌元包，却被那老盘皇无端罗唣，生喇喇捏两丸金弹子，撮几粒碎琼瑶。云是乌飞兔走，五岳也山号。并蛀几条儿蝎虫路，挖半掌儿蛙岑道。黄河九曲来天上，江汉千支入海潮，弄这虚枵。

那老女娲断甚么柱天鳌？那老巢氏驾甚么避风巢？那不识字的老包羲画甚么偶和奇？那不知味的老神农尝甚么卉和草？更可恨那惹祸招非的老轩辕，弥天摆下鱼龙阵，匝地掀成虎豹韬，遂留下把万古杀人刀。

笑笑笑！笑那成天平地老唐尧，怎不把自己丹朱儿教导？笑笑笑！笑那封山浚水老虞姚，终日里咨益稷，拜皋陶，命伯禹，杀三苗，会玉帛，舞箫韶，到头来只博得湘江泪雨悲新竹，衡岳枯骸葬野蒿。试向九嶷山前听杜宇，一声声“不如归去”唱到晓。

可怜那崇伯子股无毛，转眼儿被寒家滑吏夺头标，找一出没下梢的禁死南巢。那小子履真无道，听一个老耕夫把共主剿，并云三宗享国能长久，七圣风流难尽描。谁知道六百年梦一觉，冤家对，紧跟著。琼台万焰青磷冷，只首孤悬太白高，方信道因果昭昭。仗黄钺，阵云高，逞鹰扬，战血漂，谁知有同室鸱鸮，破斧兴谣，天显挥刀，只这些儿早被商家笑。纵有那薄伐南仲，清风尹吉，岳降申甫，怎救得骊山一灿宗周燎！咸关半夜催书到，泗滨片刻沦神宝。试听那摇摇行迈《黍离》歌，依稀是渐渐麦秀狡童调。

笑笑笑！笑那喜弄笔的老尼山，把二百四十年死骷髅弄得七颠八倒。

笑笑笑！笑那好斗口的老峄山，把五帝三皇束的宽头巾说得没头没脑。

更有那骑青牛，谈玄妙，梦蝴蝶，汗漫逍遥。还提不起许多秦关楚峤，灵谭鬼笑，蛙鸣蝉躁，长言短调，大都是扯宽皮斩不了的葛藤，骗呆人弄猢狲的圈套。

咸阳气正豪，六雀剿俱扫。琅琊碑镌不了秦官号，绿云鬟妆不了阿房俏，人鱼膏照不了山泉奥，童女郎采不了长生料。怎知一霎时有赤帝子斩蛇当道，巨鹿北，干戈倒；函关上，旌旗耀；轵道旁，婴前导。试看那咸阳三月彻天红，枉惹得关东六主泉台笑。

更有那莽亭长唱《大风》一套，遂做了汉家天子压群豪。更有那小秦王胜枯棋几道，遂做了唐家大帝拥神皋。更有那香孩儿相接知几老，遂向那陈桥古驿换黄袍。当时将相萧曹，文学虞姚，草诏仪陶，共道金瓯无缺，玉烛长调。谁知道那丑巨君早募捐了金縢诏，小曹瞒早逼写了山阳表，砀山贼早凿开了九龙沼，五国城已预备了灯檠料，皋亭山明欺着孤儿藐。只剩得未央春老，华清秋早，六陵树沓，到如今狐踪兔迹，更何处觅五代六朝。

如果单是这些内容，倒也无妨，不过是一文人伤古之作，牢骚之辞。殊不知，前面讲了这么多，只是一个铺垫，主题还在后面：

惟我那大明太祖定鼎金陵早，收貔虎，礼贤豪，南征北讨，雾卷云消。将那个不见的山前山后洗剔得风清月皎，将那个极天险的龙蟠虎踞妆足做东京西镐。正是那南冲瘴海标铜柱，北碎冰崖试宝刀。更喜得十七叶圣神孙子，一个个垂裳问道，食旰衣宵。

谁知有大孽牙风波闹？生几个剪毛，换几把短刀，不提防冲破了咸阳道。望秦川旄头正高，望燕台旗杆正摇，半霎儿把二百七十年旧神京踹做妖狐淖。

痛痛痛！痛的是十七载圣明天子横尸在长安道。

痛痛痛！痛的是咏关雎颂徽音的圣母抛首在宫门，没有一个老宫娥私悲悼。

痛痛痛！痛的是有圣德的东宫砍做肉虾蟆。

痛痛痛！痛的是无罪过的二王竟填了长城窑。

痛痛痛！痛的是奉宝册的长信宫只身儿陷在贼营杳。

恨的是左班官平日里受皇恩，沾封诰，乌纱罩首，金带围腰，今日里向贼庭稽颡得早。那如鬼如蜮的文人，狗苟蝇营，还怀着几句劝进表。那不争气的蠢公侯，如羊如豕，尽斩首在城东坳。那娇滴滴的处子，白日里恣淫嫐。俊翩翩的缙绅们，牵去做供奉龙阳料。更可恨九衢万姓悲无主，三殿千官庆早朝，便万斩也难饶。

没一个建旌旄下井陉张天讨，没一个鞭铁骑渡黄河使贼胆摇，没一个痛哭秦庭学楚包，没一个洒泪新亭效晋导，没一个击江楫风涌怒涛高，没一个舞鸡鸣星静月痕小，没一个拥孤城碎齿在睢阳庙，没一个喷贼血截舌似常山杲。大都是黑夜风声尽遁逃，把青徐兖济拱手儿送得好。

夸定策，号翼戴，铁券儿晃耀；倚狐朋，树狗党，蜩蛄般喳噪。巴掌大的两淮供不起群狐吵，更半壁江南下不得诸公钓。反让那古建州做了兴文帝的隆准公军容素缟，可怜那图雪恨的将军做了绝救兵的李都尉辫发缨帽。兀的不闷杀人也么哥，兀的不痛杀人也么哥，尚敢贪天功在秦淮渡口把威风耀。

再不向汉南庭拜献投降表，再不向钱神国苦纳通关钞，再不向醉乡中跪进精袢褋。拔尽了虎狼毫，椎碎了陈元宝，万石君到处抛，楮先生绝了交，我自向长林丰草，山蹊海岛，一曲伴渔樵。

遇着那野衲子，参几句禅机妙；遇着那老道士，访几处蓬莱岛；遇着那乞丐儿，唱一回莲花落；遇着那村农夫，醉一回田家乐。

闷来时，登高山，凌绝壁，将我那殉社稷的君王和泪也把孤魂吊，将我那没祭祀的小东宫奠一碗凉浆和麦饭也浇，将我那死忠义的先生们千叩首，万合掌，便号啕哭倒。

春草生，夭桃笑。黄鹂鸣，竹影摇。凉风吹，纤纤月色照寒袍。彤云布，六花绰约点霜毫。倚梅梢柳梢，玩花飘叶飘，宿僧寮佛寮，听钟敲磬敲，步山坳水坳，见日高月高，挂诗瓢酒瓢，对江涛海涛。任意逍遥，物外游遨，勘破尘嚣，摆脱烦劳，到头来没些儿忧愁烦恼。真个是大海龙，凌空鸟，翻身儿直透出碧云霄。便有银青作饵，金紫为纶，恢天布网，密地张罗，呸呸呸！我老先生摆尾摇头再不来了。

全曲酣畅淋漓，骂的是前明与南明不争气的臣子，痛的是朱元璋打下的汉人的江山竟被断送。字里行间充满了对前明的怀念，虽无反清字，但有反清意。而末了，却有隐遁山川的逃避思想。这样的词曲竟被清朝的皇帝喜欢，怎能不让人奇怪。

顺治喜欢《万古愁》这件事，很快悄悄地传出宫廷。许多人（包括后来的一些史学家）搞不清楚，何以这一反清遗民所写的沉郁诡谲的具有《离骚》笔法的汉文精品，顺治皇帝不仅能看懂，而且产生深刻共鸣，真乃一大异事。而反清诗文竟堂而皇之地进入皇宫，汉人们无法理解，满人们更觉得匪夷所思。

在孝庄眼中，儿子精通汉文化自然是好事，有助于对汉人的统治。但顺治作为皇帝，一高兴就不计后果地率性而为，一痴迷某件事就不顾一切地去干，这样的人若去当一位不问世事的享福王爷还成，如当统治四方百姓的天子，就难免会惹出无穷的风波！更何况，孝庄也知道，使自己的儿子产生共鸣的正是词曲间处处可见的叛逆与怨恨，更有看破世事寄情山水的逃避思想。这才是政治家孝庄最担心的。

# 63 “废后”风波

让孝庄揪心的第一件大事最终不期然地降临。

大婚后的三年中，顺治与皇后不断发生矛盾，最后竟闹到分道扬镳的地步。



皇后是孝庄的亲侄女，又是在孝庄的竭力支持下成为皇后的，孝庄怎么愿意让这门婚姻失败呢？而且，皇后乃一国之母，如果废除，很有可能动摇国家根本。

顺治十年（1653 年）七月十三日，孝庄太后见国内天灾不断，甚为忧虑，特地发宫中“节省银”八万两，赈济满汉灾民。她刚刚将这件事处理完毕，突然间便遭遇了儿子向她的摊牌。

孝庄自是百般劝阻，但顺治铁定了心，一副九头牛拉不回的样子。

“废除皇后”这样的大事，自然必须由孝庄太后点头后才能施行。孝庄见劝解不行，转而试图以强力逼儿子就范，母子俩陷入僵持的局面。

儿子离开后，孝庄思前想后，她不愿意伤害侄女，更不愿意伤害儿子，现在，她该如何决断呢？

强扭的瓜不甜。顺治与皇后似乎从没有和睦过。按照顺治的说法：皇后生性嫉妒，见到年少貌美的女子，便十分憎恶，想置之于死地；又嗜奢靡，吃饭时有一器物不是金器，便不高兴；尤其令人难以忍受的是，皇后对顺治的举动处处猜防，总怀醋意。顺治一怒之下，与皇后分居而住，二人如同陌路，根本不可能有子嗣。对此，皇后自然深怀怨恨，常常到姑妈处告状，两人关系更加恶劣。

对这门婚姻，顺治心里非常不痛快。在他看来，自己身为一国之主，连自己的婚姻都无法做主，岂不还是傀儡？短短的三年时间，顺治抑郁成疾，身体消瘦。孝庄太后看在眼里，痛在心中。这样下去，儿子的身体尚保不住，还谈什么治理好天下？！

最后，孝庄终于做出让步，告诉顺治可以自己处理此事，实际上默许了“废除皇后”一事。

顺治十年（1653年）八月二十四日，顺治帝遣礼部诸臣至内院传谕，命察历代废后事例具闻。大学士冯铨、陈名夏、成克巩、张端、刘正宗等上奏，请皇帝“深思详虑，慎重举动”。

顺治帝很不高兴，传旨："皇后壶仪攸系，正位匪轻，所以废除无能之人，尔等身为大臣，反于无益处具奏沽名，甚属不合。著严饬行。"

八月二十六日，顺治帝向礼部颁发谕旨，称："如今的皇后乃是睿王多尔衮在朕幼冲时因亲定婚，并未经过选择。自册立以后，便与朕意志不协，宫阃参商已经三年，事上御下，无法达到贤淑友善，不足以仰承宗庙之重。谨于八月二十五日奏闻皇太后，降为静妃，改居侧宫。"

此谕旨一下，顿时引起礼部的不安。

礼部尚书胡世安等人明知道圣意不可违，但遇到这种有伤国体之事，仍想竭力劝阻。他们冒险上奏，认为此事未经诸王大臣公议及告天地宗庙，恐中外疑揣，请慎重详审。

此奏上呈后，顺治帝倒是没说什么，马上下令，将废后事告知议政诸王、贝勒、大臣、内三院、九卿、詹事等官员。

当天，礼部仪制司员外郎孔允樾上奏，认为："皇后正位三年，没听说有失德之处，现在特以无能二字定废谪之案，怎可以服皇后之心？又怎能服天下后世之心？况且，即便皇后有不合圣意之处，也可以采取旧制，选立东西二宫，共襄内治。"他的态度很明确，认为废后之事不当。

顺治帝看到此疏后，心中生气，他勉强压住怒火，命令将此疏传给众臣，让众人拿出意见。

二十九日，御史宗敦一等十四人合疏上奏，称："没听说皇后有失德之处，忽尔见废，非所以昭示风化也。伏乞皇上收回成命。"

这一次，顺治帝再也忍不住了。自多尔衮去世后，他的话谁敢有丝毫的违背？而现在，这一关系他终身幸福的事却引来如此非议，令他着实恼火。他马上下旨，申斥宗敦一等人，再次向世人表明他废后的决心。

可是，非议并未就此停止。九月一日，诸王大臣提出他们的建议，请皇帝仍以皇后正位居中，同时选立东西二宫。这一代表众臣的建议，显然更具力量。在这件事上，废除皇后已非皇帝私事，而是影响到国家社稷和社会伦理的公事，所以，几乎所有的大臣皆从公事着眼，反对废后。顺治帝却不会因此就范，他铁下心，摆出一副"我的婚姻我做主"的架势，马上传旨："朕纳皇后以来，因志意不协，另居侧宫已经三载。从古废后遗议后世，朕所悉知，但势难容忍，故有此举。"命令群臣再议。

同时，顺治帝还传下旨意：汉官规谏，"必须真闻确见，事果可行，朕自听从，若全无闻见，以必不可从之事揣摩进奏，欲朕必从，冀免溺职之咎"。

这实际上给规劝者一个难题，深宫之事，哪个朝臣能够深知，又有哪个朝臣敢于议论？

废后之事由此在皇帝与群臣间产生了巨大的分歧，如处理不好，对朝政非常不利。

作为皇帝的母亲，孝庄虽然并不赞成废后，但在这个节骨眼上，她必须以大局为重。她不仅秘密地接见了一些重要的王公大臣，而且设法安抚蒙古王爷。在她的幕后主持下，朝臣们不再存有异议。九月五日，济尔哈朗等人上奏："所奉圣旨甚明，臣等亦以为是，无庸更议。"

如此，沸沸扬扬的废后之事终于进入尾声。

不过，孝庄从整个大局的角度，在顺治废除皇后之后，又给他找了一位新的蒙古女子做皇后，以此推行满蒙联姻的国策。

顺治皇帝很不情愿地第二次进入一个不和谐的围城，母子间仍存在很大的分歧。

# 落花有意　流水无情

64



一波未平，一波又起，废后风波之后没过几个月，也就是顺治十一年（1654 年）年初，孝庄太后陷入巨大的哀痛与不尽的思念当中。她的母亲科尔沁贤妃去世的消息突然间传到慈宁宫。

孝庄如何哀痛，这在史书中并没有特别的介绍。我们从顺治皇帝的表现可以间接了解。

顺治得到消息，马上赶到慈宁宫向孝庄奏闻。诸王贝勒也全部聚集在太后宫中。顺治非常伤心，陪着母亲，很久很久，不愿意回到自己的宫殿。这是大清典制所不允许的。

诸王劝皇帝回宫，认为："旧例外戚有丧，未尝过哀，皇上应该回宫。"顺治皇帝没有听从，只是说："朕并没有过于哀痛，留在这儿，是想安慰皇太后呀。诸王贝勒等可以各自回自己的住所，朕也会回宫的。”诸王贝勒见皇帝如此说，便各自返回了。

顺治显然与他的外祖母感情深厚。众臣走后，他仍然沉浸在巨大的悲痛当中。大学士范文程、额色黑、图海联名上奏，劝皇帝返回自己的宫殿。他们认为：“外戚有丧，从无如此久恸之例。何况皇上轻离宫寝，淹留于此，实在是不可以的。皇上得到消息后，已经马上亲自到皇太后宫，这已经可以了，现在应该及早返回。”顺治仍不答应，打算晚上留宿在慈宁宫，以安慰皇太后。范文程等再没有上奏。

按照往常，孝庄太后必定也会让顺治返回，可是此次，顺治违例在母亲身边留宿，直到次日中午才返回。单从上述文字中即可推断，孝庄的伤痛是何等沉重！

同年夏四月，孝端文皇后忌辰，遣官祭昭陵。

孝端文皇后即哲哲——孝庄的姑姑。她是在顺治六年（1649 年）去世的。

孝庄对哲哲，不仅有浓厚的亲情，还有感恩之心。是哲哲，把她带到皇太极身边，并促使她由一位不谙世事的小姑娘变成通晓人情、视野开阔的政治家。

孝庄力图给哲哲更多的荣誉。在她的努力下，哲哲去世后不久，皇帝即为其上谥号为孝端正敬仁懿庄敏辅天协圣文皇后，并将其梓宫安于昭陵殿内之后。多尔衮死后第二月，孝端文皇后升袝太庙，并颁诏天下，称其“内则光前，行克兼于慈孝，鸿名裕后，礼莫大于尊亲稽古追崇昭兹播告。钦惟我皇妣皇后，承乾正位，体顺居贞，光辅太宗，式扩开成之烈，佑翼冲子，宏昭启迪之恩，贻训如存，追思罔极……”

如今，姑姑已去世五年，母亲也追随父亲而去，孝庄的心中一阵阵酸楚。老人们都去了，这使她感到人生的无奈与苍凉。她想到娘家人的心愿，又想到自己的儿子竟然废除了第一位皇后，这使她感到对娘家人有所歉疚。在这种心理作用下，她决定早日促成另一件婚事。

顺治帝的第二个皇后仍是孝庄的娘家人。孝庄认为选后大事必须由自己亲自张罗，于是百般挑选，最终将科尔沁蒙古镇国公绰尔济的女儿博尔济吉特氏选中。按辈分讲，这位新皇后是孝庄的侄孙女，是已废皇后的从侄女。

顺治十一年（1654 年）六月十八日，顺治帝在太和殿举行了盛大的婚礼。孝庄非常高兴，希望新的婚姻能将旧的阴霾冲走。

可是，对母后的一厢情愿，顺治帝并不领情。他虽然不便再次违背母后，但却对第二个皇后孝惠皇后百般挑剔。

孝惠皇后与已废皇后不同，没有猜忌心，秉性淳朴，这本是优点。而顺治帝偏偏说新皇后“乏长才”，处处予以压制。

看到自己费尽心思挑选的儿媳妇再次被冷落，孝庄颇为伤

清世祖后孝惠章皇后

神，多次开导儿子，但无济于事。

为了亲上加亲，孝庄还煞费苦心地将皇后的亲妹妹接入宫中，封为淑妃，让她接近顺治。但顺治对其不理不睬。孝庄又将自己的亲侄女（满珠习礼的女儿）迎娶过来，做顺治的妃子，可是此女进宫不久便生病去世，被追封为悼妃。在这一方面，孝庄的所有努力都白费了，徒然制造了一些悲剧。

此时，顺治帝看上了汉族女子孔四贞。孔四贞是定南王孔有德的女儿。

孔有德、耿仲明、尚可喜，原为明朝将领，早在后金时便投靠皇太极，得到重用。清军入关前，他们跟随清兵征服朝鲜；入关后，他们又随之南下，并在平定李自成农民军及南方抗清力量的战役中立下汗马功劳。顺治六年（1649 年），三人因功劳卓著，被加官晋爵。孔有德被封为定南王，受命率所部兵二万往剿广西；耿仲明被封为靖南王，尚可喜被封为平南王，各率所部兵一万人往剿广东。这三人成为清初有名的藩属。尤其是孔有德，擅于统御部下，卓有战绩，在西南有很高的威信。不料，在顺治皇帝刚刚亲政不久的顺治九年，孔有德却在与南明李定国的作战中惨败，引颈自杀。留下一儿一女，儿子孔廷训，女儿孔四贞。

孔有德死后，李定国转战广东，清军重新占有广西。但西南局势不容乐观，孔有德的旧部只知为孔氏家将，缺乏国家军队的观念。清廷为安抚这一部的军兵，有必要厚待孔有德后代。孔廷训被李定国军抓获，清廷只能将满腔爱意洒向年仅 13 岁的孔四贞。顺治十一年（1654 年），孔四贞被接到北京，赐银万两，入皇宫由孝庄太后亲自抚养。

此时顺治帝正为婚姻事落落寡欢，突见皇宫中出现这么一位容貌美丽的汉族女子，不由得一见钟情。孔四贞不仅仪表非凡，而且擅长骑射，文武双全，正合顺治心意。可惜，孔四贞已在年幼时由其父将她许配给部将孙龙之子孙延龄，二人虽未完婚，但已有名分。孝庄深恐强娶孔四贞会激起孔有德旧部的兵变，于是出面阻拦了此事。顺治对此颇有意见，并间接地将怨气撒向了新皇后。

孝惠皇后没料到步入辉煌的皇宫竟只换来独守空房，心中好不凄凉。她虽然非常本分地竭尽己能想得到顺治的好感，但落花有意，流水无情，这一婚姻从头至尾是一幕悲剧。

过了几年，顺治更因为找到了自己的至爱而再次兴“废后”之念，没料到，此举不仅没有成功，而且彻头彻尾地伤害了皇后，伤害了孝庄太后，并直接伤害了皇帝本人及他所至爱的董鄂妃。

# 65 宠爱集于董鄂妃



顺治其实是典型的情种，可是在感情生活上一直不如意。直到他遇到董鄂氏，他内心的所有爱恋才一泻千里地喷薄而出。其感情之炽热、行动之不计后果，均远远超出了他的父亲皇太极。

董鄂氏，满族正白旗人，内大臣鄂硕之女。她本是顺治第十一弟襄亲王博穆博果尔之妻，却与顺治帝一见倾心。

博穆博果尔比顺治小三岁，是皇太极与麟趾宫懿靖大贵妃的儿子。皇太极在世时，麟趾宫排在庄妃永福宫之前，照此推断，博穆博果尔在皇族中的地位是非常尊贵的。

清朝有选秀女的制度，从顺治初年开始实施。每隔三年，由户部行文八旗满洲、蒙古、汉军二十四旗都统，直隶、各省驻防及外任旗员，将身份、年龄合适的女子逐节呈报，然后在规定的时间送至京城神武门内，经过多次挑选，姿色优美、素质上乘的留下，成为皇宫及王府中的成员。因为选秀女的目的是“备内廷主位，或为皇子、皇孙拴婚，或为亲、郡王之子指婚”，所以倍受统治者的重视。凡条件合适的女子必须参加，否则就会受到严厉的惩处。董鄂氏自然也参加这一活动。

选秀女的制度乃是承继明朝制度而来。其过程非常严格，有些环节非常隐秘。清朝的史官们不便用文字记载本朝选秀时的隐秘，于是借介绍前朝之事予以曲折地反映。纪晓岚曾在《明懿安皇后外传》中详细记载明朝天启元年（1621 年）对入选女子无处不检的细节：

其父母亲送之，以正月集者五千人，后（指懿安皇后）亦被选入都。天子分遣内监选女，每百人以齿序立（即按年龄大小顺序排列）。内监循视之，曰：“某稍长，某稍短，某稍肥，某稍瘠”，皆扶之去。凡遣归者千人。明日，诸女分立如前，内监谛视耳、目、口、鼻、发、肤、腰、颈、肩、背，有一不合法者去之。又使自诵籍、姓、年岁，听其声之稍雄、稍窳、稍浊、稍吃浊者皆去之，去者复二千人。明日，内监各执量器，量诸女之手足。量毕，复使周行数十步，以观其风度，去其腕稍短、距稍巨者，举止稍轻躁者，去者复千人。其留者仅千人，皆召入宫，备宫人

董鄂妃住过的承乾宫

之选。分遣宫娥之老者引至密室，探其乳，嗅其腋，扪其肌理，于是入选者仅三百人，皆得为宫人之长矣。在宫一月，熟察其性情言论而评判其人之刚柔、愚智、贤否，于是入选者仅五十人，皆得为妃嫔矣。



选秀女的过程是严格的，同时根本不顾忌入选者的尊严。即便是地位高贵的女子，也必须在皇宫中受到羞辱性的检查，不仅要全裸，而且还需让老宫女对其所有的隐私处进行挑剔的检查。

董鄂氏与懿安太后并非同一朝代，但入选后的严格检查则大致相同。只是，她理应首先由皇帝挑选，然后才可以由其他皇子皇孙、亲郡王之子挑选。然而，她却意外地首先被博穆博果尔看中。在顺治皇帝未亲眼见到董鄂氏之前，博穆博果尔便率先求取皇帝的恩准，将董鄂氏娶入府中。

作为襄亲王妃，董鄂氏有机会经常进入皇宫。她天生丽质，绝顶聪明，有大家闺秀的风范。最重要的，当然还是她与顺治非常投缘。顺治皇帝不久即迷恋上董鄂氏，感情上产生了巨大的震撼，认为这才是自己一生一世的绝配。

炽热的情感令人疯狂。虽然顺治帝明知道董鄂氏是自己的弟妹，自己不应该有所企图，但他管不住自己。他越想压抑这种情感，这种情感便越发的汪洋恣肆。董鄂氏也渐渐达到无法自持的地步。

种种危险的征兆被孝庄太后察觉了，她感到少有的不安，决定以特殊手段转移顺治对董鄂氏的注意。于是，在顺治十三年（1616 年）六月，孝庄急谕册立东西二宫，并提议立孔四贞为东宫皇妃。她试图以孔四贞代替董鄂氏在顺治心目中的地位，这样即便有弊端，也绝对低于顺治与董鄂氏可能带来的严重后果。可是，此时的顺治眼中只有董鄂氏，对孔四贞早失去了原有的感觉。孔四贞也以许字孙延龄为由，予以抵触。此事只好作罢。

七月，襄亲王博穆博果尔突然死去，孝庄所不愿意看到的局面不期而至。

关于博穆博果尔的死，汤若望在回忆录中这样记载："顺治皇帝对于一位满籍军人之夫人，起了一种火热爱恋，当这一位军人因此申斥他的夫人时，他竟被对于他这申斥有所闻知的'天子'，亲手打了一个极怪异的耳光。这位军人于是乃因怨愤致死，或许竟是自杀而死。”

对于博穆博果尔之死，孝庄怀有深深的内疚。顺治皇帝未尝不是如此，八九月间，他先后两次举行仪礼，遣官祭奠胞弟。可是，另一方面，他又急切地将董鄂氏接入宫中，八月册封其为贤妃，九月谕升为皇贵妃。

在皇帝的三宫六院七十二妃嫔中，皇贵妃的地位仅次于皇后。

十二月初六日，顺治为董鄂妃举行了隆重的册封典礼。册封之文称：

朕惟乾行翼赞，必资内职之良，坤教弼成，式重淑媛之选，爰彰彝典，特沛隆恩。咨尔董鄂氏，敏慧夙成，谦恭有度，椒涂敷秀，弘昭四德之修，兰殿承芬，允佐二南之化。兹仰承懿命，立尔为皇贵妃，赐之册宝。其尚祗勤夙夜，衍庆家邦，雍和钟麟趾之祥，贞肃助鸡鸣之理，钦哉。

不仅如此，顺治帝在举行庆典的同时颁发了“恩赦令”，想让普天下的人都分享他的幸福，并为董鄂妃赢取臣民的好感。恩赦的内容有许多条：

一、自顺治十三年十二月初六日昧爽以前，凡官吏兵民人等有犯，除谋反叛逆，子孙杀祖父母、父母，内乱，妻妾杀夫告夫，奴婢杀家长，杀一家非死罪三人，采生折割人，谋杀，故杀，蛊毒，魇魅，毒药杀人，强盗，妖言，十恶等，真正死罪不赦外；及贪官衙蠹受赃，监守自盗，拖欠钱粮，侵盗漕粮员役，亦在不赦；其余死罪俱减一等。军罪以下，已发觉未发觉，已结正未结正，咸赦除之。有以赦前事告讦者，不与审理，以其罪罪之。

二、今岁朝审，候决人犯至一百三四十人，无知罹辟，独外生成，深可悯恻。其在京朝审过，见在候决犯，俱与减等发落。

三、直省司府州县，见在监候秋决各犯，亦准一体减等发落。

四、武官员，除贪赃及大计处分，失陷城池，缉盗不获，罪犯越狱，拖欠钱粮漕粮，违误钦件期限，审事徇情等罪不赦外，其余见在议革议降议罚，及戴罪住俸各官，各该衙门奏明宽宥。

五、官员，除贪赃及军政处分，失陷地方，纵兵抢掠，拖欠钱粮，违误钦件限期，审事徇情等罪不赦外，其余见在议革议降议罚，及戴罪住俸各官，各该衙门奏明宽宥。

六、追赃私，除贪赃侵盗情重不赦外，其余察原系家产尽绝，力不能完者，该督抚察确题请豁免，不许株连亲族。

七、地方人等，有因叛逆干连原系无辜者，该督抚按即与具题释放。

八、啸聚山海拥众不服者，果能真心来归，除赦其前罪外，仍破格叙擢。如其中有能擒斩叛首，反正投诚，并与不次擢用，以示劝酬。

九、处盗贼，或为饥寒所累，或为贪官相逼，情实可悯。如能改过自首者，准赦其罪。

十、各处依附土贼等众，如悔过擒拿贼首投诚，及贼首率众来降者，概宥其罪，仍与官职，以示鼓励。

颁发这些恩赦后，举国之人均知道了董鄂妃其人。她不是某些人所说的汉人董小宛，而是满族内大臣鄂硕的女儿。

董鄂妃与顺治皇帝志同道合，心意相通，给顺治带来极大的幸福。顺治以前贪图淫乐，但自从有了董鄂妃，他所有的感情与宠爱都集中在董鄂妃一人身上，成为一个至情的男人。

董鄂妃的可贵之处在于，她不仅在生活上体贴照顾顺治帝，而且熟读诗书，对经史佛学书法皆有造诣，与顺治帝谈经论道，总能以精辟的见解令顺治惊叹欣喜，他们的感情因此愈加深厚。更令顺治帝深爱的是，董鄂妃娴熟治国安邦之道，襄助顺治成为一代明君。顺治帝曾下谕免除视朝，董鄂妃谏道："群臣能因视朝而目睹天颜，对朝政有百利，希望皇上不要因一时的困倦而懒于视朝。"顺治听从她的意见，频频视朝，励精图治。顺治帝览阅章奏，常至深夜，董鄂妃总是不知疲倦地陪伴着他，当顺治疏忽的时候，董鄂妃温婉地劝他仔细阅读，以免漏掉重要建议。董鄂妃尤其以孔孟仁政之学为准，时时勉励顺治注重民生，详察是非。顺治日理万机，未免忘记一些不该忘记的事情，董鄂妃总是以缜密的心思适时提醒，令顺治备感欣慰……有了董鄂妃，顺治帝感到人生从此变得完整了，他的生命中再不能没有董鄂妃。

董鄂妃在顺治心目中远远超过了任何人。正因为有这样情深似海的感情，所以顺治帝认为，仅仅给董鄂氏贵妃的名位是不够的，她理应成为国母！

顺治发誓要将董鄂妃立为皇后，为此，他不惜任何代价。

# 66 冲动的惩罚



董鄂妃将三千宠爱集于一身，必然受到许多人的嫉恨。这是很简单的道理，董鄂妃不会不懂。

为尽量改善入宫以来所处的处境，董鄂妃处处小心，以自己的聪明才智化解随时可能出现的矛盾与冲突。

她熟悉宫廷中各种繁琐的礼仪，进止有度，言行得体，使任何人难以抓到她的把柄。

她衣着朴素，“绝去华彩，即簪珥之属不用金玉，惟以骨角者充饰”。这一方面是她追求天然美的个性所致，更主要的是，她尽量以低调的姿态出现在众人面前，减少妃嫔们的非议。

在日常生活中，董鄂妃从不恃宠而骄，而是以宽仁待人。对待别人的优点，她称赞并奏请皇帝嘉奖；对待别人的缺点，她采取宽容的态度，从不打小报告。宫闱眷属，无论大小，一视同仁，对长者以媪呼之，对年少者以姊视之。她的处事能力极强，后宫庶务，无不尽心尽力地办理妥当，从而渐渐摆脱初入宫时的孤立状态，赢得不少人的称誉。她虽然不是皇后，但实际上已慢慢履行起皇后的职权。

皇宫中的太监宫女，虽然只是奴才，但成千上万地在宫中扎根筑巢，其潜势力决非董鄂妃一人可以抗衡。董鄂妃采取明智的态度，宽厚待之。当皇帝发怒，要惩罚太监宫女的时候，董鄂妃常为之求情，她甚至可以举出太监宫女以前的成绩，劝皇帝减轻或免除惩罚。对此，太监宫女们可谓感激涕零，于是广泛传播董鄂妃的美名。

处理好与孝庄太后的关系，是最为重要的。孝庄对董鄂妃有成见，董鄂妃则以最大的诚意最大的努力设法改变婆婆对自己的看法。“事皇太后，奉养甚至，伺颜色如子女，左右趋走，无异女侍。”她注意观察孝庄每一个小的举动，熟知孝庄的兴趣爱好，处处逢迎，由此缓解了婆媳间的紧张关系。

尤其在皇后病重时，董鄂妃五昼夜目不交睫地陪侍病榻，不仅令皇后很受感动，而且令孝庄为之心宽。

董鄂妃竭尽心智的努力，使她在后宫中站稳了脚跟。但她深知，在各种势力盘根错节的波诡云谲的皇宫，她要扎下根来，就必须为皇帝生一儿子，这才是最根本的。母以子贵，只有自己的儿子成为皇帝，她以后才不致被别人挤下去。

天遂人愿，顺治十四年（1657 年）冬十月，董鄂妃终于生了皇四子。巨大的喜讯令顺治欣喜若狂，尽管在此之前，顺治已有了三个儿子（其中包括后来成为康熙皇帝的第三子玄烨），但那些皇儿的母亲都不像董鄂妃这么尊贵，顺治称此子为“朕第一子”，举行隆重的庆贺典礼。他像当年皇太极得知海兰珠生下皇子一样，打算将皇四子立为日后皇位的继承人。同时，顺治将董鄂妃之父鄂硕追赠为侯。

这种欣喜还把他长年积压在心头的想法激发了出来。他决意第二次废除皇后，立董鄂妃为后。为了给自己的爱人以惊喜，他并没有将这一想法告诉董鄂妃，于是，他做出一个非常冒失的举措。董鄂妃一切的努力都将被顺治皇帝的冲动所毁坏。

十二月，孝庄太后生病，几天后病体好转。顺治帝借此大做文章，他首先宣布：“皇太后圣体违和，今已大豫，朕心甚为欣慰。八旗及畿辅人民，应加恩赉，以洽欢心，兹发内帑银十万两，一半给八旗兵丁，一半遣官赈济畿辅贫民。”接着，他又以皇太后圣体康宁为由，大量地加升八旗重臣，收买人心。到顺治十五年正月，顺治帝继续以皇太后圣体康豫为由，颁诏大赦天下。诏书内容为：

帝王以孝治天下，莫大于事亲，必福寿康宁，而人子之欢心始畅。近者圣母昭圣慈寿恭简安懿章庆皇太后（即孝庄太后）圣体违和，朕夙夜恭事，忧念实深。幸赖我皇太后懿德素昭，弘庥克迓，仰荷天地、祖宗眷佑，今已大安，朕心慰悦，率土同欢。遘兹莫大之嘉祥，宣布非常之恩赦。应行事款，开列于后。一、和硕亲王以下，奉恩将军以上，俱加恩赐。一、内外公主以下，固山格格以上，俱加恩赐。一、外藩诸王以下，公以上，俱加恩赐。一、在京文武各官，除未随朝年幼官员外，公侯伯以下至九品官员，普加恩赐。一、各省固山额真、昂邦章京、梅勒章京、总督、巡抚并总兵官，各加恩赐……

以上行为，是顺治帝以前从未有过的，令人感觉异常。顺治帝表面上是替母后病体康复而高兴（事实上，孝庄之病并没那么严重，以至于连皇后都没有专门去看望，病体康复是理所当然，用不着顺治如此举动），其实暗地里另有文章。他在顺治十五年正月给礼部颁发的诏书，将他的最终目的表露无疑。诏书的具体内容如下：

朕惟皇后表正宫闱，必克殚孝敬为先，凡委屈尽礼，佐朕承欢圣母，始称无负内职。昨者皇太后圣体违和，朕朝夕侍奉，食息靡遑。乃皇后曾未遣使问候。及朕两次回宫，又无一语奉询起居。朕思皇后，身为子妇，应尽恪恭定省之责，原属敬勤无失，且承皇太后平日眷爱，笃厚殊等，竟尔漠不关心，情礼废缺。是既仰负圣母慈恩，又失佐朕之道，不孝如此，岂堪正位中宫。向日废后之举，原与朕不协，故不得已而行之，至今犹歉于怀，何肯复有此惭德之举。但孝道所关重大，子妇之礼，垂昭内则，非可偶违。今后止存其皇后之号，册宝照旧，至于应奏中宫笺奏等项，概行停止。是皆朕不幸而处此，殊非意所乐为。著议政王、贝勒、大臣、九卿、詹事、科道，会同议奏。

看过这一诏书后，联系顺治前后举动，聪明人自然不难明白：顺治帝的一系列举措，是以封赏来堵众人的嘴，为废除皇后做准备，而废除皇后则又为扶董鄂妃为皇后做铺垫。

顺治皇帝还一厢情愿地认为，自己的系列孝敬之举会赢得母后的欢心，从而减轻他第二次废除皇后的阻力。

殊不知，顺治皇帝的想法完全错了。他由于一心想立董鄂妃为后，情急之下，只考虑到事情好的一面，却根本没有想过此事可能带来的麻烦。他似乎压根就没想到，此举就等于痛击母亲的软肋，等于冲击已定为国策的满蒙联姻，等于毁坏来之不易的大清江山。

孝庄太后是何等厉害的角色，总是从维护国家社稷的角度来考虑问题，为了国体的稳定，她绝不允许一而再地轻易废除一国之母。她对儿子的企图看得一清二楚，但她不会太过怪罪已成为一国之君的卤莽的儿子。相反，她最有可能怪罪的对象是董鄂妃，因为这一切都是董鄂妃造成的。而且以常理推断，董鄂妃最有可能成为废后行动的策划者。这样，在孝庄眼里，董鄂妃变为一个深藏不露的阴谋家，她平日的所有善举都变成伪装。联系到董鄂妃在没有入宫之前便给皇族带来的混乱局面，孝庄太后有相当的理由将她视为红颜祸水。作为一位杰出的政治家，为了大清的国运，孝庄也应该压制甚至铲除董鄂妃。

孝庄还未做出反应，顺治帝已高高兴兴地将废后的计划告诉董鄂妃。董鄂妃一听，顿时瘫软，她已意识到事情的严重性，长叹一声，顿足说道："这怎么可以呢?！陛下责怪皇后没有及时询问太后病情，这是有道理的。可是，皇后对太后从来都是非常挂心的，此次可能是一时没有想到，因此没去看望太后。这点过失，何至于被废除呢。"顺治帝还想说什么，董鄂妃没等他开口便坚决地说："皇上如果非要废除皇后，妾也不敢活下去。"

事情果真如董鄂妃所预料的，孝庄太后根本不同意废后，而且没有任何回旋余地。顺治听从董鄂妃的话，也没有再闹下去。但即便如此，孝庄对董鄂妃有了很大的成见。

没几日，董鄂妃刚刚出生的儿子突然间死去，令她痛不欲生。

孝庄并不理会董鄂妃的身体状况，坚持按惯例让董鄂妃随侍左右，没有她的吩咐，董鄂妃必须一直站着。孝庄还故意装作身体不适，让董鄂妃昼夜服侍。

孝庄的行为不仅摧残着董鄂妃的身体，而且给她带来无法承受的精神压力。她的这些苦楚，不敢向任何人诉说，更不敢告诉顺治皇帝。

过了没多久，董鄂妃心力交瘁，病倒在床上。顺治帝请最好的医生，用最好的药，试图医好自己的爱妃，可是，董鄂妃的身体一天比一天虚弱了。

# 皇帝愿作“痴道人”

67

在清初，尤其是顺治朝，基督教徒与佛教徒均力图得到朝廷的支持，以便使自己所信仰的教义能广泛传播。

孝庄因为是蒙古族人，所以从小信奉喇嘛教。当时的满人则信奉萨满教及喇嘛教。顺治自然也从小受到这些宗教的影响。基于这些原因，更由于喇嘛教所起的特殊的政治作用，所以，喇嘛信徒们在社会上有一种特殊的地位和权力。“喇嘛的头目竟令人们以肩抬舆，列国王仪仗以穿行城市”。

顺治亲政之初，汤若望受到重视，他乘此机会传播基督教义，并攻击喇嘛教。他向顺治上奏折，弹劾喇嘛僧徒拥有过于强大的势力，认为皇帝不应该对“下贱的，未曾受过教育”的喇嘛们表示亲近和信任，“皇帝既不应当给他们修庙，亦不应给他们建塔，更不应相信他们用他们微小的魔旗，能驱逐鬼怪与祛除灾病”。顺治听从了汤若望的建议，并将汤若望的奏疏批呈给母后孝庄阅览。此后，喇嘛僧徒暂时丧失了他们宰治一切的势力，许多消耗大宗款项的喇嘛庙宇骤然停止修建。

在医治好皇后的病之后，孝庄打算认汤若望为义父。趁此机会，汤若望又一次向孝庄建议，请她以后不要再保护那些僧徒。并说：“因为您是皇太后与国母，以您的榜样为全国人民表率，态度不可不慎重，而对于那些僧徒们，凡是有理性学识的人，无不加以诽笑的。”孝庄派人向汤若望传达她的答复，称：“我不可能突然摆脱掉那些僧徒们，这是我要渐次施行的，并且以后决不容许他们再行干预国家的政事了。”自此，基督教渐渐在孝庄与顺治的心目中占据重要位置，并因此在全国广泛传播。大批基督教士进入中国传教，全国洗礼入教者达十万四千之众，成为一个很大的势力。



顺治十年（1653年）正月三十日，顺治与大学士陈名夏谈话时，曾对喇嘛僧道大加贬斥，说：“喇嘛竖旗，动言逐鬼，朕想，彼安能逐鬼，不过欲蛊惑人心耳。”

可是，不知是由于太监们的影响还是因个人情感的变化，顺治在当了一段忠实的基督信徒之后，转而信奉起佛教，而且越来越崇信。

清朝入主中原后，随着南北方的统一，相互间的文化也不断渗透。在清朝统治日益加强并逐步为普天下的百姓认同后，南方的佛教门派若想在全国弘扬其精神，势必要努力得到清朝统治者的支持。

顺治十四年（1657 年）年初，顺治皇帝在京师城南海会寺召见憨璞聪时，憨璞聪也正想大展宏图。

憨璞聪是福建延平人，师傅为百痴行之，师祖为费隐通容，他是顺治召见的第一个僧人。在两人的交谈中，憨璞聪用佛法禅理解答顺治的提问，不露痕迹地讨好顺治，使顺治非常高兴，回宫后仍念念不忘。十月初四日，顺治又将憨璞聪召入宫中，在万善殿“参禅悟道”。

顺治问：“从古治天下，皆以祖祖相传，日对万机，不得闲暇，如今好学佛法，从谁而学？”

憨璞聪沉吟片刻，很郑重地回答：“皇上即是金轮王转世，夙植大善根、大智慧，天然种性，故信佛法，不化而自善，不学而自明，所以天下至尊也。”

顺治一听，顿时脸上生光，吃惊地看着憨璞聪。

憨璞聪拍马屁不露丝毫痕迹，仍然严肃地告诉顺治：“皇上确实是金轮王转世。”

顺治大喜，从此对佛教深有好感。

憨璞聪还竭力巴结太监，通过他们熟悉皇帝的喜好。自此以后，顺治每召见，憨璞聪均能侃侃而谈，为顺治释疑解惑，深得顺治信任，被封为明觉禅师。

顺治信佛，还与他痴迷汉文化有关。与憨和尚的谈话中，他了解到佛教与汉文化水乳交融的联系，由此产生更为浓厚的兴趣。于是，顺治向憨和尚仔细询问当今佛教的宗门耆旧。憨和尚乘机向顺治推荐南方的高僧，促使临济宗僧人玉林琇、木陈忞、茚溪森等先后抵达京城，重振了佛教雄风。

玉林琇显然比憨和尚更为高明。经憨和尚推荐，顺治皇帝于顺治十五年九月遣使宣召玉林琇进京说法，玉林琇却故意卖关子，以卧床不起等托辞予以推辞。直到第二年正月，玉林琇才开始动身，二月十五日入京面见顺治。在见顺治之前，玉林琇已摸清了顺治的处境，了解到顺治自爱子死去宠妃病重后，一直抑郁不快。因此，见到皇帝后，玉林琇大讲佛教解救众生脱离苦海法门，使顺治于精神困境中找到一条光明之路。于是顺治对佛教极为推崇。此后，顺治屡至玉林琇馆舍请教佛法，以禅门师长相待，并请玉林琇为自己起法名。玉林琇写了十余字请顺治挑选，顺治选择了“痴”字，并把自己界定为龙池派中的行字辈。这样，顺治的法名全称为“行痴”，也称“痴道人”。此后，顺治在给玉林琇的御札中以弟子自称，而且刻了“痴道人”的玉玺。对玉林琇的弟子，顺治也以师兄弟相称。顺治最初赐玉林琇以“大觉禅师”的称号，不久晋封其为“大觉普济禅师”，后又加封为“大觉普济能仁国师”。

对顺治影响更大更深远的僧人是木陈忞。木陈忞，广东茶阳人，出身书香门第，27 岁时弃科举而入寺庙，顺治十四年（1657 年）主持宁波天童寺，顺治十六年应召入京。

在与顺治的对答中，木陈忞显然更能揣摩皇帝的心思，称顺治是禅师转世，因此慧根深厚，熟知禅理，能超脱尘世一切烦恼，修成正果，并能“使忞与天下僧侣得安泉石”。这些话，顺治听得入神，对木陈忞增加许多崇敬。

顺治本人是为解决自己思想上的困扰而信奉佛教的，但他对孔孟之道以及老庄道学也有研究。有一次，顺治问木陈忞：“老庄悟处，与佛祖为同为别？”木陈忞回答：“此中大有不同。佛祖明心见性，为根本法门。老庄所说，未免心外有法，滥同外道。”顺治又问：“孔孟之学，又且如何？”木陈忞答曰：“《中庸》说心性而归之天命，与老庄所见大段皆同。然佛祖随机示现，或为外道，或为天人，远公有言：‘诸王君子不知为谁？’如陛下身为帝王，乾乾留心此道，即不可以帝王定陛下品位也。非但帝王，即如来示现成佛，亦是脱珍御服，著敝垢衣，佛亦不住佛位也。”此次对答非常重要，木陈忞不仅贬低了儒道，抬高佛教，而且诱引顺治“乾乾留心佛学，即不可以帝王定陛下品位”。顺治身为一国之君，对帝王所享有的荣华富贵早不看在眼里，相反，他更多地领略了许多外人所不知道的心灵痛苦，因此，他自然非常想找一条出路，比帝王更高的出路。此出路红尘间未有，佛教中却有，这对顺治无疑构成了极大的诱惑。木陈忞的高明处也正在于此。顺治帝对他备加尊崇，自视为弟子，尊称木陈忞为“老和尚”，并封赐其为“弘觉禅师”。顺治曾对木陈忞说：“愿老和尚勿以天子视朕，当如门弟子旅庵相待。”

在京城住一段时间后，玉林琇、木陈忞先后南返，借着朝廷对他们的重视排挤其他门派。顺治帝对二人恋恋不舍，二人均留下几名弟子陪伴皇帝。其中，玉林琇的大弟子茆溪森陪伴顺治时间最长，相处非常默契，深受宠信。

顺治帝在“佛光”的怀抱中找到了精神的寄托，而且将这一信仰传播给爱妃董鄂妃。董鄂妃正处于病痛之中，她对自己的命运产生了怀疑，自问自己聪明贤惠与人为善，为何结果却是儿子死亡自己病痛。难道是上天在捉弄人，让她饱受人间的悲苦？她百思不得其解。佛教中的教义似乎打开了一扇门，让她有所寄托。于是，她崇敬三宝，栖心禅学，不断从佛经中琢磨人世的道理。她的病越来越重，快要支撑不下去了，于是她想悟透一个道理，即：“一口气不来，向何处安身立命？”她悟不出来，便问顺治，顺治总是笑而不答。

顺治的崇佛行为甚至感染了从小就信奉喇嘛教的孝庄，但母子间并没有因此达到沟通。

# 母子分心与顺治反省

68

顺治帝龙性难撄，办起事来不管不顾，为此，孝庄太后可谓操碎了心。对于儿子的种种不当举措，孝庄多能宽容地承受下来。

可是，顺治帝并不能体会母亲的苦心，乃至于一而再再而三地刺痛母亲。尤其是废后行为，以及在太庙匾额上公然剜除蒙文，以此来暗示结束蒙古族妇女在后宫的统治，这些是孝庄太后无法接受的。

顺治帝曾以过人的治国能力令孝庄欣慰，但顺治十六年（1659年）发生的一件事，又使孝庄对儿子的能力产生怀疑，母子间产生了巨大的隔膜与矛盾。

这年六月间，郑成功率十几万大军进兵江南，溯江西上，连克瓜州、镇江，围攻金陵（今南

顺治皇帝像

京）。郑军声势浩大，所向披靡，清军望风而逃，沿途城镇俱为郑军占领。金陵告急，附近宁国、池州、和州、滁州等州县投降，杭州、九江等处也有密谋举义迎接郑军者。

郑成功以反清复明为号召，在江南的汉人中起到了很好的作用。金陵城内驻扎的六千官兵中，满族人只有五百名，他们对汉人军队保持怀疑态度。朝廷派出的一批援军，也被郑成功的军队全部歼灭，金陵岌岌可危。



有消息说，郑成功的军队还要北上，攻打北京城。此消息一旦传开，顿时满朝风雨。顺治帝因此完全丧失了他平日的镇静态度，竟有了逃回满洲的想法。

孝庄太后闻知，将顺治召来，训斥道："刚刚有点风吹草动，你就沉不住气了。你的祖先们以他们的勇气和鲜血得来的大好河山，难道就这样让你卑怯地放弃吗？！"

这两句话说得非常重，令顺治感到汗颜。想想自己的所为，母后的训斥不是应该的吗！顺治也突然间为自己耻辱起来，并引发狂怒。

他一下子从一个极端转变到另一个极端，马上决定御驾亲征，或胜或死，由上天决定。为表明自己的决心，他拔出宝剑，宣布自己决不变更的意志。

见儿子如此态度，孝庄太后以大局为重，尽量使自己平静下来，她告诉儿子："皇帝的安危关系到国家社稷，不可轻动。你只要派出得力干将率大军前去镇压即可，这种事用不着皇帝御驾亲征。"

顺治帝的拗劲上来了，不听从孝庄的意见。

大臣们也纷纷予以劝阻，顺治皇帝大怒，抽出宝剑，挥手将一座皇帝御座劈成碎片，对大臣们说："哪个人不怕死，就来劝谏吧。这把椅子就是他的下场！"

大臣们见此情景，谁还敢再说一字。

孝庄也对儿子没办法，于是命顺治的奶母前去劝说。顺治的奶母将顺治从小养大，二人间有深厚的亲情。可是，当奶母刚刚将劝谏的话说出，顺治马上去取宝剑，扬言要将奶母劈成碎片，奶母吓得赶紧逃走。

顺治一意孤行，命人在北京各城门旁贴出布告，晓谕百姓，他要亲自出征。

布告贴出后，登时在全城内激起巨大的恐慌，尤其是满人，他们认为，一旦皇帝在战场上遭遇不测，大清的江山便危险了！

眼见得形势向不可逆转的方向转变，谁都无法劝阻这位脾气暴躁的皇帝。这时，孝庄想到了自己的义父汤若望。尽管顺治此时已疏远基督教，但对汤若望仍十分敬重。也许，只有这位被皇帝称之为"玛法"的特殊人物，才有可能起到作用。在孝庄的安排下，朝臣们去请汤若望出面。

关于这段史实，魏特根据《汤若望回忆录》的内容，在《汤若望传》中写道：

> 各亲王和各贵族，各部臣和许多朝中的官吏，列成一长队到汤若望的住馆中，迫切地请求他援助。他良久拒绝不允。最后他竟让步，顺从他们的请求，因满清一摇动，教会亦会随之受影响，因此他就决断，"要为公共的安宁，为耶稣会的荣誉和教会的前途，把他性命拿来孤注一掷。"他同苏纳神甫和白乃心神甫暗自举行一次会议，这两位传教士是于数日前，就是1659年8月2日，刚到北京的。然后他就又亲自作了一封奏疏。到次日一早，他们三人都先作了弥撒神事，并且祷告汤若望的举动成功。然后汤若望就向他的流着眼泪的同志作别。
>
> 在宫殿的门槛上，有一位同汤若望交好的内官向他报告说，皇上已经有点安静了。汤若望走到皇帝前，就跪在地上，把他的奏疏呈递了上去，并且很诚恳地请求，不要使国家到了破坏地步。他宁愿粉身碎骨，也不愿不忠于职守，有所见而不言。登时皇帝的情调就转变了过来。皇帝

请汤若望立起。现在他知道，玛法的见解是好的。所以登时各城门上就又贴出了一张新的晓谕人民的布告，就是晓谕人民，皇上之出征已作罢论。可是皇上之出征虽作罢论，而对于那位海盗魁首（汤若望将郑成功视为海盗魁首——编者按）怎样办呢？汤若望献策，遣派新军，而以重饷给予各兵丁。这一支军队竟把海盗魁首，又驱回他的那些海岛上去。因此汤若望便被称为国家的救星，许多显贵与体面人物，在继续的时间里都到他的馆舍里来，并且伏地叩头，向他和他的同志敬礼。

顺治十六年（1659 年）九月，郑成功被清军击败后退守厦门，并以出师江南无功，自贬王爵。

消息传到顺治皇帝耳中，他没有欣喜，反而觉得十分难受。这一事件只能说明自己判断失误，自己并不是什么都正确的。

回想起自己在对待郑成功一事时表现出的胆怯与暴躁，这哪里是一个有德之君的所为？顺治感觉愧对列祖列宗。他进而想到国事中存在的种种未曾解决的弊端，意识到治国的艰难。在这样的情况下，他开始慢慢理解孝庄，并进行自我反省。

当年十一月初九日，顺治自南苑出西红门打猎。十五日，顺治路过明崇祯陵墓。从崇祯生前励精图治，而最后结果却是自杀身亡的往事中，顺治似乎看到了自己的影子。自己何尝不是拼命地想治理好国家处理好家事，可是，现在的情形远不是原来所预期的。顺治想到这里，忍不住凄然泪下。二十七日，顺治下谕给礼部："前明崇祯帝励精图治十有七年，不幸寇乱国亡，身殉社稷。考其生平，无甚失德，遘兹厄运，殊堪矜悯，宜加谥号，以昭实行，今谥为庄烈愍皇帝，尔部即遵谕行。"

次年正月初二，顺治引咎自责，发下谕旨，称："十七年来，民生尚未尽遂；贪吏尚未尽改；积习相仍，未臻丕变。且滇黔虽入版图，而伏莽未靖，征调犹繁，焦思竭力，治效未孚，负上天之简畀，愧祖宗之寄托，虚皇太后养育之恩，孤四海万民之望。非朕未尝励精求治，实由凉德所致。反复循省，罔敢即安，兹欲引咎自责，祭告天地、太庙、社稷，布告中外。"



二十五日，顺治以省躬引咎为由，大赦天下。同时命令，今后元旦、冬至、寿节，各地庆贺表章，皇太后前照常恭进，而呈送皇帝的表章暂行停止。

为弥补以前对蒙古科尔沁所造成的伤害，顺治特地下圣旨给科尔沁的主要王爷，称：在大清国，你们的子孙将世世代代享受王爷的特权。

以上种种可以看出，顺治确实有所悔悟，同时仍想竭全力治理好国家。孝庄看在眼里，对自己这个桀骜不驯的儿子，又产生了许多怜爱之情。母子间紧张的关系似乎一下子缓和了，由隔阂、冲突变为理解、支持。

如果这种状况一直延续下去，孝庄便可以放心地将朝政撇开，过自己的清闲日子。可是，所有的和谐马上因董鄂妃的去世而变得极度混乱。

# 69 奇异的超级丧礼



董鄂妃是在顺治十七年（1660 年）八月十九日病逝的，年仅 22 岁。

她的死，也将顺治的魂灵勾走了。

这位痴情皇帝，在董鄂妃弥留之际，他自己也因为伤心而变得精神恍惚，不理朝政。

董鄂妃一死，顺治帝陡为哀痛所袭，竟致寻死觅活，不顾一切。人们不得不昼夜看守着他，使他不得自杀。

这种情形令孝庄联想到以前那段不堪回首的往事。自己的丈夫皇太极因宸妃之死伤心欲绝，最终没有过了情关，早早地死去。现在，儿子多么像他的父亲呀。他们都有很强的治国之才，可是，为什么总是被女人所困?!

孝庄想到这里，心中一紧，生怕儿子步皇太极的后尘。但在这个时候，她可以做什么呢？除了稳住大局，除了防止顺治自杀，她还能做什么？她能劝解好儿子吗？

“不能”，她只能温言劝慰，尽量平缓儿子的情绪，但儿子的心病却根本无法解除。

“让儿子尽情宣泄一下，或许就会好起来。”孝庄这么想着。按照顺治的个性，孝庄很清楚，皇帝必将有出格的举动。她决定，除非万不得已，自己尽量不去约束儿子。

现在的孝庄，心里绷着两根弦，一根牵系着顺治，一根牵系着国事。她非常清醒地注意到，自董鄂妃死后，朝政几乎瘫痪。皇帝不再视朝，不再批阅奏折。各地呈送的急件也堆积如山，等待着皇帝亲笔写就的“朱批”（即皇帝亲手以朱笔所写的答复）。而反清力量、邻国强敌也时刻寻找机会，妄图颠覆清政权。在这种情况下，自己绝不能乱，必须镇定。

在孝庄的幕后协调下，按照清朝制度，遇有皇帝或皇太后薨逝时，朝政暂时由临时理政者代理，以蓝笔批答文件。这样，朝局虽乱，但还有矩可循。

顺治开始实施闻所未闻的惊人之举。

整个中国笼罩在肃杀的缟素之中，无音乐，无笑谈，人们小心地说话，生怕惹来是非。整个皇宫更是哭声震天，伴随着僧侣们的超度念经之声，在京城的上空盘旋。这均是拜顺治所赐。他命令：全国均须为董鄂妃服丧，官吏一月，百姓三天。

他还发下圣旨：命亲王以下、满汉四品官以上，并公主、王妃以下命妇，都必须到景运门内外聚集，为董鄂妃哭丧。

八月二十一日，顺治追封董鄂妃为皇后，加谥号为“孝献庄和至德宣仁温惠端敬皇后”。八月二十三日，宫中举办了隆重的追封典礼和祭悼活动，孝庄也不得不依从儿子的心愿，派内官予以配合。八月二十六日，以追封告祭奉天殿。顺治还亲自为董鄂后撰写《行状》，长达数千言，盛赞董鄂后，并表达自己的无比哀痛之情：“念至于兹，朕五中摧痛，益不能不伤痛无已矣。后（指董鄂后）持躬谨恪，翼赞内治，殚竭心力，无微不饬，于诸务孜孜焉罔弗周详。且虑父兄之有不率，故忧劳成疾。上则皇太后慈怀轸恻，今后（指现在的皇后）悲悼逾常，下则六宫号慕，天下臣民莫不感痛。惟朕一人，抚今追昔，虽不言哀，哀自至矣。”此外，顺治还命大学士金之俊为董鄂后写传，令内阁学士胡兆龙、王熙排纂董鄂后所著语录。

为了董鄂后死后有人服侍，顺治帝还将太监与宫中女官一共三十名，全部赐死。上演一场残忍的生殉悲剧。

为了殡葬的事务，顺治帝不惜耗费极巨量的国帑。两座装饰得辉煌的宫殿，专供自远地僻壤所召来的僧徒作馆舍。按照满洲习俗，董鄂后的尸体连同棺椁，并那两座宫殿，连同其中珍贵的陈设，均被付之一炬。

丧事多逾制，规格之高几乎与皇帝之丧礼媲美。除皇宫中举办盛大的丧礼外，景山寿椿殿开设了水陆大道场，由高僧茆溪森主持；西苑和广济寺两处也举行仙驭道场，为死者超度。举殡时，由八旗官员二三品者轮流扛抬棺椁。这些官员们平日里养尊处优，抬棺椁时不由得龇牙咧嘴，好不狼狈。

顺治亲临寿椿殿，为董鄂后"断七"。茆溪森口中念念有词，称："景山启建大道场，忏坛，金刚坛，梵纲坛，华严坛，水陆坛，一百八员僧，日里铙钹喧天，黄昏烧钱施食，厨房库房，香灯净洁，大小官员，上下人等，打鼓吹笛，手忙脚乱，念兹在兹，至恭至极，专申供养董皇后，呵呵。"

董鄂后的火化仪式也由茆溪森主持，他的弟子白椎和尚在旁协助。顺治请茆溪森为董鄂后收灵骨（骨灰），白椎和尚突然鬼使神差地冒出一句话，说："上来也请师接？"顺治在旁没听清楚，茆和尚却听得明明白白。白椎和尚的意思是："将来皇上死后，也请你茆和尚超度吗？"这话太卤莽了，茆和尚赶紧喝道："莫莽卤。"白椎和尚也忙着转了话题，问："皇后光明在甚处？"茆和尚答："无纵迹处不藏身。"见白椎和尚还想再问，茆和尚急了，拿起如意便打。白椎和尚一边躲，一边说："天子面前，何得干戈相待？"茆和尚意识到自己的不当举措，掩饰着笑道："将谓你知痛痒。"然后竖起如意，说："左金乌，右玉兔，皇后光明深且固，铁眼铜睛不敢窥，百万人天常守护。"顺治将此话听到耳中，微微点头。

一系列丧礼举行完毕，顺治帝的哀痛却仍未缓解。按照清制，皇帝及太后之丧，蓝笔批本以二十七日为限，皇后之丧即无此制。可是，董鄂后之丧，顺治帝根本不按规矩办事，他无心批阅奏折，以至于蓝批文本持续四个月有余。许多急事大事无法得到批示，令满朝文武非常着急。

孝庄太后也急了，这样下去，清朝的大好江山，势必动摇根基。正当她想要有所行动的时候，她没想到，更棘手的事出现在她的面前。

# 董小宛与董鄂妃的历史疑案

70



董小宛是汉族才女，董鄂妃是满族贵妃。

前者活跃于南明的民间，后者沉浮于北国的皇宫。

二者本是风马牛不相及。

可是，不知从何时起，二人竟成了一人，董小宛就是董鄂妃，且被人们说得有鼻子有眼，好像真是那么一回事儿，甚至由此引发学术界乃至社会各界的争论，成为很有名的一个历史疑案。

认为董小宛就是董鄂妃的看法，最盛行的时候在晚清民国。许啸天在《清宫十三朝演义》中就有绘声绘色的描述，称降清明将洪承畴为讨好顺治皇帝，使尽伎俩拆散了冒辟疆与董小宛，害了冒辟疆，并将董小宛带到北京。书中写道：

门客里面有一个名叫徐九如的，便替他

（洪承畴）想了一条计策，用迅雷不及掩耳的手段，把董小宛连夜送进宫去。顺治皇帝一见，果然十分宠爱。因董小宛心中念念不忘冒巢民，她见了皇帝，宫女叫她跪下，她只是低着头抹眼泪。皇帝看她哭得可怜，便吩咐宫女，带她到别宫去，好好看养。董小宛住在宫里，享用十分优厚，皇帝也常常来看望她，用好言安慰她；董小宛任凭皇帝千言万语，她总是不答话。皇帝也不动怒，坐了一会去了。

这样子过了几天，董小宛心想这位皇帝倒是好性儿，日子久了，把自己的悲愁也慢慢的减轻下来。宫女看她肯说话了，便私地里问她的来历。董小宛告诉了她。那宫女说道："这样说来，这洪承畴是你的仇人呢！你还要报仇吗？"董小宛咬着牙恨恨的说道："俺过一百世也要报这个仇！"宫女又说："你若想报仇，第一步便要顺从皇帝，得了皇帝的宠爱，便可以借皇帝的势力报你的私仇。"一句话说得董小宛恍然大悟，心想身子既已进宫，休想再出去，我不如将计就计，替冒公子报了这个仇罢。不多几天，顺治皇帝果然封董小宛做淑妃，又怕外人说他娶汉女做妃子，便把小宛改姓董鄂氏，称董鄂妃。

此为小说家言，以小说的形式出现，文学色彩浓，倒不必细究与史事是否相同。只是，由于小说的宣扬，民间百姓多认为董小宛就是董鄂妃。这种情况下，如果想让民众了解历史的真实情况，就需要学者们出来予以澄清，不料许多学者也以讹传讹，不去认真考证，也纷纷迎合读者，称董小宛即为董鄂妃。这种风气似乎还传到了当下，像中央电视台的《百家讲坛》，固然有几位真正的学者在普及真实的历史知识，并以生动的讲说促发了观众对历史的热情。但也有那么几位，挂着学者的名头，美其名曰讲真实的历史，事实上却在随意地编造历史。这种“名”与“实”的差异，其实是在害观众。观众以为得到“真知”了，其实不过是听了一回“小说联播”，造成认识上的严重偏离。

返回头来，再说董小宛与董鄂妃的疑案。在“董小宛即为董鄂妃”的说法风靡全国的时候，学者孟森坐不住了，他认为这件事意义重大，必须澄清。因此，他经过多方考证，写《董小宛考》，还原真实史实：

> 清世祖出家之说，世颇有传者。其时董鄂贵妃之故后承恩，具在《国史》。时人因董鄂之译音，定用此二字，遂颇用董氏故事影射之。陈迦陵之所谓董承娇女也，吴梅村《清凉山赞佛诗》之所谓千里草也。双成也，皆指董鄂事，何必另于疑似之间，强指他人而代之？又何必于凡姓董之人中，牵及冒氏侍姬之董小宛？事之可怪，无逾于此。
>
> 凡作小说，劈空结撰可也，倒乱史事，殊伤道德。即或比附史事，加以色泽，或并穿插其间，世间亦自有此一体。

然不应将无作有，以流言掩实事。止可以其事本属离奇，而用文笔加甚之；不得节外生枝，纯用指鹿为马方法，对历史上肆无忌惮，毁记载之信用。事关公德，不可不辨也。

董小宛之殁也，在顺治八年辛卯之正月初二日，得年二十有八。盖生于明天启四年甲子，是为清太祖天命十年，国号后金，未定名为清也。越十四年，为明崇祯十一年戊寅，清太宗于是年之前一年改元崇德，始建国号曰清，于此为崇德二年，正月三十日戌时，世祖始生，而为小宛之十五岁。

孟森以董小宛比顺治大十五岁，年龄相差悬殊，而认为两者不可能结合。当然这只是其中的一个理由，孟森还以董小宛丈夫冒辟疆所写的《影梅庵忆语》及其他大量旁证，说明董小宛早死，不可能是后来嫁入宫中的董鄂妃。文章称：

小宛之年，各家言止二十七岁。既见于张明弼所作《董小宛传》，又余淡心《板桥杂记》云："小宛事辟疆九年，年二十七，以劳瘁死。辟疆作《影梅庵忆语》二千四百言哭之。"张、余皆记其死因为由于劳瘁，盖亦从《影梅庵忆语》中之词旨也。然据《忆语》，则当得年二十有八。

孟森先生如此考证并辨异，使真实历史大白于天下，也还董小宛一个清白身。但是，世间的事又总不是那么简单，而简单的事也会因种种人为的因素而变得非常复杂。董小宛与董鄂妃的疑案并未就此打住。

由于董小宛本为名妓，历千般劫难，行非常之事，终于成为名士之妻；而董鄂妃贵为皇贵妃，死后还被追封为皇后，并因顺治皇帝之情痴，引发了清政府高层的大动荡，甚至关系一朝之兴亡、天下苍生之命运。二者身份之悬殊、经历之奇异、关系之重大，总令世人备感兴趣。而一旦“董小宛就是董鄂妃”的说法流传，就再也束缚不住了，真假难辨。

有些学者、作家们继续考证，大部分人认定董小宛不是董鄂妃，但也有少数人，依然意见不同，并有着颇为严谨的考证。

高阳先生学识渊博，所写历史小说功力深厚，为大众喜欢，也为笔者所深深佩服。他对二董疑案有着这样的看法：

> 至于董小宛之谜，以前读心史先生（即孟森）的著作，深以为是；但近年的想法已有改变，这重公案的疑点，实在很多。心史谓董鄂氏决非董小宛，主要的论证是董小宛的年龄，其言如此：
>
> “当小宛艳帜高张之日，正世祖（即顺治皇帝）呱呱坠地之年，小宛死于顺治辛卯，辟疆《同人集》中，海内名流以诗词相吊者无数，时世祖只十四岁，小宛则二十八岁，所谓年长以倍者也。”
>
> 按：董小宛于崇祯十五年壬午归冒辟疆，前后凡九年；又张明弼作《冒姬董小宛传》谓死时“年仅二十七岁”，则

应死于顺治七年庚寅，非八年辛卯。

年龄自是一个问题。但首须了解者，董小宛不一定于顺治七年入宫；如我前面所谈，明明显示，有一名妓，先入豪家，于顺治十三年为世祖所夺。此一名妓如为董小宛，则应为三十三岁，就常情而言，已至所谓“色衰”之时；但天生尤物，不可以常情衡度。《过墟志》所记刘三秀，确有其事；入王府时，其女亦已适人生子，而犹复艳绝人寰。以彼例此，董小宛三十三岁得承恩眷，不是一件不可能的事。

至于《同人集》中“以诗词相吊者无数”，并不能证明董小宛必已去世；因为不能明言已入豪门。相反的吴梅村的诗、龚芝麓的词，都暗示董小宛与冒辟疆是生离而非死别。

……

最强烈的证据，还是在梅村诗集中，《题冒辟疆名姬董白小像》八绝的最后一句，“墓门深更阻侯门”，早有人指出可疑，如罗瘿公《宾退随笔》：

“小宛真病殁，则侯门作何解耶？岂有人家姬人之墓，谓其深阻侯门者乎？”

……

此外还有很多证据，指出端敬就是董小宛；这些证据，可分消极与积极两方面来考证。所谓消极的证据是，要证明董小宛未死；积极的证据是，董小宛不但未死，且已入宫承宠。

高阳为证明董鄂妃就是董小宛，下了大功夫。于万千诗词文赋当中寻找蛛丝马迹，觅出可疑之处，有破有立，反驳孟森的说法。他对孟森提到的“董小宛墓即为有力证据”如是反驳，称：

心史先生的第二个论据是：

当是时江南军事久平，亦无由再有乱离掠夺之事。小宛葬影梅庵旁，坟墓俱在。越数年陈其年偕巢民往吊有诗。

此外，又引数家诗赋，“明证其有墓存焉者也”殊不知影梅庵畔小宛墓，不过遮人耳目的衣冠冢；且辟疆有心丧自埋之意在内。陈其年作此诗决非“越数年”，而为初到水绘园时；尚未获悉其中隐微，故有吊墓之语。大约端敬（指董鄂妃）薨后，始知其事，于是有《读史有感》第二首，及水绘园杂诗第一首，道破真相。

中国古代诗词往往比较模糊，文字的表面下常隐藏着另外的含义或意境。高阳先生就是要尽力揭发大量文字背后的隐秘，加以互相引证，得出结论：董鄂妃确实是董小宛无疑。他的这些工作，自然与那些以讹传讹者有天壤之别，令人心生敬佩。

不过，若按高阳先生的种种考证，则会得出这样一个传奇的故事：董小宛被劫到北京，其丈夫冒辟疆深知其事，但为掩人耳目，特写《影梅庵忆语》悼念妻子，还特地请无数友好为董小宛写悼念诗词，而这些朋友当中，有些是知道实情的，所以在诗文中有所暗指，例如赵而忭在挽词上题作："壬辰秋末，应辟疆命悼宛君，赋得七阕录寄，非感觞哀，聊当生刍耳。"有些则起初并不知道实情，还专门同冒辟疆到董小宛衣冠冢处凭吊，后知道实情，才写诗道破真相，但因为有所隐讳，也未在诗中明指。后来，冒辟疆曾经北上，就是为了董小宛。而董小宛到达京城后，并没有先到皇宫，而是去照顾顺治皇帝的同父异母弟弟——年方十一岁的博果尔。在彼此的接触中，博果尔对年长十九岁的董小宛"必然会产生强烈的依恋不舍之情"。谁知，董小宛又被小他十四岁的顺治皇帝看中，顺治皇帝为将董小宛接入宫中，与弟弟产生剧烈的冲突，弟弟因此而自杀。而董小宛假冒满族人鄂硕的女儿进入皇宫后，以其一贯的贤惠赢得了宫中上下的拥戴，特别是受到顺治皇帝的无比宠爱，成为皇贵妃。等她死后，顺治皇帝追封她为皇后，甚至因此要出家……

如此一来，不仅董小宛是一个活活的女妖精，引得无数男人为之神魂颠倒；而且冒辟疆及其友朋都有点变态，明知其未死，还耗尽心力为其写悼念诗词；而顺治皇帝和他的弟弟也都是非常人，都喜欢年龄大自己很多的女人，而且不惜因此丧掉性命、毁掉名誉乃至一个王朝。

这样的结论，笔者实在无法认可。

而且，高阳文中颇多牵强的说法。他为了证明董鄂妃就是董小宛，特地将二者的举止行为作一对比，称：

现在要谈“积极的证据”，最简单、最切实的办法是，请读者自己判断，端敬是否即为董小宛？世祖有御制端敬行状；冒辟疆《影梅庵忆语》，事实上就是董小宛的“行状”，两者参看，是一是二，答案应该是很明确的。《影梅庵忆语》中描写董小宛的“德性举止，均非常人”，而恪守侍妾的本分，“服劳承旨，较婢妇有加无已。烹茗剥果必手进；开眉解意，爬背喻痒，当大寒暑，折胶烁金时，必拱立座隅，强之坐饮食，旋坐旋饮食，旋起执役，拱立如初”。不但与大妇在九年之中“无一言枘凿”，而且“视众御下，慈让不遑，咸感其惠”。至于生活上的趣味，品香烹茶，制膏渍果，靡不精绝，冒辟疆自谓“一生清福，九年占尽，九年折尽”。

再看世祖御制端敬皇后行状，说他“事皇太后奉养甚至，伺颜色如子女，左右趋走，无异女侍，皇太后非后在侧不乐”，又能“宽仁下逮，曾乏纤芥忌妒意，善则奏称之；有过则隐之不以闻。于朕所悦，后亦抚恤如子，虽饮食之微，有甘毳者，必使均尝之，意乃适。宫闱眷属，小大无异，长者媪呼之，少者姐视之，不以非礼加人，亦不少有谇诟，故凡见者，靡不欢悦。”至于照料世祖的起居，“晨夕候兴居，视饮食服御，曲体罔不恙”，此即所谓“开眉解意，爬背喻痒”。

除此以外，董小宛“不私铢两，不爱积蓄，不制一宝粟钗钿”；端敬“性至节俭，衣饰绝去华采，惟以骨角者充饰”。董小宛“阅诗无所不解，而又出慧解以解之”，且“酷爱临摹，书法先学钟繇，后突曹全碑”。端敬则“诵四书及易，已卒业；习书未久，天资敏慧，遂精书法。”殊不知其书法原有根基。

《影梅庵忆语》中，冒辟疆写董小宛侍疾，艰苦之状，可以泣鬼神；而世祖言端敬侍皇后疾：“今后宫中侍御，尚得乘间少休，后（按：“今后”指第二后博尔济吉特氏；此一“后”为端敬）则五昼夜目不交睫，且时为诵书史，或常读以解之。”又：“今年春，永寿宫妃有疾，后亦躬视扶持，三昼夜忘寝兴。”按：《顺治实录》：“五年，诏许满汉通婚，汉官之女欲婚满洲者，令报部。”因此，户部侍郎石申之女，竟得入选进宫，赐居永寿宫。而端敬为皇贵妃，位在石妃之上，能躬亲照料其疾，尤见德性过人，所以世祖特加以表扬。

高阳以这么长的文字做对比，就是为了得出结论：“如上引证，董小宛也罢，端敬也罢，旧时代的德言容工如此，有一已觉罕见，保得有二？若谓不但有二，且生当并时，那就太不可思议了。”而笔者也引如此长的文字，也是说明高阳的牵强处。什么叫“太不可思议了”？且不说顺治皇帝为了极力赞美自己已逝的爱人，里面的言辞颇多溢美不实处。即便所说都是事实，一个男子在为自己心爱的有文化有教养的丧妻写悼词时，古今往往一致，无非就是如何贤惠待人、如何节俭、如何有文采……诸如此类。如此，则不仅董小宛与董鄂妃有类似处，天下所有这样贤惠的女子恐怕都是类同的。就像以前所有的皇帝在书中的记载，都是一出生便有异相，或红光照体，或飞龙托梦……这样的文字在史书中比比皆是。因此，董小宛与董鄂妃或有许多相似的美德，但不能因此就说二者就是一人。况且，董小宛在江南时即“酷爱临摹，书法先学钟繇，后突曹全碑”，倘若真到宫中，何必装样子“习书”呢。高阳以“殊不知其书法原有根基”打马虎眼，不能服人。

高阳文字看似严谨，广征博引，严丝合缝。殊不知，因其一开始就有了标新立异的想法，乃至文中合己意的就拿来用，不合己意的则草率地予以否定。所以文中出现了非常明显的矛盾。例如，他引用汤若望的文字时就存在这样的问题。且看高阳如何论述：

《汤若望传》第九章第六节，在“第三位皇后”（按：指端敬）生子夭折以后，接叙世祖的一段恋情，实即指董小宛，惟本末倒置，时间上有绝大的错误，此为原作者对于汤若望所遗留的材料，考证未确所致；但所叙事实，自为汤若望在日记或函牍的记载，因此可靠性是相当高的。

兹摘引如下：

“顺治皇帝对于一位满籍军人之夫人，起了一种火热爱恋，当这一位军人因此申斥他的夫人时，他竟被对于他这申斥有所闻知的‘天子’，亲手打了一个极怪异的耳光。这位军人于是乃因怨愤致死，或许竟是自杀而死。皇帝随即将这位军人的未亡人收入宫中，封为贵妃。这位贵妃于一六六〇年产生一子，是皇帝要规定他为将来的皇太子的，但是数星期之后，这位皇子竟而去世，而其母于其后不久，亦然薨逝。皇帝徒为哀痛所攻，竟致寻死觅活，不愿一切。人们不得不昼夜看守着他，使他不得自杀。太监与宫中女官一共三十名，悉行赐死，免得皇妃在其他世界中缺乏服侍者。”

这位“皇妃”显然就是作者在前面所说的“第三位皇后”；变一事为二，则时间之错误，自所不免。问题是这位“满籍军人”是谁？

显然的，这也是一大错误。彼时虽有命妇更番入侍后妃的制度，但皇帝驾临时，必然回避。即令有其事，“这一位军人”又岂敢“因此申斥他的夫人”？何况，明清以来，也许明武宗亲自动手打过臣下以外，从未闻皇帝会掌掴大臣。

高阳这样的见解是不能令人苟同的。顺治皇帝都敢行“出家”这样的非常行为，他怎么就不会“掌掴大臣”？这且不说，单说高阳在文字中认同了汤若望的记载“可靠性是相当高的”，自也认同了“顺治皇帝对于一位满籍军人之夫人，起了一种火热爱恋”，但是在后文中，他自己也觉得博果尔与“年长十九岁的宫女发生畸恋，固未必敢”，这岂不是很大的矛盾：既然“未必敢”，又怎会有“军人之夫人”之说？

以诗论史，固然高明，但也充满了许多的陷阱。有识者不可不察。

由上所述，笔者的观点已很明确：董小宛就是董小宛，董鄂妃就是董鄂妃，二者一个是南国汉女，一个是北国满人，虽德行有相似处，但绝非一人。

笔者以为，想弄清历史真相，一些旁证固然需要注意，但最重要的应该注意其中心信息源，抓住关键。

对于董小宛与董鄂妃的疑案，最关键的线索是在董小宛的丈夫冒辟疆的回忆文字以及史书中关于董鄂妃的记载中。

平心而论，冒辟疆专门写《影梅庵忆语》长文，追悼董小宛，文中几次明确地提到董小宛已死。倘若董小宛没死，他何必这样？或者他真有隐情，又何必大肆宣扬董小宛已死呢？

关于董鄂妃，《清史稿·后妃传》上有明确记载：“孝献皇后董鄂氏，内大臣鄂硕女，年十八入侍。上眷之特厚，宠冠后宫。十三年八月立为贤妃，十二月进皇贵妃，行册立礼，……十七年八月薨。"《清实录》也有明确记载："庚子，谕礼部，本月二十二日，奉圣母皇太后谕，内大臣鄂硕之女董鄂氏性资敏慧，轨度端和，克佐壶仪，立为贤妃。""戊寅，以册封内大臣鄂硕女董鄂氏为皇贵妃，遣内大臣公爱星告祭太庙。"

据考证，董鄂妃生于崇德四年（1639年），满族正白旗人，内大臣鄂硕之女。顺治十三年（1656年）进宫，顺治十七年（1660年）八月十九日病逝，年仅二十二岁。

相比于董小宛只活了二十七岁而言，董鄂妃更是英年早逝。而董鄂妃与孝庄太后的关系，也远非顺治皇帝所说的那样融洽。事实上，董鄂妃之死，与孝庄太后有莫大的关系。

# 当天子，还是做和尚？

71

紫禁城往西，出西华门，入西苑门，便到了皇家花园西苑。西苑即现在的北海和中南海，精美的建筑掩映在山水佳木之间，成为“人间蓬莱”。顺治帝常到西苑，并把万善殿作为处理政事的一个场所。而今，万善殿则成为顺治参禅拜佛的宝地。

顺治十七年春夏之间，当时董鄂妃还没有去世，顺治便曾对即将南返的木陈忞说：“朕于财宝固然不在意中，即妻孥觉亦风云聚散，没甚关情，若非皇太后一人挂念，便可随老和尚出家去。”董鄂妃死后，顺治帝更是万念俱灰，决意出家为僧。他自做一偈，称：“吾本西方一衲子，为何落入帝王家。”然后，他将茚溪森召往西苑万善殿，举行剃发具戒法事。

此时的万善殿更像一个寺庙，在香烟缭绕中，许多和尚正在念经诵佛。殿内正中悬挂顺治亲笔书写的“敬佛”二字，左右两旁是两副对联，一联为：“万象证圆通，金轮妙转；三乘皈定慧，华海长涵。”另一联为：“了悟彻声闻，花拈妙谛；净因空色相，月印明心。”顺治相信自己是“金轮王转世”，从此了却俗世帝王事，皈依佛门清净地。

这一消息迅速传到后宫，不啻一声惊雷轰响在人们的耳边。皇帝当了和尚，三宫六院该怎么办？天子做了僧侣，家国天下该怎么办？人们六神无主，不知所措。

孝庄也有点懵了，她经过那么多的变故，自信自己能坦然面对任何事务，可是，自己的宝贝儿子偏偏做出这样令人难以置信之事——大清入关后的第一位皇帝竟然要当和尚，这简直是滑天下之大稽！

“难道大清的国运就这样完了？”孝庄的脑海闪过一个不祥的念头。“不，绝不能！”她马上坚决否定，只要她还在，她就绝不允许她的公公努尔哈赤、她的丈夫皇太极打下的江山，被自己荒唐不羁的儿子断送。

可是，这确实又是一个天大的棘手的事情。封建帝国以皇帝为至尊，溥天之下，莫非王土；率土之滨，莫非王臣。人们的观念是，天下万物都是皇帝所有。如果皇帝死了，可以由他的继承人承继天下。可是，皇帝要出家，要弃尘世如粪土，天下将是谁的天下？

“不能，绝不能让他当和尚！”孝庄马上作出决断，无论如何要阻止顺治出家。她一边火速赶往万善殿，一边下懿旨，将皇帝想要出家的消息严密封锁。

可是，当孝庄到达万善殿的时候，已经晚了，顺治的乌黑长发已在茆溪森的剃刀之下纷纷坠地。

面对已成为光头的儿子，孝庄痛心疾首，问顺治：“你这样对得起列祖列宗吗？”顺治不回答，只念佛经。

孝庄强忍住心中的剧痛，百般劝解顺治，但无济于事。

此事成为孝庄心中难解的结，她对儿子彻底失望了，但为了大清江山，她又必须想尽办法阻止顺治。

汤若望自然又一次来到宫中，劝解皇帝，可是，顺治的心中只有佛祖如来，对基督耶稣已没有丝毫兴趣。汤若望也失败了。

《汤若望传》中这样记载此事：“皇帝便把自己完全委托于僧徒之手，他亲手把他的头发削去，如果没有他的理性深厚的母后和若望加以阻止时，他一定会充当了僧徒的。”很显然，这里所说的阻止并不是劝解，更可能的是，他们想出了一个釜底抽薪的办法。

此时，皇宫里充满了紧张的气息，任何人不敢提半句关于皇帝的事。皇宫外却依然如旧，人们都以为，皇帝还沉浸在对董鄂妃的痛苦思念当中。

十月十五日，玉林琇奉密旨，十万火急地赶到京城。他顾不得喘一口气，便急匆匆地将弟子茚溪森捆绑起来，押往皇宫附近的一个寺庙，令众人聚集柴木，扬言要烧死茚溪森。可是，等一切准备妥当后，玉林琇又迟迟不动手，好像在等什么似的。

顺治自然很快得知消息，他很清楚玉林琇的目的。假如自己仍然执意当和尚，那么为自己剃度的茚溪森将无法生还，顺治因此有了顾忌。

玉林琇又面见顺治，谏道："若以世法论，皇上宜永居正位，上以安圣母之心，下以乐万民之业；若以出世法论，皇上宜永作国王帝主，外以护持诸佛正法之轮，内住一切大权菩萨智所住处。"总的意思就是，无论怎样，顺治都应该当皇帝。

为了救出茚溪森，顺治终于答应"蓄发留俗"。这样，顺治出家的事件在外界毫不知情的情况下很快结束。

茚溪森得以无罪开释。七年后，他在临终前留下一偈，透露了顺治曾经出家的天机。偈云："兹翁（茚溪森字）老，六十四年，倔强遭瘟，七颠八倒。开口便骂人，无事寻烦恼，今朝收拾去了，妙妙。人人道你大清国里度天子，金銮殿上说禅道，呵呵！总是一场好笑。"

# 顺治之死

72



顺治十八年（1661 年），是孝庄太后的本命年。

正月初二，顺治帝因出家未成，特命心腹太监吴良辅做他的替身，在悯忠寺剃度为僧。同一天，身体虚弱的顺治患上痘症（天花）。这在当时是一件很可怕的事。《汤若望回忆录》中称："如同一切满洲人们一般，顺治对于痘症有一种极大的恐惧，因为这在成人差不多也总是要伤命的。在宫中特为奉祀痘神娘娘，是另设有庙坛的。或许是因他对于这种病症的恐惧，而竟使他真正传染上了这种病症。"

由于顺治在董鄂妃死后元气大伤，所以患上痘症就显得更为可怕。

初六日，顺治病重，遣内大臣苏克萨哈传谕：

“京城内除十恶死罪外，其余死罪罪犯全部释放。”

同一天，顺治密旨宣学士王熙进宫。王熙进入养心殿，见顺治病歪歪地躺在床上，眼看就不行了，心中十分难过。顺治对他说：“朕患痘病，势将不起，你仔细听好朕的每一句话，就在榻前，迅速撰写诏书。”王熙一听，明白皇帝是让他撰写遗诏，忍不住悲从中来，泪不能止。顺治说道：“朕平日对你如何优渥，教导你如何详切，你心里明白，朕就不多说了。今事已至此，皆是定数，君臣遇合，缘尽则离，你不必如此悲痛。现在都什么时候了，岂可迁延从事，耽误大事。”说着，令王熙到御榻前书写诏书。

遗诏的首段是在御榻前写就的，而后面的部分则在乾清门下西围屏内撰拟。王熙在《自编年谱》中透露：此遗诏“凡三次进览，三蒙钦定，日入时始完”。为什么会这样？王熙没有透露。他也不敢透露。

事实上，在遗诏的内容上，顺治与孝庄再次产生大的分歧。

选定新皇帝应是遗诏中最重要的内容。顺治的意思是，让自己的一位从兄弟继承他的皇位。而这一意见是孝庄绝不同意的。

孝庄看中的人是皇三子玄烨。

顺治认为：以往的帝位继承人都是经过八旗王公大臣会议议立，此次通过遗诰册立，这是很大的变革。因此，选择新皇帝人选时应尽量公平，以便能使王公大臣心服。由于皇子们都年幼，无法亲政，所以应从其他皇室家人中挑选。

孝庄则认为：年幼并不等于不可以做好皇帝，玄烨就是最佳人选。

母子间再次争执不下。

最后，顺治觉得自己马上就不行了，这才做出让步，派人征求汤若望的意见。

> 汤若望完全立于皇太后的一方，认为被皇太后所选择的一位太子为最合适的继位者。这样，皇帝最后受到汤若望的劝促，舍去一位年龄较长的皇子，而封一位庶出的、还不到七岁的皇子为帝位之承继者。当时为促成这样一个决断所提出的理由，是因为这位年龄较幼的太子，在髫龄时已经出过天花，不会再受到这种病症的伤害的。而那位年龄较长的皇子，尚未曾出过天花，时时都得小心着这种可怖的病症。这位这样被选择的皇帝，后来在康熙年号之下，竟成了中国最大君主。

《汤若望传》中的这一段描述，反映了当时的真实情况。

在选择新皇帝的人选上，孝庄最终如愿以偿。而在几个时辰后，也就是在顺治十八年（1661 年）正月初七夜子刻，顺治皇帝病逝于养心殿，时年仅 24 岁，却将无比沉重的家国重担毫不负责地推卸给母亲和年幼的儿子。

孝庄非常伤心，在她的授意下，顺治的遗诏被大量修改，变成了大行皇帝的“罪己诏”。顺治生前的不少举动，对大清江山不利，引起了许多满蒙权贵的不满。孝庄推出“罪己诏”，既是借题指责儿子，以此教育新皇帝，更主要的用意是对整个王朝有一个交代，平息已经出现的内部混乱，笼络人心。她要以此为新王朝服务，废旧立新，从反面向世人展示新的治国要领。

整篇诏书中详列了顺治的十四项罪名。内容如下：

第一罪：“自亲政以来，纪纲法度，用人行政，不能仰法太祖、太宗谟烈，因循悠忽，苟且目前。且渐习汉俗，于淳朴旧制，日有更张，以致国治未臻，民生未遂。”

第二罪：“朕自弱龄，即遇皇考太宗皇帝上宾，教训抚养，惟圣母皇太后慈育是依，隆恩罔极，高厚莫酬，惟朝夕趋承，冀尽孝养。今不幸子道不终，诚悃未遂。”

第三罪：“皇考宾天时，朕止六岁，不能服衰绖，行三年丧，终天抱恨。惟侍奉皇太后，顺志承颜，且冀万年之后，庶尽子职，少抒前撼。今永违膝下，反上廑圣母哀痛。”

第四罪：“宗室诸王贝勒等皆系太祖太宗子孙，为国藩翰，理宜优遇，以示展亲。朕于诸王贝勒等晋接既疏，恩惠复鲜，以致情谊睽隔，友爱之道未周。”

第五罪：“满洲诸臣或历世竭忠，或累年效力，宜加倚托，尽厥猷为，朕不能信任，有才莫展。且明季失国，多由偏用文臣，朕不以为戒而委托汉官，即部院印信间亦令汉官掌管，以致满臣无心任事，精力懈弛。”

第六罪：“朕夙性好高，不能虚己延纳，于用人之际，务求其德与己相侔，未能随才器使，以致每叹乏人。若舍短录长，则人有微技，亦获见用，岂遂至于举世无才。”

第七罪：“设官分职，惟才是用，进退黜陟，不可忽视，朕于廷臣中有明知其不肖，不即罢斥，仍复优容姑息。如刘正宗者，偏私躁忌，朕已洞悉于心，乃容其久任政地，诚可为见贤而不能举，见不肖而不能退。”

第八罪：“国用浩繁，兵饷不足，而金花钱粮尽给宫中之费，未尝节省发施。及度支告匮，每令会议，诸王大臣未能别有奇策，只议裁减俸禄以赡军饷，厚己薄人，益上损下。”

第九罪：“经营殿宇，造作器具，务极精工，求为前代后人所不及，无益之地靡费甚多，乃不自省察，罔体民艰。”

第十罪：“端敬皇后于皇太后克尽孝道，辅佐朕躬，内政聿修。朕仰奉慈纶，追念贤淑，丧祭典礼，过从优厚，不能以礼止情，诸事窬滥不经。”

第十一罪：“祖宗创业，未尝任用中官，且明朝亡国，亦因委用宦寺，朕明知其弊，不以为戒，设立内十三衙门，委用任使与明无异，以致营私作弊，更逾往时。”

第十二罪：“朕性耽闲静，常图安逸，燕处深宫，御朝绝少，以致与廷臣接见稀疏，上下情谊否塞。”

第十三罪：“人之行事，孰能无过，在朕日御万机，岂能一无违错，惟肯听言纳谏，则有过必知。朕每自恃聪明，不能听言纳谏，古云，良贾深藏若虚，君子盛德容貌若愚，朕于斯言大相违背，以致臣工缄默，不肯进言。”

第十四罪：“朕既知有过，每日克责生悔，乃徒尚虚文，未能省改，以致过端日积，愆戾愈多。”

列数十四罪之后，遗诏在结尾处交代后事。以佟氏妃所生、顺治的第三子玄烨为皇太子，继承皇位；以内大臣索尼、苏克萨哈、遏必隆、鳌拜为四辅政，辅佐皇帝。

公布“罪己诏”后，孝庄令董鄂妃之妹——顺治曾一度钟情的贞妃，为大行皇帝殉葬。

人性是复杂的，孝庄既有慈祥的一面，也有冷酷的一面。

# 天子葬礼

73



顺治死后的第二天，清王朝正式为其置办丧事。文武百官列于天安门外金水桥下，守候一昼夜，等待着皇宫内的旨意。初九凌晨，宣诏官出来，宣读哀诏：令群臣各退本衙门守制；头九天每日早晚，到乾清门外哭丧；治丧期的二十七天内，不准任何人私自回家。

顺治的灵堂设于乾清宫。乾清门两旁特地建起释、道两个道场，众多的和尚日夜诵经，为顺治帝超度亡灵。整个皇宫一片缟素，清朝入关后的第一位皇帝的丧礼举行得异常隆重。

正月十四日，举行“小丢纸”仪式，也就是焚烧顺治生前用过的部分衣冠珠宝器皿等物。内阁中书舍人张宸目睹其盛大场面，记录道：“十四日焚大行所御冠袍器用珍玩于宫门外。时百官哭临未散，遥闻宫中哭声，沸天而出。仰见皇太后黑素袍，御乾清门台基上，扶石拦南面立，哭极哀。诸宫娥数百辈，俱白帕首、白衣从哭。百官亦跪哭。所焚诸宝器，火焰俱五色，有声如爆豆。人言每焚一珠，即有一声，盖不知数万声矣。”

孝庄亲临现场，心中好不凄凉。在顺治死后，她主要的注意力不得不放在稳定整个王朝的全局上，一直处于高度的紧张与忙碌当中。现在，她一下子又必须面对自己的儿子了，而儿子却不再可以跟自己过不去，已永远地离开自己了。她突然间意识到，自己是多么离不开儿子，自己对儿子的爱远远超过一切，即便自己曾对儿子失望，那都是因爱而生。如今，儿子——自己惟一的儿子离开了自己，她已不再有任何埋怨，只有伤心。听着珠宝焚烧时的声声脆响，孝庄心如刀绞，有时候，她真想自己也死去，到地下陪伴守护自己的儿子。可是，她不能，她还有重任在肩。看着眼前哭成一团的玄烨，孝庄心中更萌生了巨大的责任感。她不仅不能死去，而且应该更加坚强，一定要培养教育好自己的孙儿——新皇帝康熙，一定要让大清江山在康熙身上传承下去。

“小丢纸”仪式后有“大丢纸”仪式。二月初二，顺治皇帝的梓宫转移到景山寿皇殿。文武百官从东华门开始排班，一直到景山，跪列道路两旁。此次移送的不仅有顺治的棺椁，还有他生前所用的一切绫罗绸缎、帐房什器，乃至不可胜数的金银

顺治帝孝陵石牌坊

珠宝。这些器物均在“大丢纸”仪式中焚毁。

对于顺治收入宫中的大批佛像，由孝庄下令，将它们分赠京城大小寺庙。

二月初五日，百官到景山焚烧国丧期间佩戴的素带，以示“圆孝”。大丧礼终于宣告结束。

顺治的灵柩一直停放至百日。按照他的遗愿，由他生前交好的僧人茚溪森主持，予以火化。

茚溪森本在南方，此次来京，原是应召为顺治的乳母李氏理丧的，没想到半路得到皇帝驾崩的消息，于是日夜兼程，于四月十六日到达北京，主持了四月十七日皇帝百日仪式。

上午，已经登基的康熙皇帝（即玄烨）亲临景山寿皇殿外，让茚溪森为顺治皇帝的梓宫举火。

梓宫上已泼上易燃的油料。茚和尚庄严法相，穿袈裟，一手持禅杖，一手举火把，高声喝道：“大众！山门前得底（的）句，禅堂里商量去，进到方丈，不必再举。何也？慈翁不肯辜负汝，若有人知落处，许他随我去。”说罢，将火把掷出。巨大的梓宫顿时燃烧起来，一会儿便成灰烬。茚和尚亲自将顺治的骨灰装入宝宫（即骨灰盒），呈给康熙。康熙捧着父皇的骨灰，不禁流下眼泪。

茚溪森还等着新皇帝的礼遇，并借机发扬佛教。但康熙皇帝并没有特别说什么，只是令他还山。茚溪森预感到自己再无大的作为了，默默地走到顺治皇帝灵前，拈香祝道：“大众！弱川无力不胜航，进前也，骑龙难到白云乡；退后也，玉棺琢成已三载，总不恁么也，欲葬神仙归北郊，毕竟作么生？”此佛家隐语似乎含着一种落寞的情绪。

茚溪语录中还有茚和尚一偈：“释迦涅槃，人天齐悟，先帝火化，更进一步，大众会么？寿皇殿前，官马大路。”

# 费尽心思　培养康熙

顺治皇帝一共有八位皇子，其中皇长子、皇四子、皇六子早殇。玄烨为皇三子，系庶妃佟氏所生。玄烨的上面还有庶妃董鄂氏（并非前文所说的董鄂妃，而是宁悫妃）所生的皇次子福全（1653年生，比玄烨大1岁），下面则有庶妃陈氏所生的皇五子常宁（1657年生）、庶妃钮氏所生的皇七子隆禧（1660年生）、庶妃穆克图氏所生的皇八子永干（1660年生）。

玄烨母亲佟妃，系少保、固山额真佟图赖之女。佟妃“赋性端凝，居心淑慎，动娴内则，德合坤仪”。顺治与第一位皇后不和，佟妃得到临幸的机会，并幸运地怀上了皇子。

《清实录》中记录着这样一则故事：顺治十一年春，佟妃诣慈宁宫向孝庄请安，出门的时候，衣裾间生光，就像真龙环绕。孝庄见后，觉得很惊异，便将佟妃留下，详细询问，这才知道佟妃已经有孕，于是高兴地对近侍说："当年哀家身怀皇帝时，左右曾看见哀家的衣裾间有龙盘旋，赤光灿灿。后果生圣子，统一寰宇。现在佟妃也如此，生子必膺大福。"三月戊申，玄烨出生。诞生之时，宫殿之中散发出一股异香，经久不散。同时，"五色光气充溢庭户，与日并耀"。

这一故事是真是假，此处不做考证。不过，可以确信的是，孝庄对玄烨从小就格外关爱。

从玄烨出生日期，也可以推出孝庄特别疼爱他的原因。当时，孝庄之母刚去世一个月，孝庄本人还沉浸在巨大的丧母之痛中，玄烨呱呱落地。新生儿的哭声给皇宫带来喜庆，更为孝庄带去安慰与希望。她将对亡母的思念转化为对新生孙儿的疼爱，这乃是人之常情。

据清制，皇子、皇女出生后，概由乳母、保姆哺育、看护，与生母分居两处，平日不准经常相见。玄烨更是如此。他出生的第二年，痘疹在京城到处传播，令人不寒而栗。孝惠皇后染疾，顺治皇帝及皇家子弟纷纷到外避痘。玄烨当时也未曾出痘，顺治下令将他与他的保姆迁居于紫禁城外的一座府邸。他不仅很难见到父亲，连接触母亲的机会都很少。

等董鄂妃入宫后，顺治的所有爱恋都放在董鄂妃一人身上。

董鄂妃生子，顺治又将慈父的关爱集中于这个孩子身上。因此，玄烨从小很难体会到真正的父爱与母爱。好在，他受到祖母孝庄的悉心照顾。据玄烨后来回忆：“朕自幼龄学步能言时，即奉圣母慈训，凡饮食、动履、言语，皆有矩度。虽平居独处，亦教以罔敢越轶，少不然即加督过，赖是以克有成。”孝庄显然是以帝位继承人的标准来培养玄烨的。

5岁时，玄烨入皇宫内书房读书，他年龄太小，连过门槛都需要太监抱入，但他却是皇子中较为懂事的，“举止端肃，志量恢宏，语出至诚，切中事理”。5岁后，玄烨在祖母的指导下开始学习，他好学不倦，每至深夜。孝庄派苏麻喇姑亲往教授，认满文，学书法，读经文，使玄烨受益匪浅。而玄烨本人的进步，又令祖母非常欣慰，认定他是可造之才。

顺治十六年，玄烨刚刚6岁。一天，他与皇二子福全、皇五子常宁，到宫中见父皇。顺治分别询问他们的志向。常宁只有3岁，不知道该如何回答。福全年龄最长，但没有当皇帝的雄心，说：“愿为贤王。”等到玄烨回答时，他认真地告诉顺治，说：“孩儿长大后，愿意效法皇父。”顺治一听，非常高兴。此次对答传到孝庄耳中，她对玄烨更为喜爱。

基于以上原因，在顺治临终前，许多人还对帝位继承人选并不明确的时候，作为最有发言权的孝庄，却早已将全部筹码放在了玄烨的身上。

康熙年轻时画像

顺治十八年（1661 年）正月初九日，孝庄亲自主持登基大典。玄烨成为新皇帝，他便是历史上有名的康熙大帝。

康熙是中国历史上最有成就的皇帝之一，不过，在他刚刚即位当皇帝的时候，他还必须完全仰仗祖母孝庄的培养及教导。

按清制，后妃不得干预国政。但孝庄却是例外。鉴于孝庄为大清王朝所发挥的突出作用，康熙登基刚两个多月，江南桐城县生员周南便呈上十条建议，其中第十条为："请太皇太后垂帘听政，以襄盛世之隆。"并援引宋代皇太后临朝称制的先例，说明自己所上建议的合理性。孝庄没有答应。她愿意康熙更快地适应角色，成熟起来，处理好国家大事。

在孝庄的安排下，康熙一方面直接听政，另一方面加紧学习治国之道。

孝庄对孙儿的培养可谓费尽心思，远比当年培养顺治更为卖力。

康熙的一举一动，都在孝庄的关注之下。她以恰当的方式教导孙儿，让康熙从小养成不嗜酒不吸烟的好习惯，并以严格的要求，使康熙养成"俨然端坐"的好习惯。这一点，康熙后来常教育自己的儿孙，称：“朕自幼年登极以至于今日，与诸臣讨论政事，或与文臣讲论书史，即与尔等家庭闲暇谈笑，无不俨然端坐，此乃朕自幼习成，素日涵养之所致。”

孝庄不时告诫康熙：“祖宗以骑射开创基业，切不可松弛武备。”康熙谨听祖母的教诲，刻苦锻炼身体，学习百般武艺。他是如此的杰出，以至于日后给外国传教士这样的印象：“宫廷上下惟独皇帝能拉得开自己用的强弓，并能运用娴熟。无论徒步或骑马，立定射击或快跑射击，他都能左右开弓。箭射飞禽走兽，很少虚发。各种武器，包括人们现在已不再使用的，他都件件精通。他应用我们的火器如同自己的弩弓一样。尽管鞑靼人生来善于骑马，但康熙皇帝在他们之中还是个杰出的骑手。他姿势优美，骑术高超，平地陡坡，上下自如。”

由于顺治皇帝非常尊崇汉学，曾伤害过满蒙权贵的利益，所以，一些保守的满族权贵不愿意康熙学习儒学。有迹象表明（从顺治的罪己诏中便可看出），孝庄本人似乎也对汉学有所疑惑。但在权衡之下，孝庄最终还是力排众议，继续挑选优秀的老师为康熙讲授汉学。康熙后来曾经回忆：“朕八岁登基，即知勤于学问。当时教我读书的有张、林二位内侍，他们都是多读书之人。我所学的以经书为要，至于诗文，则在其次。”康熙对汉学有非常浓厚的兴趣，刻苦学习之下，“凡帝王政治，圣贤心学，六经要旨，无不融会贯通，洞彻原委”。

孝庄经常向康熙讲述一些如何治国的道理。她曾勉励康熙：“古称为君难。苍生至众，天子一人临其上，故须深思如何得民心，方能得治国之道。只有使四海安居乐业，大清社稷方能绵延不断，至于无疆。故为君者，当宽裕仁慈，温良恭敬，慎乃威仪，慎尔出话，夙夜恪勤。”孝庄使康熙明白，当一个好皇帝，需要付出比常人多得多的努力，需要有坚强的意志和高明的智慧，需要不断接受考验和挑战。

康熙登基不久，生母的去世便是对他极大的考验。

康熙即位后，他的生母被尊为慈和皇太后。康熙终于可以经常得到母后的爱护了，这对他来说，实在是太重要了。只是，皇太后不久染病，于康熙二年（1663 年）二月庚戌告别人世。母后病重时，康熙目不交睫，衣不解带，日夜陪护在病榻前。等母后薨逝，康熙无法控制自己的悲痛之情，痛哭哀号，哭无停声。他发出哀诏：“呜呼，仰惟教育隆恩，难酬高厚，乃孝思未展，忽焉见背，哀痛弥切，抱恨终天。”

孝庄对皇太后的死也甚感悲伤，但她不能允许皇帝为此太多地消耗身体。她频频降下懿旨，劝慰康熙。

在奉移皇太后梓宫时，康熙在东安门外奠酒行礼，痛哭不已。孝庄考虑到康熙的身体，多次降懿旨，称：“皇上冲龄，荷宗社之重，不便远离紫禁，亲送梓宫。”康熙虽不情愿，但最终还是遵守太皇太后的懿旨，流着眼泪，目送母亲的棺椁被抬走，慢慢消失。这对康熙来说是残忍的。此后，孝庄同样下达命令，不允许康熙亲送母后的宝宫前往孝陵。这样的命令未免有点苛刻，但康熙还是理解了她的苦心。

75

# 太皇太后尊号

康熙二年（1663年）十月前，孝庄被称为圣祖母皇太后。十月癸卯日，康熙皇帝率朝臣为祖母上新的尊号，孝庄被称为太皇太后。

按照程序，康熙皇帝首先在八月份传谕礼部："君国之道，必定崇敬孝理；化民之务，首先重视尊亲。我圣祖母皇太后，仁承天德，顺协坤仪，辅佐皇祖太宗文皇帝（指皇太极），肇建丕基。启皇考世祖章皇帝（指顺治皇帝）宅中定鼎。朕继承担当宏图伟业，恭敬遵从圣祖母懿训，仰惟恩德，爱戴弥殷。"因此，有意为圣祖母皇太后上尊号为"昭圣慈寿恭简安懿章庆敦惠太皇太后"。令礼部挑选好日子，为圣祖母及二位母后上尊号。

十月壬寅日，一切都已准备就绪。康熙皇帝派遣礼部官员告祭天地、太庙、社稷。

癸卯日，黎明时分，值班内大臣、侍卫、内院、礼部官员便穿上朝服，集合起来。宫中摆设了六座太皇太后、两宫皇太后的册宝彩亭。其中，太皇太后的册宝彩亭置放于太和殿的正中。

上尊号仪式是大清王朝所有仪式中最为隆重的一种。场面之庄严，不必细说。

最主要的环节是颁布册文与宝文。其中，太皇太后的册文内容是：

昌源茂衍，荷慈训之贻谋。景历初膺，奉彝章而晋号。欢腾宫禁，庆洽寰区。钦惟圣祖母昭圣慈寿恭简安懿章庆皇太后，至仁厚德，配地承天。辅皇祖以式廓丕基，懋著肃雝之化。启皇考而载恢大业，益隆圣善之规。顾眇躬之嗣缵洪猷，赖懿教之恩隆诲迪。敬循显扬之典，用抒孝养之热忱。谨告天地、宗庙、社稷，率诸王、贝勒、文武群臣，恭奉册宝，加上徽号曰昭圣慈寿恭简安懿章庆敦惠太皇太后。

从册文中可以看出：孝庄此时的尊号与原来相比，除“皇太后”变为“太皇太后”外，还在原有尊号的基础上加了“敦惠”二字。封建王朝的帝王为表示对自己祖先的敬意，便采取不断在字号（尊号或谥号）上加字的方式，以至于每一个皇帝皇后的字号都显得特别冗长，令人不明白什么意思。这也是中国一种特殊的“礼”文化。

“礼”与“名”，从上而下，不厌其烦地在既定的规矩中予以贯彻，无形中转化为一个国家的内聚力量，成为整个社会伦理道德的主要内容，稳固与加强王朝的统治。客观地说，中国传统而繁琐的礼仪，尽管有不少弊端，但其可取性也是很强的，尤其放在当时的时代。

当然，我们现代人已不再需要太抠字眼。即便是册文内容，我们只需要知道，那里面最主要的意思就是：概括了一个人的主要功绩，然后表达了册封者的崇敬之情。其主要目的是：让普天下的民众更加尊崇伟大的太皇太后。

# 辅政四臣





康熙初即位时，年少无法亲政。太皇太后孝庄也不愿意垂帘听政。因此，朝政便须有辅政大臣处理。

顺治遗诏中，将索尼、苏克萨哈、遏必隆、鳌拜定为辅政大臣，令他们“保翊冲主，佐理政务”。这也是孝庄的意思。

四大臣诚惶诚恐，跪告诸王、贝勒等人，说：“从来国家政务，都是由宗室协助。索尼等皆为异姓臣子，如何能够综理？辅政要职，我们不敢独专，而应该与诸王、贝勒等共同担任。”

王公、贝勒等人均明白这是孝庄定好的事，谁也不敢有二话，赶紧回答：“大行皇帝深知你们四大臣的忠心，所以委以国家重务，诏旨中讲得非常明白，谁敢干预？你们不要再谦让了。”

索尼等四人这才奏知孝庄，并在顺治灵位前发誓："索尼等誓协忠诚，共生死，辅佐政务。不私亲戚，不计怨仇，不听旁人及兄弟子侄教唆之言，不求无义之富贵。不私往来诸王、贝勒等府，受其馈遗。不结党羽，不受贿赂，惟以忠心，仰报先皇帝大恩。若复各为身谋有违斯誓，上天殛罚，夺算凶诛。"

此后，辅政四臣正式成为整个王朝的主要决策者。虽然诸多大事均需向孝庄太皇太后禀报，但孝庄并不发表多少意见。朝政大权因此逐渐集中于四大臣手中，大清朝进入长达八年零五个月的"辅政时期"。

四大臣均是功劳卓绝的上三旗大臣。

索尼属正黄旗，四朝元老，资历最老。努尔哈赤时期，他是一等侍卫；皇太极时期，他从征锦州；皇太极死，他拥立顺治有功；多尔衮专权时，他予以抵制，因此被革去所有官衔；顺治亲政后，他再次被重用，晋升为一等伯，世袭，擢升内大臣兼议政大臣，总管内务府，参与国家大政方针的起草与谋划。顺治死后，索尼在稳定朝局方面起着别人无法替代的作用。

苏克萨哈属正白旗。他的父亲苏纳是努尔哈赤的女婿，这样算下来，皇太极是他的舅父，孝庄是他的舅母。苏克萨哈原来是多尔衮的近侍，多尔衮死后，他因举报多尔衮在世时的种种越轨行为，受到孝庄与顺治的信任，被提升为护军统领。之后，他又出任领侍卫内大臣，加太子太保。他本人代表着正白旗的利益。

鳌拜、遏必隆属镶黄旗。鳌拜功劳最为突出，无论在清入关前与明朝的战役中，还是在入关后与农民军及南明军队的作战中，鳌拜屡立功勋，自视功劳最大。他在拥立顺治、抵制多尔衮方面，与索尼起同样作用。他也被多尔衮压制，差点被置于死地。顺治亲政后，鳌拜晋升为二等公，加太傅，任议政大臣，擢升领侍卫内大臣。遏必隆也因为与多尔衮不和而遭迫害，顺治亲政后，他同样得到信任与重用。

四大臣表面上和衷共济，尽心竭力地辅佐幼主。他们都在大清这一巨船上，有着许多共同的利益。可是，由于四人分属不同的利益集团，个性各有不同，所以他们之间也存在不可避免的巨大争执。

孝庄采取制衡的策略，巧妙地协调着四人的关系。她内心很明白：她需要四大臣一条心，共同为大清的统治效力；同时，她又需要四大臣不是一条心，他们内部小集团的纷争，可以为最高的皇权专制提供条件。必要的时候，她甚至还要故意制造一些事端，加强他们内部的不和。

这便是帝王术——一门微妙的矛盾而统一的统筹艺术。

77

# 费扬古冤案



四辅政执政后，第一件大事，就是将宫内五千名太监，一举淘汰了四千名，仅留一千人做下等役务。这件事其实是在孝庄的主持下进行的。内宫大事，没有太皇太后发令，谁有这样的胆子。而对于其他事情，孝庄采取放权的做法——既然让他们辅政，自己就不便处处指手画脚，否则容易引起混乱。

孝庄的态度，使四大臣权力日重。他们思想保守，企图恢复满族的祖章旧制，又仇视汉人与汉文化，肆意剥夺汉人的权利，引起极大的怨怼。他们所施行的政策与顺治时截然不同，使社会出现倒退的局面。

顺治十八年，四位辅政大臣以一致的态度，下令废除十三衙门，恢复内务府；废除内阁，恢复入关前的内三院。此后不久，他们更改了顺治皇帝为缓和满汉矛盾而实施的满汉官员品级划一的政策，重新提高满族官吏的品级，降低汉官品级……种种抑制汉官的措施迅速而广泛地展开，令汉官忧心忡忡，敢怒不敢言。

此外，鳌拜等人通过“奏销案”、“科场案”、“明史案”等事件，分别从财政、科举、文化等方面，无情地打击了江南文人。这些事件，从加强清廷统治的角度看，是无可厚非的。只是鳌拜等实施这些措施时，夹杂着满族权贵落后野蛮的思想，致使民族矛盾骤然加剧，反而不利于清朝的统治。已经立住脚跟并拥有强大兵力的降清官员吴三桂等人，利用江南人士对清廷的不满，笼络人心，扩大自己的势力范围。他们对清廷采取了两大强力对策：一方面加大对满族权贵的贿赂，一方面暗地里强化自己的军事实力。

四大臣中，索尼继续保持着稳重的作风，不愿意太招摇。鳌拜、苏克萨哈却不是这样，他们借机争权夺利，排斥异己。

鳌拜自恃功高权重，开始以公报私，肆意妄为。内大臣费扬古与鳌拜政见不同，鳌拜怀恨在心。费扬古的儿子倭赫是皇帝身边的侍卫，他与另外三位御前侍卫西住、折克图、觉罗塞尔弼尽心护御康熙，深得康熙的信任。四位御前侍卫眼中只有皇帝，对位高权重的辅政大臣则没有恭维之意。这本是职责所在、理所应当的事情，可是却遭到鳌拜等人的嫉恨。鳌拜执意要杀鸡儆猴，树立自己的“威信”，于是罗织罪行，认为四位御前侍卫擅自请皇上游景山、瀛台，并擅骑皇上所乘御马，擅用皇上弓矢射鹿，论罪当斩。康熙本意要保住这几位亲信，但由于四侍卫确实犯下大清律法所不容的事，康熙未曾亲政，不便袒护。此事说大也大，说小也小，可是鳌拜偏偏不依不饶，而且借了一个很好的名义——一切为了辅佐好皇帝，这样既堵住了年幼皇帝的嘴，又落一个忠臣的名，而且杀掉了政敌的儿子。

鳌拜此举还有“引蛇出洞”的意图。不久，他以费扬古守陵有怨为由，将他及他的儿子尼侃，还有已出征的萨哈连，都论罪处死。费扬古另一位儿子芭黑，虽然免死，但不久仍被发配到东北的宁古塔。费扬古家的全部房产均充入鳌拜弟弟穆里玛的家中。

鳌拜恃权作福，许多朝臣纷纷依附，形成很大的势力。苏克萨哈不甘落后，想方设法地培植自己的力量，形成另一根深叶茂的派系。

# 78

# 汤若望冤案



鳌拜、苏克萨哈一度联手，打击以汤若望为首的基督教势力。

汤若望虽然年老，但在朝野仍有相当的威望，势力非常强大。鳌拜、苏克萨哈对此极端仇视，于是蓄意指使，造出一桩轰动朝野的事件来。

汤若望认为，苏克萨哈是“最恶劣种类的基督教仇视者”。在他看来，鳌拜显然也是如此。苏克萨哈与鳌拜本来矛盾挺大，但他们为了共同排挤基督教势力而合作起来。在他们暗地指使下，与汤若望素有仇怨的杨光先行动起来。

杨光先首先在京城到处散布攻击汤若望与基督教的传单，传单总量达五千份之多。接着，他用回教天算家、太监和僧徒等各团体捐助的银两向各方面进行贿赂。这样，声势便造得越来越大，且在苏克萨哈、鳌拜的幕后推动下，形成一股强大的力量。而此时，汤若望却不幸地中了风，行动费力，口舌结塞，右手麻木，无法出面应战。

康熙三年（1644 年）的某一天，杨光先向礼部呈递了一份控告教会的状文。此状文在同一天竟被上呈给辅政大臣。控告的最主要的人物就是汤若望与南怀仁。南怀仁是比利时人，也是传教士。

指控的罪状，一共有三款：第一款，汤若望等人在历本上印“依西洋新法”五字，这是对中国的侮辱；第二款，基督教义是邪恶的；第三款，汤若望等人传布虚妄的天文学说。

有了这样的状纸，鳌拜与苏克萨哈迅速操纵起来，将汤若望等人拘禁，予以审讯。

此时，孝庄虽在宫中，但对此事了解得清清楚楚。因鳌拜、苏克萨哈是以法定程序执行的，孝庄不到万不得已，不会出来讲话。

三条罪状中的前两款是欲加之罪，汤若望等人因此遭受处罚。而第三条罪状则可以通过实践来进行鉴别。关于这一点，《汤若望传》中有生动的描述：

这期间汤若望的官司仍在进行，而并未终止。因为对于所控告的第三种罪名，就是传布外错虚妄的天文学说的罪名，直到这时尚未加以审讯，因此决断，用最简短与最确切的方法，以证明汤若望之罪名。

因为在一月十六日，就是在刑部宣布处罚汤若望等人之后的一日，为日食之期。当时之三种天算学派，即欧洲、中国与回回三派，于多日前已各将其推算呈递部中。所以现在便不要再费人事，而可直接听从上天之裁决了。

这三派的首领以及各阁老，各部尚书，连带他们辅佐官员，并钦天监之一切官吏，和其他地位崇高之大人物，均应会集一处，共同当场测验，以资证明三派之孰优孰劣。杨光先和他的党徒们足够稚傻的了，因为他们竟敢预先扬言，必定会获胜的。往日经验的教训，他们竟完全置之脑后。

根据南怀仁之推算，北京所见之日食，应在下午三点二十六分开始。杨光先及其回回派之天算家，贸然径直地竟确定了一个与南怀仁推算略有不同的时间，意在希望南怀仁或有略微算错之处，而他们的确定，便不能不对了。回回天算家所测日食之时间，较南怀仁之所预测者早半点钟，而中国历法所预算者，则较南怀仁之所预推者早一刻钟。

这是一场西洋天文学与中国传统天文学的较量。应该指出的是，《汤若望传》尽管多为客观的描述，但此中仍有偏向性的语言。我们可以推想，杨光先等人既然推算日食出现的时间要比南怀仁推算的时间早，那他们就是确实推算过了，而且坚信自己是正确的，而不是《汤若望传》中所讲的

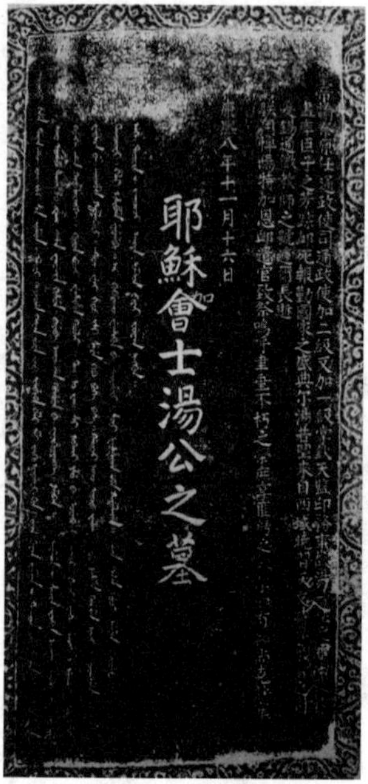

汤若望墓碑碑阴拓片

“意在希望，南怀仁或有略微算错之处，而他们的确定，便不能不对了”。

且看下面的记载：

汤若望的病势在短时期之前，又曾经加重一次。他受着呼吸困难的苦痛，而有时竟致丧失意识，昏迷不醒。在测验的时间，他不得不带他那就条锁链莅场，躺卧于风地中的一张床上。

南怀仁令人将他的望远镜送来，他们将他手上的锁链去掉，而将他脖颈上的锁链擎起，以便能当场工作。日食之时刻渐次移近，在记时仪器之前，立有数位官吏，呼报时刻。

“现在是中国历法所推算的时刻了！”十五分钟的时间，绝未见有丝毫日食的痕迹。“现在到了回回历所推算的时刻！”又差不多枉然等候了半小时之久，仍见不到日食。“现在是你所推算的时刻了，汤若望！”在这一瞬间，太阳登时便开始昏暗，入于日食状态。

当场之一切人们，只除去这时深觉羞愧难堪的回回与中国天算家之外，俱皆显示露出兴奋惊服的神情。他们一方面向大家递茶，一方面都依次向望远镜内观察日食。这一次的日食是一种中心的、几乎全面的日食。这也都是南怀仁预先推算准确的，而其他之二种历法，则完全错误不对。

此事轰动九城，尤其引起孝庄与少年康熙的重视。康熙终身喜好西方科学，实与此事有很大关系。《康熙政要》中有一段康熙对臣子们的“夫子自道”，称：“尔等惟知朕算术之精，却不知我学算之故。朕幼时，钦天监汉官与西洋人不睦，互相参劾，几至大辟。杨光先、汤若望于午门外九卿前，当面赌测日影，奈九卿中无一人知其法者。朕思己不知，焉能断人之是非？因自愤而学焉。”

值得交代的是，《汤若望传》中还透露了一个真实的情况：

在这里南怀仁于他的记录中却作了一种良心的承认。因为实际上日食之开始本来是比他所推算的时刻较早五分钟的。但是上天的神意竟会安排得使这错误令人觉不出来了。

因为记时仪器前呼报时刻之官吏在他们那激动兴奋的心情之中呼报汤若望的时刻时，恰恰早呼五分钟。政府公报登时便把欧洲天算的胜利公布全国。中国与回回两方面之天算家不得不具结画押以承认他们的错误。

倘非“恰恰早呼五分钟”，则推算时刻未到，日食已经出现，仍是错误。虽说比“中国”“回回”两派的推算较近事实，但亦不过五十步与一百步之别，其错则一，反对者即可据以“证实”汤若望“传布舛错虚妄的天文学说”。

不管怎样，测验以汤若望一方胜利。但即便如此，鳌拜、苏克萨哈仍不放过汤若望为首的传教士。他们拟定了别的罪名，要将汤若望及其属下凌迟处死。孝庄终于出来说话了，她认为判得太重了。两次复议后，汤若望幸免于难，但他的五位钦天监的属下却被处死。

汤若望仍背着罪名，不久病死。而杨光先则晋升为钦天监的监正。

直到康熙亲政后，汤若望的罪名才被彻底平反。南怀仁成为汤若望的继承者，掌管钦天监。中西方文化在清前期得到较为广泛的交流。可惜的是，康熙皇帝本人并没有将自己对西方自然科学的热爱纳入举国士大夫的学习内容当中，也没有将其放置于科考内容当中，而从雍正朝开始，则出现长期的禁教与闭关，这固然与罗马教廷的霸道与僵硬政策有关，但中国却失去了与世界先进潮流一同进步的机会。

# 79 康熙的皇后不再是蒙古人

在孝庄心中，朝中设辅政大臣，不过是权宜之计。她迫切地希望康熙能早日亲政，亲自处理国家大事。

康熙年龄虽小，但早有贤明帝王的气象。刚即位时，孝庄当着群臣的面问康熙：“身为天下之主，有什么打算？”康熙从容地回答：“无他欲，惟愿天下平安，生民乐业，共享太平之福而已。”孝庄及群臣对他的回答非常满意。

康熙可称得上绝顶聪明的人，既有过目不忘之能，更有非同一般的领悟力，他的体能又极佳，发育比常人要早。孝庄还欣喜地观察到，孙儿的身上潜藏着比乃祖乃父更强的魄力和胆略。基于这些，孝庄将康熙亲政的日程表提前，在康熙刚刚 11 岁零六个月的时候，便为他主持大婚，挑选了皇后。

康熙是清朝皇帝中最早结婚的。孝庄之所以如此，还有更深的政治因素：遏止鳌拜专权。

朝中大权基本上掌握在四位辅政大臣手中。这四人当中，索尼、鳌拜、遏必隆均出自实力最强大的两黄旗。两黄旗同时也是孝庄一直依赖的主要力量。鳌拜虽然排在索尼之后，但居功自傲，行事总要凌驾于索尼之上。索尼虽然德高望重，但年龄已大，似乎不愿意与鳌拜争权，遇事总让着鳌拜，在大事上也往往附和鳌拜。遏必隆实力不及鳌拜，利益多与鳌拜相同，因此也处处附和鳌拜。只有苏克萨哈与鳌拜时和时离，但苏所掌握的正白旗显然无法与两黄旗相抗衡。如此一来，朝中开始出现令孝庄不安的局面，即：权力越来越集中于鳌拜一人之手。而鳌拜跋扈惯了，甚至不把康熙皇帝放在眼里，经常在众人面前顶撞皇帝。

鳌拜专权的情况下，孝庄并不出面干预，而是不动声色地实施了两件重大决策。两大决策分两步走：第一步，让皇帝结婚；第二步，让皇帝亲政。而在第一步中，又隐藏着重要的玄机。

此次，孝庄不再执意从蒙古族中挑选皇后。满蒙关系已经非常坚固，皇帝不必非娶蒙古族女子不可。当务之急，是要使已经有点倾斜的朝局恢复平衡。

在孝庄宣布挑选皇后的决定后，所有的权臣无不希望自己的女儿能嫁给康熙，这里面包括鳌拜、遏必隆等人，也包括平日非常低调的索尼。

孝庄成竹在胸，她没有挑选鳌拜的女儿，因为那只会使鳌拜更加专权，危及皇权。她选择了索尼的孙女赫舍里氏，促使索尼一家一心一意地辅佐皇帝。索尼本人也一改已往的消极态度，开始积极地拥护康熙。索尼的儿子索额图，则在日后起更大的作用。

鳌拜的女儿未曾入选，这使他非常恼火。他甚至满怀妒忌地与遏必隆一起，入宫“奏阻”。而孝庄在这种关键性的大事上，不做丝毫的退让。鳌拜最终无法得逞。

四辅臣中，由于索尼与鳌拜出现不和，朝局再次趋于平衡。而康熙大婚完毕，就意味着他已经成人，为早日亲政奠定了舆论基础。

康熙四年（1665 年），康熙听从孝庄的安排，与赫舍里氏举行大婚典礼。赫舍里氏比康熙大三个月，结婚时确切的年龄是 11 岁零六个月。她的年龄虽小，但也是早熟且熟知礼仪的人物。她与康熙互敬互爱，相处融洽；她对太皇太后、皇太后知冷知热，非常孝顺；她有大家闺秀的风范，有宽仁节俭的美德，其品行得到上上下下的交口称赞。康熙非常感激祖母为他选了这一位贤内助。

80

# 鳌、苏争权与康熙亲政



鳌拜与苏克萨哈本有姻连，但二人由于政治利益的纷争，逐渐成水火不容之势。

苏克萨哈思路敏捷，有才气，处理政务时渐露锋芒。他善于拉拢人才，见有杰出的汉官，不惜倾身折节与其交好。许多朝臣成为苏克萨哈的亲信。鳌拜对此极其不平，执意打垮苏克萨哈。

鳌、苏之间展开激烈的争斗，集中反映在“换地圈地”一事上。

鳌拜到处圈地，致使许多百姓流离失所，怨声载道。“圈地”又称“绳地”，就是将长绳系于马的后面，然后纵马飞驰，马所经过的地方，便成为满清权贵的土地，引绳为界，故称“绳地”。“圈地”本是清军刚入关时一种掠夺土地的野蛮方法，早已废除。鳌拜再次以此抢夺土地，令人侧目。

康熙五年（1666年）十月，鳌拜向苏克萨哈发难，向正白旗“换地”。

鳌拜所属的镶黄旗，入关后所占土地在涿州、保定、河间一带；苏克萨哈所属的正白旗，由于当年首先跟随多尔衮入关，其所占土地在京东一带。鳌拜提出：将蓟州、遵化、迁安诸庄，改拨镶黄旗；另外圈占民间土地，补给正白旗。也就是说，鳌拜明目张胆地要将正白旗已经开垦好的京东熟地夺过来，成为镶黄旗所有。

苏克萨哈自然不答应，正白旗也不答应。于是，苏克萨哈与鳌拜，正白旗与镶黄旗，双方出现严重的对立，相持不下。最受害的是两旗的百姓。因为“旗地待换，民地待圈”，老百姓不愿意白干，致使土地荒芜，无人耕种。老百姓失业，苦不堪言。

朝中主管此事的有三人，分别为：大学时兼户部尚书苏纳海，直隶、河南、山东三省总督朱昌祚，顺天巡抚王登联。三人均认为：换地之事，无法实行。

朱昌祚写了一个详细的折子，呈给朝廷，认为：“臣思安土重迁，人之至愿，两旗分得旧处庄地，二十年来相安已久，靡不有父母坟墓在焉。一旦更易，不能互相移徙，且值此隆冬，各旗率领所属，沿村栖守；守候日久，穷苦者趸粮已尽，冻馁可悯。附近百姓，闻朝廷此举，所在惊惶，且据士民环门哀吁，有谓州县熟地皆已圈去无余，今之夹空地土，皆系所遗洼中经垦辟成熟，当差办税者。有谓地在关厢大路镇店，所居民截承应运送皇陵物料，并垫道修桥及一切公差徭役者。有谓被圈地之家，即令他往，无从投奔者。有谓时值冬令，扶老携幼，远徙他乡，恐地方疑为逃人，不容栖止者。有谓祖宗骸骨、父母邱垅不忍抛弃者。臣职任安民，而民隐如此，何敢壅蔽，不以实闻。”

鳌拜蛮横无理，给两旗士民带来极大的苦难。主管三臣秉公办理，牵制了鳌拜的劣行。可是，鳌拜蛮横惯了，哪容得下其他大臣的非议，于是转而迁怒于三位大臣。不久，苏纳海、朱昌祚、王登联三人均被鳌拜杀害。在这件事上，康熙皇帝有着自己鲜明的态度，曾出面阻止。但鳌拜竟胆敢虚拟圣旨，假借皇帝的名义，将重臣斩首，这使至高的皇权再次受到威胁。

处死三大臣后，鳌拜气焰更加嚣张，不把小皇帝看在眼里。他强行换地，给旗民带来巨大的灾难。他横行朝野，使百官惴惴不安，许多人开始希望康熙早日亲政。

康熙六年（1667 年）三月，以索尼为首，群臣奏请皇上亲政。康熙将奏折留在宫中，对下面的人说：打算再过几年亲政。

这其实是一种试探的姿态。索尼等再次陈奏，认为顺治皇帝就是在 14 岁的时候亲政的，现在皇上年龄品德与之相当，天下事务均能处理自如，当然应该亲政。

奏请康熙亲政的人群中也有鳌拜。鳌拜并不希望皇上亲政，他是迫于强大的舆论压力才不得已而为之。

大臣们屡次陈请康熙亲政，康熙均没有同意。孝庄的意思，再静观一段时间。可是，偏偏在这个时候，索尼突然去世，使朝权再次集中于鳌拜手中。

康熙有点着急了，于七月初三，以辅臣多次奏请为由，率辅臣一起面见孝庄，等候孝庄的指示。孝庄自有主张，说："皇帝尚年幼，如你们一下子将天下事交给他独自处理，这恐怕不大行得通，缓一二年再奏吧。"说完，她面带笑容地看着鳌拜。鳌拜显然很乐意听到这样的话，但又不便表现出来，于是说道："主上躬亲万机，臣等仍行佐理。"孝庄采纳了鳌拜的建议。

七月七日，康熙躬亲大政，御太和殿，王以下文武官员上表行庆贺礼，宣诏天下。诏文内容为："朕承太皇太后之命，躬理万机。惟天地祖宗，付托至重；海内臣民，望治方殷。朕以凉德，夙夜祗惧。天下至大，政务至繁，非朕躬所能独自料理。宣力分猷，仍惟辅政臣、诸王、贝勒、内外文武大小各官为依赖。"这样一来，康熙开始亲政，但鳌拜仍然掌握着辅政大权。

孝庄之所以如此行事，有她自己独到的见解。她要稳妥地为孙儿的长远前途着想。她自信，虽然鳌拜在朝中称霸，自己仍有制服他的把握。她要以此让康熙在矛盾中成长，锻炼他的能力，使他真正成为少有的圣贤之君。

# 81 苏克萨哈成为牺牲品



康熙亲政时，苏克萨哈对鳌拜有两种心理。其一，他已意识到自己的实力无法与鳌拜争锋。索尼死后，鳌拜更加锋芒毕露，俨然以首辅的姿态处理国事，处处排挤苏克萨哈。在这种情况下，苏克萨哈应该采取避让的态度。其二，苏克萨哈对自己的失败不甘心，对鳌拜怀有怨恨。即便自己失势，也要将鳌拜拉下马。在这两种心理的支配下，他请求朝廷派他前往盛京守先帝陵寝。此举又有两层含义：一、往守陵寝可以避免与鳌拜直接冲突；二、可以借此将鳌拜一军。皇帝亲政了，作为排名在前的苏克萨哈可以识时务地放弃特权，你鳌拜为什么不可以呢？

苏克萨哈的举动激怒了鳌拜。他恼羞成怒，走出一步苏克萨哈从没有想到的极端的棋。鳌拜竟然将苏克萨哈往守陵寝的请求视为大不敬，联合同党，蓄意罗织罪名，决意置苏克萨哈于死地。

鳌拜等人擅自将苏克萨哈抓起来，为其罗织二十四条罪状。苏克萨哈在请求守陵的上疏中，有“如线余息，得以生全”等语，其矛头直接指向跋扈专横的鳌拜。而鳌拜同党则以此构罪，认为：“苏克萨哈，系辅政大臣，并无危急之处，在此何以不存伊命，令往陵寝，伊命得生。现在，方归政于皇上，伊即想要往守陵寝，这岂不是不愿意归政于皇上么？这是他的一大罪过。”又称：“苏克萨哈虽供，曾屡次奏过太皇太后，夕归政于皇上，朝即具疏恳往陵寝居住等语。但四辅臣曾经盟誓，凡欲奏事，公同启奏。苏克萨哈背弃誓言，这是又一大罪状。”其他罪状与此雷同，不一一列举。

明眼人可以看出，鳌拜同党虽然拟出苏克萨哈二十四大罪状，但所谓的“罪状”均围绕着一些中性的事实，没有一条是实质性的可以清楚证明苏克萨哈“有异志”的重大事实。而那些中性的事实，你可以这样理解，也可以那么理解。所有的“罪状”，称得上“莫须有”。

可是，鳌拜就是要以这些“莫须有”为由，要将堂堂的辅政大臣置于死地。不仅如此，鳌拜还极其残忍地要将苏克萨哈及其长子内大臣查克旦一块肉一块肉地割下来，凌迟处死。并打算将苏克萨哈其余的六个儿子、一个孙子、二个兄弟，全部处斩，没收家产。

鳌拜的淫威，令朝臣们恐慌。王公大臣们因害怕鳌拜报复自己，也纷纷附和。

刚刚亲政的康熙，对这一事件非常明了。对于鳌拜同党的公报私仇，康熙坚决反对，“坚持不允所请”。可是，鳌拜竟在朝堂之上，卷起袖子走上前去，与康熙争论，此后好几天不停地强奏，逼康熙让步。其他王公大臣也在鳌拜的逼迫下，以不杀苏克萨哈就不当官来要挟康熙。

皇帝与权臣之间形成僵持的局面。鳌拜胆敢如此，是因为他背后强大的实力。他压根瞧不起少年康熙，决意在一开始就压住皇帝的气势，使皇帝还像以前一样乖乖地听他的。



年轻气盛的康熙怎能咽下这口气。他一边态度坚决地抵制着鳌拜，一边习惯性地向太皇太后征求意见。

孝庄不动声色地洞察着事态的变化，最后，她语重心长地告诉康熙：现在还不是跟鳌拜翻脸的时候。你的一举一动都应该以国家稳定及长远发展为目标。要知道，最后的胜利才是最重要的。要想成就大的事业，就要能忍一时之气。

康熙明白了祖母的意思。他定下了铲除鳌拜的决心，但铲除鳌拜应建立在“不伤及大清社稷”的前提下，要一步一步来。这样，苏克萨哈成为牺牲品，虽然免于凌迟，但最终还是被处以绞刑。

# 为顺治“翻案”





鳌拜等人采取保守倒退的政策，使满汉矛盾加剧，出现不利于大清统治的许多潜在隐患。由此反思顺治在世时的治国方针，孝庄逐步意识到：儿子生前的许多措施是相当英明的。特别在安抚汉人、重用汉族官吏，吸收汉民族优秀文化上。

顺治的死，令孝庄非常伤心。她曾策划“罪己诏”，作为对“不孝儿子”的责备。但现在，她意识到自己的不当。在她的默许下，康熙皇帝为顺治彻底“翻案”。

康熙七年（1668 年）正月，朝廷为顺治皇帝建孝陵神功圣德碑。碑文中一反“罪己”口气，转而成为歌颂功德的无比赞美之词。文中写道：

> 皇考（指顺治皇帝）未诞之先，太皇太后尝有红光绕身，女侍惊以为火，近则不见，

众皆大异之。又梦异人授一子曰，此统一天下之主也。次日，皇考诞生，宫内红光照耀，香气弥漫，经久不散。……祇奉太祖、太宗成法，治具毕张，敬天尊祖，飨祀亲虔，孝事太皇太后，晨兴问安，长跪受教，披阅章奏，每至夜分。……我皇考以精明理政务，以仁厚结人心。法制则细大无遗，德音则遐迩咸遍。故使山陬海澨，莫不覃被恩膏。东至使鹿使犬等国，西至厄内忒黑、吐鲁番等国，北至喀尔喀、俄罗斯等国，南至琉球、荷兰、西洋、海外等数百国，见海不扬波，咸曰中国有圣主出焉。

文中对顺治的赞美显然有些夸大，然而可以看出孝庄与康熙对顺治的怀念之情。天底下最伟大的爱是母爱，即便顺治生前再让孝庄操心生气，再做多少背逆之事，孝庄终究不会记恨自己的儿子。从另一个角度看，孝庄此时的治国主张也在发生潜在的变化：“孝”“仁”“德”“法”这些汉文化中的核心词汇已深入孝庄的内心。

# 天 威

83



鳌拜越来越无法无天了。他依仗自己的权势，专横跋扈，并试图突破天威，成为“太上皇”。他不断地培植自己的势力，使党羽遍布朝野，给皇帝的天威造成威胁。康熙亲政后，鳌拜不知收敛，仍然自作主张地安排朝臣的任免，并当着皇帝的面训斥大臣，有时甚至与康熙对着干，致使皇权与“相权”之间产生巨大的矛盾。康熙势必要铲除他。

天威的含义，简而言之，就是天子的威严。

在封建帝国，天威是任何人不可触犯的威严。这种观念深入人心。因此，康熙皇帝虽然年幼，但他在满清臣民心目中的地位是至高的，想要打破这一观念势必难上加难。而且，随着康熙亲政，随着康熙年龄的增大，鳌拜想成为“太上皇”，所要突破的障碍就越大。

但是，如前所述，康熙想要遏止或铲除鳌拜，并不是一件容易的事。鳌拜同党中许多人掌握着重权，例如，鳌拜的弟弟穆里玛就是统帅镶黄旗的最高统领。康熙必须在朝野中树立更大的威信，使忠勇之士看到皇帝不再是小孩了，已有了真正的能力，从而能够心无顾忌地为皇帝出力。他也必须能够逐步看清和掌握朝局的变化。

在这一关键时期，孝庄自然闲不下来，日夜为孙儿策划着。康熙则每天都到慈宁宫请示，然后将两人共同商议好的计划付诸行动。

康熙所做的第一步，就是树立勤政务实的形象。每月除初五、十五、二十五这三天在太和殿视朝，处理重大事务外，还不定期地在乾清门听政。特别是在亲政初期，康熙基本上每天都到乾清门，听取并处理各等官员的意见，风雨无阻。在这里，他接触到除辅政大臣外的许多官员，包括不少汉官。这些官员中，对鳌拜相当不满但敢怒不敢言等待机会者，不乏其人。他们也在密切观察着新皇帝。

康熙显然没使朝中的忠贞之士失望，他很快显示出自己的政治智慧，既能集思广益，又有自己明智而独立的处事方式。他每天批阅奏折直至深夜，及时而正确地使朝臣们得到明确的指令。

康熙很擅长纳谏。康熙七年（1668 年）九月，康熙打算出京城视察，内秘书院侍读学士熊赐履上疏，认为："皇上一身，宗庙、社稷所依赖，中外臣民所瞻仰。近闻车驾将幸边外，臣以为不可，伏乞收回成命。"吏科给事中赵之符也上疏，认为天气已寒，不宜外出。康熙采纳了两人的意见，并下达圣旨："以后国家紧要重大事情，如有未当，务将所见直陈，朕不惮更改。"

一次，有朝臣提出："曾误赦一人。"某大学士试图打马虎眼，说："既已误赦，就悉听尊便吧。"康熙马上批评道："错误地赦免一个人，如果可以任其错误，那么，杀人也可以任其错误下去吗？"大学士满脸惶恐，无话可说。

有朝臣建议，朝廷应该恢复大学士入直票拟章奏的制度，这样可以杜绝任意更改的弊病。康熙认为很有道理，马上禀报太皇太后。在孝庄的支持下，改内三院为内阁，并重新设立了翰林院。这些制度的调整，意义非同小可，直接影响着国家的大政方针。而在实施这些措施的时候，康熙本人的权威潜移默化地加强。

当康熙的天威逐步加强后，他开始试探朝臣们的态度。一次，朝臣奏读章本，鳌拜依然故态重演，漫不经心地与别人闲谈。康熙突然令朝臣停止奏读，大殿内于是只听到鳌拜等人的声音。所有人的目光都集中到鳌拜身上。这时，康熙严厉地发话："此内有关系民命者，不可以不慎重。尔等都曾在军队效力，以为杀人不算什么。朕不这样看，朕对这些事向来慎重！"几句话将鳌拜说得脸红耳赤，但理在康熙那儿，他无话可说。

康熙这一着很厉害，就像一个晴雨表，马上测探出人心所向。孝庄安插在八旗中的心腹也暗地传来信息：忠诚之士无不为之振奋！

紧接着，内秘书院侍读熊赐履上疏，点出"天下治乱系宰相"，其锋芒直指鳌拜。虽然由于鳌拜的势力太大，铲除鳌拜的时机仍未最后成熟，康熙否定并斥责了熊赐履。但是，康熙已定下了新的更为可行的策略。那就是：面对这样的强敌，不可能用正面的形式大张旗鼓地予以正法，而要以一种特殊方式，迅雷不及掩耳地擒拿，并妥善处理好由此可能引起的种种不良后果。

康熙的这些想法，显然凝聚着孝庄的真知灼见。

# 铲除鳌拜

84



康熙亲政后，表面上仍然对鳌拜信任有加，并且提升其待遇：先封他为一等公，接着又加封他为太师，以此麻痹鳌拜。孝庄依然安心当她的太皇太后，只管宫内的大事，对于朝中的事并不过问。因此，鳌拜对祖孙二人并没有多少防备心理。

康熙从小爱好武术摔跤，亲政后似乎更加喜好。他召集了一批年轻的侍卫，整天练习摔跤。鳌拜见了，心中窃喜，认为小皇帝不务正业，正合自己的心意。

其实，康熙召集的这些小太监，都是严格挑选出来的。经过严格的训练后，都成为摔跤的好手。当时朝中大臣都对号称满蒙第一勇士的鳌拜有畏惧之心，而这些年轻侍卫初生牛犊不怕虎，并不惧怕鳌拜。

在孝庄的暗中授意下，索尼之子索额图（即皇后的叔叔）自请解职调任，由吏部侍郎改任一等侍卫，从而可以日夜陪在康熙身边，帮助并保护康熙的安全。这显然是有举动的前兆，而鳌拜对此没有在意。

机会终于成熟了。康熙将年轻侍卫们召集一起，问："你们怕鳌拜还是怕皇帝？"侍卫们回答："不怕鳌拜。我们只忠于皇帝。"康熙听了非常满意，于是秘密宣布了他想要做的大事。

就在索额图成为一等侍卫没几天，康熙八年（1669年）五月十六日，康熙先到慈宁宫向孝庄请安，接着令鳌拜单独入宫。这在当时也不是什么稀奇事，鳌拜依然没有任何戒备。可是，鳌拜没有想到，他刚入门行礼，冷不防从背后飞奔出那些擅长摔跤的侍卫，他们一拥而上，三下五除二便将鳌拜擒拿住，捆绑起来。

与此同时，孝庄已安排他的亲信四处出动，将鳌拜的同党捉拿起来。所有的行动都是如此迅速而不见端倪，因此捉拿工作非常顺利。

康熙随即下圣旨，令和硕康亲王等人研究鳌拜等人的罪名。研究的结果是：鳌拜罪大恶极，共犯三十项大罪，应该灭族。康熙念在鳌拜对大清有功的份上，免去他的死刑，改为终身监禁。鳌拜的儿子纳穆福也被监禁起来。而鳌拜最重要的几位同党，包括他的弟弟穆里玛、侄子塞本得、大学士班布尔善等，都问了死罪。对于虽然依附鳌拜但并未作恶的朝臣，康熙多减轻或免于处罚。例如遏必隆，身为辅政大臣，本应该尽心尽力辅佐皇帝，与鳌拜的专权作斗争，可是，他却畏惧甚至依附鳌拜。按照常例，应予治重罪。但康熙对其仅革太师，后来又还其公爵。康熙的这些举动，恩威并济，彻底摧毁了鳌拜集团，同时没有因此引起混乱，即便是鳌拜所在的镶黄旗，也在康熙的妥善安置下，军心稳定。

鳌拜一除，大权完全集中于康熙一人手中。孝庄将所有的功劳都归在孙儿身上，在外人看来，铲除鳌拜这样的大事完全是少年有为的康熙一手策划完成的，殊不知，如果没有孝庄在背后支持，毫无经验的康熙怎能做得如此举重若轻，如此果敢坚决?!

康熙后来多次说道："若没有太皇太后指导，断不会有今日成就。"

而在此次行动中，孝庄也欣慰地发现：孙儿在自己的培养下，已经能够担当大事了。

85

# 孝陵之行

铲除鳌拜后，康熙很快下令：永远停止圈占民间房地，以此缓解已经严重的社会矛盾。他还不拘形式地重用各类得力人才，实施了一系列有效的措施，使整个社会渐渐呈现升平景象。这使孝庄为之宽心。



二月辛未日是孝庄的生日，宫中每年按例要给太皇太后过圣寿节。康熙八年（1669 年），孝庄没心情大办生日，特下懿旨，停止筵宴。而康熙九年（1670 年）圣寿节来到的时候，孝庄因鳌拜被擒，孙儿治国有方，心情大为舒畅，接受了康熙及文武大臣的行礼，并按照常例举办筵宴。

朝政由康熙处理，走上正轨后，虽然康熙仍然经常向祖母禀报，但孝庄总是让康熙自己拿主意；后宫之事，除了特别重大的事情，孝庄也不轻易过问了，而由皇太后及皇后一起料理。

现在的皇太后，就是当年顺治想废但没有废成的孝惠皇后。孝惠非常崇敬孝顺孝庄，即便自己已成为尊贵的皇太后，在孝庄面前却一直像亲女儿一样孝顺，知冷知热地照顾着自己的婆婆。皇后赫舍里氏乃大家闺秀，知书达礼，深得康熙的宠信；她本人并不恃宠而骄，始终保持着勤俭的美德，同样受到孝庄的喜欢。康熙八年（1669年）底，赫舍里氏生下康熙的嫡长子承祜，孝庄与康熙均视为掌上明珠。此后，赫舍里氏在皇宫中的地位更加坚固，她与康熙的感情也更加亲密。孝庄看在眼里，备感欣慰。

国事家事太平，孝庄与康熙，对顺治的思念之情日深。康熙九年（1670年）闰二月的一天，康熙皇帝告谕礼部："父皇去世，倏忽已经十载，思念之情，时刻在心。山陵在望，未一展祭，尤其感到切身凄怆。朕打算今年八月拜谒皇陵。又奉太皇太后旨，思念之情殷切，也想亲自前往。朕敬遵慈命。应行典礼以及需用各项，尔部详议具奏。"

八月，孝庄、康熙一行组成浩荡的队伍，前往顺治皇帝的孝陵。

孝陵位于距北京二百四十华里的昌瑞山主峰南麓，是清东陵第一座陵寝，现在属河北遵化县的一部分。从紫禁城出发，一路走走停停，先后经燕郊、白涧、盘山、独乐寺、桃花寺、隆福寺等处，历程三天，方到达昌瑞山。来到近前，只见四周群山环绕，山上长满绿树，碧影重叠，非常壮观。正南有一天然山口，山口往里，一片近五十平方公里的原野豁然呈现眼前，十分开阔。

终于到达陵区了。太皇太后、皇太后、皇后先行，皇帝率王以下侍卫、参领等官紧随其后，进入陵区的门户大红门。大红门是一座单檐黄瓦庑殿顶建筑，共三个门洞。门外东西两侧各立一块下马牌，上用满、蒙、汉三种文字刻着："官员人等至此下马"。

大红门以里，长约十华里的神道上，依次排列着更衣殿、大碑楼、石象生、龙凤门、一孔桥、七孔桥、五孔桥、小碑楼、东西朝房、东西班房、隆恩门、焚帛炉、东西配殿、隆恩殿、琉璃花门、二柱门、石五供、明楼、宝顶。清廷在布置上下足了工夫，使孝陵凸显帝王气象，庄严肃穆。孝庄看了，点头表示满意。入隆恩门后，康熙亲自护着祖母的御辇前行，直至明楼台阶前降辇。孝庄至祭台前举哀，她站立良久，百感交集，喃喃地说："你的儿子是个好皇帝，你若地下有灵，可以放心了。"

致祭完毕，孝庄登高俯视，见山岳凝重，绿波浩荡，真风水宝地。想到儿子能在这儿安息，也算几代修来的福气了。也许，她还在想着：自己老了以后，是去清西陵陪伴丈夫，还是到这儿陪伴儿子？

孝庄静静地想着，出神了好久。直到有人过来搀扶她，说：“山上风大，别吹着您。”孝庄一看，来人正是康熙。她笑了笑：“祖宗们都是从风里雨里过来的，还怕这个。来，我们一起看看这大清的河山！”说着，她将手扬了出去，指点着。在她的指点之下，康熙眼前出现了更加广阔的天地。

86

# 祖孙情深



康熙十一年（1672 年）正月，孝庄身体不适，打算去赤城汤泉疗养。康熙得知后，马上令工部支出银两，在不扰民的前提下修理道路。

临行前几日，康熙到慈宁宫请安，提出亲自陪祖母前往赤城。孝庄以国事为重，阻拦道："我因身抱微疾，所以欲往赤城汤泉。汝若同往，恐误国事，可不必去。"康熙回答："太皇太后驾幸汤泉，臣若不随往侍奉，于心何安。至于国家政事，我已谕告内阁，每间隔一天，驰奏一次。我会及时处理，不致有误。"听康熙如此说，孝庄便满心欢喜地点头同意了。

大队人马从紫禁城出发，出德胜门，过南口，来到八达岭。道路崎岖，康熙关心祖母的安全，下马亲自为孝庄扶辇（这里所说的辇，即孝庄所

慈宁宫旧影

乘的大轿）前行。孝庄念康熙步行辛苦，让他乘马。康熙上奏："此处道险，我必须亲自扶辇才心安。等到达平坦的地方后再乘马。"队伍到达怀来城东浮桥，康熙害怕桥体不坚固，首先骑着快马前去检验，经仔细检查确信安全后，康熙这才请孝庄的御辇通过。过长安岭时，康熙再次下马，扶辇前行……总之，一路之上，康熙无微不至地照顾着孝庄，其孝心令人感动。

在前往赤城的路上，康熙突然接到一个不幸的消息：他最疼爱的嫡长子承祜染病而死。康熙听后，心中像被重锤所击，一下子陷入无比的伤痛之中。然而，康熙毕竟是康熙，他为了不让祖母伤心，仍然照常到太皇太后行宫问安，笑语如常，就像什么事都没有发生一样。出来后，康熙马上叫来内大臣觉罗塔达，说："恐怕太皇太后知道后伤心。从现在起，如果诸王闻信前来安慰朕，让他们都散去。”

康熙虽然尽量排解着自己悲痛的心情，可是，再怎么排解，他的心仍然剧烈地疼痛着，郁闷不已。宗室公、王大臣等见此情景，上奏道：“皇上闻皇子之信，往往郁闷。臣等愿皇上移跸，借境舒怀。”康熙不同意，说：“朕每天到太皇太后行宫问安，颇可自慰。既然随太皇太后至汤泉，如太皇太后圣躬全安，朕不胜欢忭。稚子事，朕无甚介意。”此后，康熙料理政事之余，照常每日到祖母前问安，问寒问暖，竭尽孝心。在孝庄疗养期间，康熙始终没将皇子去世的消息告诉祖母。孝庄安心疗养，取得很好的效果。



三月中旬，孝庄一行开始返回皇宫。归途中，经过长安岭时，天下大雨，康熙下马，冒雨扶辇前行。孝庄命孙儿骑马跟从，康熙执意不肯。孝庄再次下令，称：“你是一国之君，一身安危关系着大清社稷，怎能因此淋坏身子。”康熙却仍不答应，照旧守护在孝庄的身边。看着孙儿高一脚低一脚地在泥泞的道路上行走，孝庄不再说话，欣慰之余，留下了欢喜的眼泪。

孝庄一生操劳，体内留下不少隐患。同年八月，孝庄再次感到不适，去遵化汤泉疗养。康熙再次随行，一边毫不耽搁地处理着国事，一边尽心尽力地照顾着祖母。在康熙眼中，孝庄与大清江山是同样重要的，如果没有孝庄，怎会有现在的大清，怎会有现在的康熙?!

两个月后，孝庄疗养完毕，返回京城。当队伍到达明月山时，又一个不好的消息传来：皇后病重！

在这种情况下，康熙虽然非常担心，但仍然将祖母的健康放在第一位。他一方面召集太医院官武超等人，详细询问治疗方案；另一方面又吩咐武超不要将皇后病重的消息告诉太皇太后，以免影响祖母。

武超对此颇为犹豫。按照常例，皇后病重，理应告知太皇太后，而皇帝虽然吩咐过了，却不是硬性命令。见皇帝神情不安，又害怕万一皇后有事，自己未曾事先禀报，将来太皇太后怪罪下来，自己吃罪不起。武超思前想后，最后还是将皇后的事如实禀告了孝庄。

孝庄很疼爱皇后，马上发下懿旨，告诉康熙："我已痊愈，中宫有恙，可速去探望。"

康熙回奏道："臣特奉太皇太后来此，岂敢顷刻违离。"坚持守候在孝庄身边，不回皇宫。

就在这个时候，京城又有急报："皇后病情加剧！"

孝庄再次命令康熙："你想侍奉我同行本是好事。但现在中宫病剧，可速往视。若病势痊愈，你不妨再来相迎。"为了说服孙儿，孝庄还说："你侍奉我同行，是你的孝心；但遵命前往，也是孝道呀。你赶快回去。"

康熙内心也很为皇后的病体担忧，见祖母如此说，便答应下来，即刻启程，快马返回京城。说也巧，康熙返回皇宫见到皇后，皇后的病马上好转，竟好了。康熙极为高兴，但仍念在京城之外的高龄祖母，于是再次匆匆出京，迎接太皇太后回宫。

种种孝顺举止，均出于康熙的内心。而康熙的孝顺，正是孝庄多年的爱护养育换来的。

康熙不时有御制诗献给太皇太后，现录两首于下。

第一首：

定省深宫暑气催，承恩献寿捧霞杯；

晨昏敬睹慈颜豫，不尽欢欣踊跃徊。

第二首：

九天旭日照铜龙，朝罢从容侍上宫；

花萼联翩方昼永，晨昏常与问安同。

# 母与女



孝庄有三个女儿，她们分别是雍穆长公主、淑慧长公主、端献长公主。其中，大女儿、二女儿均嫁到了蒙古。三女儿嫁给编入满洲镶黄旗的原扎鲁特蒙古人铿格尔耿。

孝庄的大女儿本名雅图，是皇太极的第四女，生于天聪三年（1629 年）正月初八，初号固伦公主。崇德六年（1641 年）嫁给舅舅吴克善之子弼尔塔哈尔，居住于科尔沁草原。顺治十三年（1656 年）晋封为固伦长公主，三年后受封固伦兴平长公主，后改为固伦雍穆长公主。她的丈夫于康熙六年（1667 年）去世，她本人则在康熙十七年（1678 年）卒，年 50 岁。死后葬于科左中旗（今扎鲁特旗前德门乡）。康熙皇帝为其御制圹志文，内容为：

科尔沁国亲王弼尔塔哈尔噶尔所尚固伦雍穆长公主圹志文

制曰：固伦雍穆长公主，太宗文皇帝之女、世祖章皇帝之姊、朕之姑也。生于天聪三年正月初八日午时，薨于康熙十七年闰三月十八日未时，春秋五十。卜以十八年十二月初五日，窆于东边腾额里克界夸绰和儿地方。呜呼！朕缵鸿绪，念系皇祖之女，皇考同气之亲，方期骈集繁祉，永享大年，何意遽尔薨逝。朕怀震悼，曷其有极，为卜兆域，并设垣宇，窀穸之文，式从古制，祭享之仪，悉循典章，勒之贞玟，用志生薨之年月，惟灵其用妥于是焉。

二女儿本名阿图，是皇太极的第五女，天聪六年（1632年）二月十二日出生。12岁出嫁，17岁时第一个丈夫索尔哈死去。孝庄非常疼爱女儿，为女儿做主，将其改嫁给蒙古巴林部辅国公博尔济吉特氏色布腾，因此人称巴林公主，顺治十四年（1657年）时被封固伦长公主，两年后被封固伦和顺长公主，后改为固伦淑慧长公主。从封号上看，孝庄希望自己的爱女能和和顺顺，做一个淑慧有福之人。不料，康熙七年（1668年）二月，淑慧公主36岁的时候，第二个丈夫色布腾也死去。淑慧公主备受打击，再未他嫁，寡居于巴林。孝庄非常想念她。康熙十二年（1673年）五月，孝庄身体不适。康熙为使孝庄高兴，特地召见乾清门侍卫武格，说："太皇太后甚念巴林淑慧公主，尔可用朕所乘之轿，前往巴林，迎接公主来京。"数天后，淑慧公主突然出现在孝庄面前，孝庄高兴得不得了，病马上好了，强健如常。康熙二十六年（1687 年）夏七月，孝庄得知淑慧公主所居地天灾不断，马牛羊多染疫病倒毙，庄稼也不收获，甚为担心。康熙看出祖母的心事，特命乾清门侍卫武格再次迎接公主，并令其携带马驼粮食，救济巴林的百姓。最心爱的女儿又一次安然无恙地出现在自己的眼前，孝庄悬着的心放了下来。可惜的是，孝庄的生命已接近尾声。淑慧公主有幸陪母亲度过最后岁月，孝庄很满足。孝庄临终前，将淑慧公主托付给康熙，康熙对姑姑照顾备至。康熙三十九年（1700 年），69 岁的淑慧公主在皇帝的亲自探视下含笑离开人世。

孝庄的三女儿初号淑哲公主，是皇太极的第七女，生于天聪七年（1633 年）十一月十六日，13 岁时出嫁，16 岁便去世了。孝庄为其赐谥：固伦端献长公主。小女儿的英年早逝，使孝庄也感到人生的无奈。

# 88 王朝危难中的老病之身

自铲除鳌拜后，康熙施行了一系列的好政策，使大清国事太平，万民安居。

但平安的背后，隐患极大。对大清江山来说，最大的隐患莫过于三藩。



平西王吴三桂镇守云南，平南王尚可喜镇守广东，靖南王耿精忠镇守福建。他们都是来自辽东的汉人，为清朝开国而南征北战，功劳很大，实力很强。清王朝为表彰其功劳，安抚其军心，将高贵的王爵赐给他们，并给予他们大片的封地。

三藩拥兵自重，又暗中互通声气，在南方构建了他们自己的独立王国。他们表面上臣服于清廷，保卫着清朝的疆土，花费着清廷所发的巨大的军事开销，但实质上无不暗藏野心，在独立王国中圈占土地，设立税卡，暗造武器，一旦机会成熟，便将起而造反。吴三桂权力之大，甚至可以选派本应由朝廷任命的地方官员，号称“西选”，牢牢地掌握着地方军政大权。在吴三桂镇守的土地上，人们只知平西王，不知有朝廷。

对此，康熙与孝庄均有很高的戒备。他们在提高清军战备的同时，安抚三藩，并决意最终将三藩的大权完全收回。

由于孝庄与康熙稳稳地控制着全国大局，军事力量非常强大，吴三桂等人不敢轻举妄动。双方各有顾忌，在所谓“太平君臣”的关系下维持了好多年。在一些人包括满族重臣看来，这样挺好。而孝庄与康熙却不这样认为。

安与危向来都是相对的，而逸豫可以亡身这个道理，又是孝庄与康熙所深知的。

康熙十一年（1672 年）十二月的一天，康熙入慈宁宫深谈，第二天下达圣旨，称：“朕昨诣太皇太后宫问安。太皇太后谕云：‘予虽在宫壶，太宗（指皇太极）行政，亦略知之。彼时开创，甚重骑射。方今天下太平，四方宁谧。然安不忘危，闲暇时，仍宜训练武备。至于在朝诸臣奏事，岂无忠诚入告者。然不肖之类，假公行私，附己者即为引进，忤己者即加罔害，亦或有之。为人君者，务虚公裁断，一准于理，则事无差失矣。’朕绎慈训，人君之道，诚莫要于虚公裁断之一言也。”

上则圣旨，实际上从文武两方面为加强国家力量而服务。加强武备的潜台词，就是防备三藩作乱。当然也防备其他不利于清廷的武装力量。

康熙亲政后曾一再说："天下大权，惟一人操之，不可旁落。""死生常理，朕所不讳，惟是天下大权，当统于一。"为此，他励精图治，将三藩列为必须首先解决的重大问题。

康熙十二年（1673年）三月，尚可喜上疏，以自己年老多病为由，请求朝廷允许他归辽东养老，并希望他的儿子尚之信能承袭王爵，继续镇守广东。康熙见到此疏，认为撤藩的机会来了。他下谕允许尚可喜归老辽东，但同时命令，广东已经太平，不需要设藩了，尚可喜率领的全部将士以及他的家人，均转移到辽宁的海城驻守。



康熙这一撤销广东藩属的命令惊动了吴三桂与耿精忠。他们试探着向朝廷上疏，假意请求撤去他们的藩属。

吴三桂与耿精忠此举，既是试探，也是对朝廷的威胁。在吴三桂看来，康熙未必有胆量同时撤去三藩，因为这意味着南北方的大战！而清兵未必真能打赢。

清廷重臣出现了两种意见。兵部尚书明珠、刑部尚书莫洛、户部尚书米思翰等少数大臣主张撤藩。包括大学士索额图、图海在内的大多数朝臣则反对撤藩，原因很简单，吴三桂等久经沙场、兵多将广，而满族善战的开国诸将多已故去。撤藩可能引起激变，严重威胁朝廷的安危。

最后，康熙发话，他已经做好大战的准备，说："三桂蓄异志久，撤亦反，不撤亦反。不若及今先发，犹可制也。”他认为，既然战争迟早要爆发，还不如自己早动手，掌握主动权。

撤藩令最终发布下去。康熙答应了吴三桂等人的“撤藩请求”，派钦差到达昆明，督促吴三桂早日赴京。康熙此举出乎吴三桂的预料，打了他一个措手不及。

吴三桂不甘心放弃兵权，思之再三，于康熙十二年（1673年）十一月二十一日举兵造反。举兵之日，他杀掉了云南巡抚朱国治，将钦差折尔肯与傅达礼关押起来，然后穿上明朝的衣冠，发布“兴明讨虏”的檄文。在檄文中，吴三桂提出“共举大明之文物，悉还中华之乾坤”，奉故明崇祯皇帝的三太子为新皇帝，建元“周咨”，国号仍是大明。这一招很高明，吴三桂以“兴明”为幌子，号召天下汉人起而反清，起到一定的效果。

不到半年，吴三桂大军已出贵州，掠湖南，分兵攻打四川。四川提督郑蛟麟首先响应吴三桂，接着，广西已故定南王孔有德的女婿孙延龄、福建靖南王耿精忠相继叛乱，台湾郑成功之子郑经率兵攻占厦门，湖北、浙江部分地区的守将也纷纷倒戈。六省皆陷，清廷的处境变得十分险恶。

祸事接踵而至。后宫中皇后难产而死，京城里发生了大地震，太和殿出现了火灾。此外，杨起隆在京举事，布尔尼在察哈尔作乱……天灾人祸不断，令人防不胜防。

吴三桂叛乱后，大学士索额图曾主张处斩建议撤藩的大臣。

康熙态度鲜明地否定道："撤藩之举出自朕，他们何罪之有?"紧接着，他公开吴三桂的罪状，进行全面的军事部署，决心讨平叛乱。在诸多祸事来临时，康熙也毫不退缩，而是从容地处理，显示出他超常的素质。

康熙还果断地将居住在京城的吴三桂之子吴应熊处死，表明朝廷平叛的决心。消息传到吴三桂耳中，吴三桂大惊，称："上（康熙）少年乃能是耶！事决矣！"他顿时察觉到自己低估了康熙，气焰因此受到大挫。

孝庄始终十分镇静，坚定地支持着康熙，时时鼓励孙儿，为之出谋划策，成为康熙名副其实的最有力的后盾。

孝庄考虑到从征将士劳苦，发宫中金帛加以犒赏；知道各省有偏灾，马上发帑赈灾抚恤；布尔尼叛乱，国内军事空虚，万分紧急，她又及时向康熙推荐了帅才，平复了叛乱……她还时刻关心着康熙的身体，促使孙儿合理调理，以健康的体格迎接挑战。

康熙十八年（1679年）七月京城发生地震后，康熙忧劳之下身体不适，十一月下旬不得不暂停御门听政，加以调养。可是，还没等康熙将身体完全恢复过来，十二月份又发生太和殿起火的事件。这在当时是非常严重的问题，康熙认为"上天示警"，心情之沮丧可想而知。他又担心国事，于是不顾身体虚弱，再次处理繁忙的朝政。

孝庄对孙儿的状况了解得一清二楚，对其健康至为关注。她少有地干预起康熙的起居，传下懿旨：“皇帝自入秋以来，未甚爽健。且此数年间，种种忧劳，心怀不畅。顷者抱恙，今虽痊愈，但尚未甘饮食。念南苑洁静，宜暂往彼颐养……传语皇帝，勿违吾命。”康熙深知祖母的苦心，不便违背，于是在南苑休息十天，使身体得到好转。孝庄还不时劝慰康熙，使其摆脱心理阴影。事实证明，适时的调理是非常重要的。如果没有健康的身体，一切都无法正常进行。

可以说，在大清江山遭遇危险的时刻，孝庄以老病之身，靠着顽强的毅力，高明的智慧，凭借自己在朝中的崇高地位与威信，与孙儿共患难，再一次通过艰苦卓绝的努力，使大清这艘巨船化险为夷，走向光明。

# 89 知人善任



吴三桂反叛后，清朝大军南下镇压，出现了北部军事空虚的现象。康熙十四年（1675年）三月，察哈尔蒙古亲王布尔尼乘机叛乱，使清朝腹背受敌，险象环生。

康熙忧心如焚，苦无良将可派。孝庄看在眼里，提醒孙儿："图海才略出众，可当其责。"

孝庄虽然久在深宫，但熟知朝廷要事，熟稔朝廷重臣。在关键时刻，她一语中的，发挥决定性的作用。当然，布尔尼叛乱令孝庄十分痛心。布尔尼是哲哲（即孝端皇后）长女玛喀塔的儿子，孝庄一直把他当亲外孙看待。因此，只要布尔尼有悔过之心，孝庄可以保全朝廷对他的厚恩。

康熙听从太皇太后的建议，马上任命信郡王鄂扎为抚远大将军，图海为副将军，北上征讨布

康熙年轻时期朝服像

尔尼。临行前，康熙特意嘱咐鄂扎与图海："大兵出山海关，当宣布累朝待布尔尼厚恩，及朕不忍加诛之意。彼若悔罪来归则已，否则以敕书付纵还蒙古，持往谕之。即布尔尼等临阵来降，亦当保全恩养。"

图海，满洲正黄旗人，大清重臣，康熙十二年（1673年）为中和殿大学士兼礼部尚书，并加封太子太傅。康熙打算撤藩时，图海则坚决反对撤藩，认为此举可能导致难以收拾的局面。吴三桂叛乱不久，图海以生病为由，请求康熙撤免他的内阁事务，康熙不答应，特命他管理户部事务，督理大军的粮饷运输。康熙十四年（1675年），图海向朝廷提出建议："一应军需不得私派，夫役不得先期拘禁，征收钱粮正项不得丝毫科敛。"此建议被康熙采纳，保障了社会稳定与饷运畅通。

图海仕途有过起伏，他曾得罪顺治皇帝，并遭到意想不到的惩罚。他的主张也不时与皇帝旨意有所不同，有时有点桀骜难驯。但孝庄一直留意着图海，认为此人有大才，而且处处以维护朝廷社稷为己任，在特殊时期必能堪当重任。

而且，图海还具有丰富的实战经验。康熙二年时曾被任命为定西将军，平定湖广西部山区的大顺农民军余部。这也是孝庄推荐他的重要原因。

此次，鄂扎虽为抚远大将军，但年仅20岁，没有什么实战经验。临行前，康熙叮嘱他："凡事要与图海等酌定方略。"意思就是让他多听图海的意见。鄂扎遵令而行。所以图海虽然名为副将军，其实在征讨布尔尼的战争中发挥着主要作用。

由于京城无兵可派，图海奏明皇帝，挑选八旗家奴中的健勇之士为兵，组织起数万人的队伍。临行前，康熙明确规定：要严肃纪律，不准扰民。但图海则根据实际情况，认为自己的队伍是临时组成的队伍，要想在战争中获胜，就必须最大限度地激发这些军兵的战斗力。于是，他竟然大胆地违背康熙的规定，本着"将在外，君令有所不受"的原则，命令家奴在沿途州县抢劫，获得无数金帛。此举激发了新兵的积极性。

大军到达察哈尔，即将与叛军交战前，图海又对军兵们说："路途上所抢掠的均是士民百姓，没什么宝贝。而察哈尔乃是继承元朝皇族的直系后人，数百年基业，珠玉宝货不可胜计，你们如能在战争中获取，可以富贵终身！"此话一出，家奴们无不踊跃，盼着以此出人头地。

战争开始了，尽管布尔尼精心部署，倾全力与清军决战。但面对数万之众的"亡命之军"，布尔尼失败了，仅以三十骑仓皇逃遁。在路途中，布尔尼被奉命前来会剿的内蒙古科尔沁额驸沙律击毙。

严重威胁朝廷安危的布尔尼之乱被迅速瓦解，消息传到京城，康熙极为振奋。

五月，图海率大军凯旋，康熙亲自在南苑大红门犒劳将士，以极高的礼遇接见图海。回宫后，康熙责问图海为什么敢放纵军士抢劫，图海解释道："臣明知不对，但当时实在是万不得已。以家奴之贱对抗强敌，若不以财帛引诱以壮其胆，他们怎么会出死力呢？然而，皇上得知此事后，并不当时处置，而是等臣得胜后才予以责备，皇上确实英明。"康熙听后大笑："朕早知贤卿必有所为。"图海立大功受到奖赏，晋一等男爵。

在布尔尼叛乱之前，陕西也出现了险情。康熙十三年（1674 年），陕西提督王辅臣发动兵变，倒向吴三桂，占据汉中、兴安等地。康熙极其忧虑。陕西是控制整个西北地区的咽喉，如与四川的叛军合在一起，进攻京城，则局面难以收拾。他急忙委任贝勒董鄂为大将军，征讨王辅臣，同时派在京城任职的王辅臣之子带圣旨安抚王辅臣，希望他回心转意。但两年过去，王辅臣在康熙与吴三桂之间左右摇摆，时叛时附。董鄂所率的清军也无法剿灭叛军，反令京师出现紧张局面。眼看着吴三桂派出的队伍前往陕西要与王辅臣会合，进而攻打京师。在此紧急状况下，康熙十五年（1676 年）二月，康熙任图海为抚远大将军，急赴陕西，剿灭王辅臣。

图海再次不辱使命，首先在虎山墩打败王辅臣的万余兵众，然后实施心理战术，积极招降王辅臣及其部属。在他的努力下，王辅臣最终投降，陕西得以安宁。

紧接着，图海又成功地招降了吴三桂部固原巡抚陈彭等所属官兵四万八千余，建立功勋。康熙欣喜地赞扬图海“筹划周详，布置神速，剿抚并用，克建肤功”。

此后，图海多次击败叛军，招抚降将，为清军平三藩之乱立下不世功勋。康熙特赐诗表扬：“两朝密勿重元臣，秉钺登坛西定秦；钟鼎功臣悬日月，丹青事业画麒麟。”另一诗为：“威名万里作长城，壁垒旌旗壮远征；绥靖边陲驰露布，凯旋立奏奏阶平。”

毋庸置疑，图海之所以能建立如此功勋，最重要的还是因为有伯乐赏识。图海的伯乐是孝庄。这使我想到晚清时张之洞重用冯子材的故事，如果没有冯子材，绝不会有镇南关大捷。而没有张之洞的着力提拔，冯子材也无法成为大败法军的民族英雄。

“先有伯乐，而后有千里马”，这个道理又一次得到验证。

# 90 感恩还恩的孔四贞

孝庄的影响并不止于宫廷与朝堂，还远播于南方的藩属。最典型的例子就是孔四贞。

当年孔四贞的父亲孔有德死后，孝庄即把孔四贞当养女厚待。清廷还特地令人送给孔四贞万两白银，供其日用。顺治十二年（1655年）四月，孔四贞作为太后养女，受赐食禄视和硕格格，可谓恩宠备至。后来，孝庄差点让孔四贞当上皇妃，只因顺治不从，此事才算作罢。但史书中清晰地记载："奉圣母皇太后谕，定南武壮王女孔氏，忠勋嫡裔，淑顺端庄，堪羽壶范，宜立为东宫皇妃。尔部（指礼部）即照例备办仪物，候旨行册封礼。"如前文所述，孝庄试图立四贞为皇妃时，还有其他更为重要的原因。但此等大事，排除其他因素外，不难看出孝庄对四贞的厚爱。

孔四贞既与顺治无缘，孝庄便安排她与孙延龄结为夫妇，并赐他们东华门外的一处豪宅。爱屋及乌，孝庄的恩宠还从孔四贞身上蔓延到孙延龄，孙延龄的待遇不亚于亲王。

孔四贞对太后的恩情自然至为感激。顺治十五年，孔四贞的兄长孔廷训被李定国所杀。孔廷训虽然未经受封，但在孝庄的过问下，礼部仍给予特殊的安排，举行了隆重的祭葬，并将廷训的坟墓建在其父孔有德坟墓的东侧。此恩此德，孔四贞感激涕零，称："贞一门父子两世含恩，死生之报环顾何人？"

孔廷训死后，孔四贞成为孔有德的唯一嫡裔。孝庄看她已经成人，希望她能够为清廷出力，发挥一定的政治作用。于是命她执掌定南王事，遥制广西军。广西军乃孔有德旧部，将士们深受孔有德之恩，因此愿意接受孔四贞的领导。



康熙五年（1666年），孙延龄被任为镇守广西将军，孔四贞被任为执事。夫妇二人移镇桂林，掌管王旗，牢牢地控制着广西的局面。

只是在这个时候，孔四贞夫妇出现了矛盾，因争权而互相猜忌。属下王永年、戴良臣等人乘机离间，并逐渐地掌握了实权。戴良臣原是孔四贞的包衣佐领，颇会办事，深得孔的信任。在孙延龄奉旨遴选属下都统员缺时，戴良臣极力推荐自己的亲戚王永年当都统，并提出他本人和严朝纲做副都统。孙延龄不愿意。戴良臣便在孔四贞面前耍手腕，使其向孙延龄施加压力。孙被迫满足戴良臣的要求，而戴并不满足，蓄意破坏孙、孔夫妇的感情，使他们互相猜忌，自己则渔翁得利。由于戴的谗言，孔四贞对孙延龄很不满意，认为孙不重视旧人，只信任蛮子，所以孔四贞处处听从戴的安排，凡孙延龄所用之人，必定想法驱逐。如此一来，孙延龄堂堂一位将军，竟无一点实权。孔四贞也没得到任何好处，戴良臣等人开始还借她的名义牟利，到后来，干脆将权力统归于自己手中。一旦羽翼已成，戴良臣便不再把孔四贞放在眼中。到这个时候，孔四贞才知道自己被卖了。孔、孙夫妇因此和好，共同对付戴良臣等人。

孙延龄积怒之下，上奏朝廷，弹劾王永年、戴良臣、严朝纲等滥用权力，目无国法。而王永年等人也上疏反告孙延龄种种不当。朝廷派两广总督金光祖调查。金光祖是严朝纲的亲戚，予以袒护，并反过脸来指责孙延龄御下失宜。

此后，孙延龄与王永年等都统的矛盾不断加剧。

孙延龄不仅在广西受气，而且还受到其他朝臣的参劾。山西道御史马大士上疏朝廷，认为孙延龄并无奇功伟绩，却屡次陈奏朝廷，想要违背国家成例，运用私人。这种行为应当受到严厉的惩处。广东道御史鞠珣也上疏弹劾孙延龄，称孙延龄不能称职，要求朝廷将孔四贞与孙延龄撤回京师。朝廷当时正忙着筹划吴三桂等人的撤藩事宜，无暇顾及广西，对孙延龄采取宽免的态度。但孙延龄对朝廷已有不满。

吴三桂反清后，康熙以广西毗邻贵州，特授孙延龄为抚蛮将军，令其固守疆土，剿御叛军。吴三桂也积极拉拢孙延龄，抓住孙延龄与都统素有私怨的弱点，予以游说。孙为了报私怨，竟接受吴三桂的拉拢。接着，他马上采取行动，埋伏下力士后，以议事为名传王永年等人，一举将往日宿敌杀掉。

这种违背国法的事传开后，两广地方官迅速将孙延龄视为敌人，并将孙之种种叛乱行为报到朝廷。康熙下旨谴责孙延龄，号召孙的部属反正，或擒斩延龄，或献兵马城池，或自拔来归。

事已至此，孙延龄却并没有完全投靠吴三桂，反而为自己辩白，希望得到朝廷的谅解。经朝廷讨论，康熙下旨，称：如果孙延龄能够革心悔过，戴罪立功，绞杀逆贼吴三桂，那么朝廷可以赦免前罪，照旧加恩。

此时，清军与吴三桂之间的战争处在阴晴不定之间。表面上，吴三桂军队甚至还占上风。孙为吴三桂声势所惑，竟拒绝朝廷的恩旨，自称安远大将军，走上叛乱之路。可是不久后，孙延龄便发现叛乱的日子并不好过，他也无法得到吴三桂的真正信任与重用。

而且，在与清军作战的过程中，他的旧部还发生了两次兵变。第二次兵变中，孙延龄被迫带着孔四贞隐藏起来。军士们找到他们躲藏的地方，要他们出来。孙延龄不敢出去。最后，还是孔四贞出去，对军士们说："你们都是定南王的旧部。你们杀我们容易，但对得起定南王吗？"军士们正有悔意，于是重新拥戴孔四贞夫妇。孔四贞威信大增，孙延龄也开始从内心里佩服自己的夫人，事事听夫人的吩咐。孔四贞于是执掌大权，每日身穿戎装，击鼓登堂处理军务，其才华得到展示，军士颇服。

孔四贞掌权后，想到往日里太皇太后对自己的恩情，决心说服孙延龄重新归顺朝廷。孙起初尚犹豫，但看到孔四贞决心已定，便真正回心转意。

孔四贞马上通过傅鸿烈向朝廷表达自己的意思：四贞无时不刻想念太皇太后，感念朝廷对孔氏一门的恩典。朝廷若降恩纶，赦免延龄的罪过，封四贞为郡主，四贞将感恩戴德，立刻率部归顺。

孔四贞的意思很快被孝庄、康熙得知。孝庄非常高兴。康熙则特命督捕理事官麻勒吉前往招抚孔四贞。

孝庄与康熙高兴的时候，他们的仇敌吴三桂则非常恼火。孔四贞此举无形中削弱了他的力量。愤怒之余，吴三桂派人率兵讨伐，杀死孙延龄及其儿子，将孔四贞俘虏。

后来，孔四贞虽大难不死，最终回到京城，可是，因她被俘后被迫接受吴三桂的利用，所以，即便孝庄再厚爱，她也再无法回到自己喜欢的政治舞台了。

历史人物的历史命运往往并不掌握在自己的手中。可是，不管怎么说，孔四贞因感念孝庄之恩而最终说服孙延龄率部归顺，却是不争的事实。而此事实，也确实对大清平定三藩起到了积极的影响。

# 何为“为君之道”？

91



“三藩之乱”的战火蔓延了大半个中国，在前后八年的平定三藩战争中，康熙皇帝几乎寝食难安。就在平叛战争进行到第四年的时候，孝庄着急了。她不仅为协助皇孙平定叛乱而着急，更为皇孙的皇后之位久虚而着急。

第一位皇后赫舍里氏于康熙十三年（1674年）难产薨逝，至今已逾三载，并未见皇孙有立后之意。康熙皇帝的身边并不缺少漂亮年轻的女人，但立后之事关乎国体，在内战剧烈、政局不稳时愈发显得重要。

孝庄太皇太后隐隐不安，她害怕皇孙康熙步他父亲顺治的老路。每每想到那位“不爱江山爱美人”的情种儿皇帝，孝庄总有不堪回首之感。让她欣慰的是，孙子康熙皇帝颇识大体，聪明过人，比乃父更像个当皇帝的料。可自从赫舍里氏皇后逝后，情况有所不同。出于政治考虑，朝廷打算将遏必隆之女钮祜禄氏立为新皇后，然而，事实上，康熙本人却与表妹佟佳氏打得火热。佟佳氏几成专房之宠，这在孝庄看来却不是好兆头。

康熙十六年（1677 年）七月上旬，京城沐浴在初夏的熏熏暖风中。

皇宫内的太和殿上，康熙皇帝正与几个大学士讲论前代的朋党之弊。这个题目并非皇上想出来的，而是太皇太后的懿旨。说起朋党对历代政权的危害，腹藏万卷的大学士们各逞才华，细数历朝朋党事件，但康熙皇帝更感兴趣的是产生朋党的原因和处理办法。其中，由外戚和太监作乱而造成的朋党之祸，康熙皇帝听得格外仔细，尤其是明朝的例证。

退朝后，康熙皇帝照例去慈宁宫请安，被孝庄叫住了。

孝庄让康熙分析一下导致明朝灭亡的原因。康熙胸有成竹，侃侃而谈，认为："朱明覆亡的症结林林总总，其大要不外有二：一是吏治不整，纲纪颓丧，致使贪官污吏遍天下。文官治政，横征暴敛，民不聊生则思造反；武将安边，虚报军饷，假功请赏，御寇无方，掠民有术。二是宫禁不严，外戚作乱，太监跋扈，以致言路塞绝，朝廷虚设，终致天下大乱。"

孝庄频频点头，表示认同，指出："总其大要，扼其纲领，方是为君之道。”接着，孝庄话题一转，提到另一件事上，说道：“皇后薨逝已经三年了，如果国母之位久虚，势必造成国体不稳，终究不妥呀。我知道皇上甚是中意表妹，本应该成全你们。可是，你父皇的覆辙，你不可再蹈了。那时候，你父亲像是着了魔法，九头牛也拉不回来。他宠幸董鄂氏倒也不算错，可不该将五宫蒙古后妃都冷落一旁。要懂得这可不只是皇家内院的私家事。自打你太宗皇爷娶了我们蒙古姐妹，满蒙两家好得像一家人。正是靠了这门好姻亲，满族才进关坐上了龙廷。唉！你父亲什么都明白，可就在这个情字上看不透……”说着说着，孝庄不由得泪眼蒙眬起来。这在康熙看来，是十分少见的。沉默了好一会儿，孝庄语重心长地继续对康熙说：“现如今，你也不小了，有些事情该知道了。当初的四个辅政大臣，已去其三，只剩下你的国丈遏必隆。眼下，那三个谋反的藩王闹得正欢，朝廷还得依仗当初几个辅政老臣的势力去平叛。在这用人的当口，皇上在立后的事情上可不能稍有差池，误了国家大事。”

康熙皇帝敛容静听，表情越来越严肃。他已听出了太皇太后的话外之音。听到后来，康熙目光中尽为坚毅之色，说：“孩儿牢记在心，一切听从老佛爷的教诲。孙儿凛遵就是。”

看着孝庄满意的神情，康熙默默地行礼退下。

第二天，康熙皇帝特意来到钮祜禄氏的住处，对其温言抚慰。

接着，钮祜禄氏被册立为皇后。佟佳氏只被册封为贵妃。

此后，康熙帝便不再经常去佟佳氏的寝宫了。他将主要精力投注到国家大事上。

# 平定三藩之乱

92



康熙励精图治，顶住三藩之乱开始时清军节节败退的不利局势，选用将才，加强武备，分化叛敌，剿抚兼用，逐渐转劣势为优势，取得最后的胜利。福建的耿精忠、广东的尚之信（尚可喜之子，康熙十五年叛附吴三桂），均在清军的强大攻击下举旗投降。吴三桂陷入孤立状态，他看到形势不利，匆匆于康熙十七年（1678 年）三月初一称帝，国号大周，年号昭武。过了不到五个月的皇帝瘾，吴三桂即撒手人寰。他的孙子继承了他的职权，勉强支撑了几个月，次年二月被围在昆明，十月城破自杀。三藩之乱由此平定。

平定三藩是清初最重要的成果之一，其意义不逊色于当年的清军入关。从这一刻起，清朝统治者才称得上真正统一了全国，建立了真正意义的

康熙帝像

事权统一的大帝国。在长达八年的战火中，康熙与他的臣子经受了巨大的考验，获得了卓越的功绩。康熙从此奠定了康熙大帝的至高权威，成为历朝历代中最有魄力最富思想的圣君之一，为清朝以后的统治奠定了坚实的基础。

胜利后免不了论功行赏，康熙及其臣子马上想到了太皇太后。

云南平定的消息一传来，康熙迫不及待地奏捷，让祖母与他一起分享胜利的快乐。举朝满汉大臣无不知晓太皇太后在这一战争中所付出的心血以及所发挥的巨大作用，他们一再上奏，请求为太皇太后上徽号，理由之一就是：“臣等满汉之意，吴三桂变乱以来，太皇太后心甚忧劳。”

康熙更有此意。早在平叛战争转败为胜之时，康熙便亲自撰写太皇太后大德景福颂，书于锦屏，敬献祖母。康熙在文书中竭力称颂孝庄为太宗、世祖及本朝所立的巨大功勋，并特意提到祖母对他的教导：“十有六载，恩勤鞠育，莫罄名言，训迪弘深，难于殚述。”康熙认为，祖母是上天专门派来眷佑大清的，“启百代之鸿图，树千秋之懿则。备累世之孝养，极四海之尊亲。德福兼隆，康宁寿考，旷古以来未有若我太皇太后之盛者”。

取得最后胜利后，康熙更把平叛的功劳归结到祖母的教诲及精心策划上，同时对战后百废待兴的现实有清醒的认识。朝臣们打算为皇帝上尊号，康熙说：“今官吏鲜有洁清，百姓没有康阜，何尊荣之有？至于太皇太后、皇太后加上徽号，诏赦天下，理所当然。其上朕尊号之事，断不可行，乃朕实意，非粉饰之词也。自今以往，大小臣工宜各洗心涤虑，砥节励行，休养苍生，培复元气。”

孝庄的态度与康熙一致，不愿意为自己上徽号，而是一如既往地将功劳和荣誉全部给予康熙。她下达懿旨：“自叛逆构乱，于今八年。皇帝焦心劳思，运奇致胜。削平寇盗，海宇宁谧。皇帝应受尊号，以答臣民之望。至于我，处深宫之中，不参与外事，受此尊号，于心未惬，此典礼不必行。”

康熙没有听从祖母的话，再次上奏，劝说祖母同意。孝庄仍不答应。

康熙第三次劝说，奏请道：“自寇乱用兵以来，将士疲劳，生民困苦，疮痍未复，喘息未苏。虽兵戈乍戢，疆宇初平。国家纪纲，正宜整顿。地方元气，正宜培养。臣何敢宴然自处，以为太平无事，受纳尊号。惟祈太皇太后圣心欢豫，俯体群情，允行大典，臣实幸甚，天下幸甚。”

见康熙一再劝说，孝庄终于答应接受徽号和庆典。

康熙二十年（1681 年）十二月，朝廷为太皇太后上徽号：昭圣慈寿恭简安懿章庆敦惠温庄康和仁宣弘靖太皇太后。徽号是为尊称，每多一字便多一份敬意与尊贵。

# 儿孙满堂



天下太平，国家兴盛，康熙高度集权，内外臣服，孝庄自认已经完成了政治使命，可以安享晚年了。

后宫在孝庄的主持下，再没出现大的变乱。虽有生老病死，但井然有序。

康熙的第二个皇后钮祜禄氏不幸在康熙十七年（1673 年）二月病逝。康熙二十年（1681 年），康熙将表妹佟佳氏进为皇贵妃，二人感情融洽，但直到康熙二十八年（1689 年）七月佟佳氏病笃时才被册立为皇后。

康熙身体健壮，受宠妃嫔众多，孕育了许多皇子。

在孝庄生前，她已有了十三位曾孙。曾孙们按照严格的皇子教育制度，接受很好的教育，四五岁即令读书，五六岁便能“动止进退应对，皆合法度，俨若成人”。他们也养成了勤奋的好作风，6岁时便每日凌晨寅时（凌晨3—5点）到书房，在师傅的教导下，先习满洲、蒙古文，然后学习汉书。除习文之外，还接受骑射等武学的严格训练。天赋与后天教育使然，皇子们一个比一个有出息。虽然这些皇子们日后兴风作浪，互相争权，但在孝庄在世时，她只看到皇子们好的一面，这是令她万分欣慰的——大清国越来越繁衍，这怎么不是好事?!

孝庄晚年，看着曾孙们一个个茁壮成长，是她最大的快乐。

康熙的皇长子允禔，生于康熙十一年（1672年），生母是惠妃纳拉氏。允禔擅长骑射，才华横溢。

皇次子允礽，生于康熙十三年（1674年），生母为皇后赫舍里氏（索额图的侄女）。允礽为嫡长子，其母生他时因难产而死，康熙对其十分疼爱，幼时即被立为太子，打算将来让他当皇帝。

皇三子允祉，生于康熙十六年（1677年），母亲为荣妃马佳氏。允祉博学多才，喜钻研学问，是一个“文曲星”。

皇四子允禛，生于康熙十七年（1678年），母亲为孝恭仁皇后。他便是日后的雍正皇帝。他虽然话不多，但从小就很有主见。

此外，皇八子允禩，从小就八面玲珑，表现出很好的组织能力；皇九子、皇十子、皇十二子、皇十三子，也从小显示出非同一般的聪明。

孝庄晚年能够四世同堂，尽享天伦之乐，她感到非常满足。

# 94 家书



本节中的家书主要指康熙外出时给祖母孝庄的奏书。

孝庄对康熙的深情厚谊换来了康熙对她的一片孝心。康熙虽然早已担当起国家大任，但始终像小时候一样，凡事总要向祖母禀报。这种行为不仅表现在平日，更突出地体现在康熙外出时。

康熙二十一年（1682年）二月，康熙北上祭祖寻根，每隔几日便派人将奏书送到太皇太后手中。

二月戊戌日，康熙奏太皇太后，说："臣躬诣陵寝，暂别庭闱，叨蒙庇佑，一路安善，可慰圣怀。因此恭请万安。臣引领殿陛，不胜瞻切之至。"

壬寅日，奏书中写道："臣自东行以来，于

二十三日，已出山海关。恐烦垂念，特此奏知。谨请圣躬万安。”

三月癸丑日，康熙在奏书中说：“臣于初四日至盛京，谒陵已毕。祭告之事，次第举行。盛京风土淳厚，仰见祖宗创立鸿基，庇荫子孙不浅也。专此遣人，恭请万安。”

孝庄太后像

隔几日，康熙又给孝庄写信，称：“臣于初五日，遣人回京，陈述愚款，必蒙圣览。今者福陵、昭陵，告祭方毕。拟初九日，率领诸王大臣，往谒永陵，为此恭请万安。”另一份信中写：“臣自山海关至盛京，水土皆佳，兽多鱼鲜。每当食顷，辄念不能驰奏太皇太后圣祖母，甚歉于怀。到盛京后，身亲网获鲢鱼鲫鱼，设法成段，浸以羊脂者一种、盐腌者一种，星驰递送，心期奉到之日，倘得味仍鲜美，庶可稍见微诚山中野烧，自落榛实及山核桃、朝鲜所进柿饼、松子、白果、栗子。附候安奏启同往，伏乞俯赐一笑，不胜欣幸。”

辛酉日，康熙奏太皇太后：“臣初九日，自盛京启行。十一日，诣永陵告祭。环视地形，山回水绕，佳气郁葱，真是兴王基业也。兹因大典已毕，敬想祖宗开疆非易，臣至此甚难，故欲躬率诸王、贝勒、大臣、蒙古等，周行边境，亲加抚绥，兼以田猎讲武。俟所至何处，再当具奏。专此恭请万安。”

乙丑日，奏书写：“十三日，曾有笺奏。巡狩东行，皆平山巨泽。日间行五六十里，今至布哈扎色地方。专此恭请圣安。”

戊辰日，康熙奏太皇太后：“臣虽屡有奏章，言未尽意。京师地暖，时届春深，遥知圣体康和，圣情嘉悦，臣心殊为欣慰。专此恭请万安。”

甲戌日，康熙写信：“臣蒙温谕缓行，深加慰劳。顷者，所历边境，颇近乌拉。二十五日，已至其处。因思长白山，乃祖宗发祥重地，臣叨继大统，不能躬行祭祀，故于乌拉地方，遥拜名山，以展望祀之典。暂停一二日，即可回盛京。所有遇款，另遣人陈奏。先此恭请万安。”

四五月间，康熙又先后给孝庄写了多封书信，其中最后一封书信写于回京城前，内容为：“臣久别庭闱，急欲瞻仰圣颜。四月三十日，进山海关，五月初一日，留皇太子，同大营按程缓行。臣当先诣宫阙，恭请万安，初四五之间，必可到都，瞻慈云之日近，奉教诲之有期。谨奏。”

康熙日理万机，而频频写奏书给太皇太后，详细介绍自己的情况，并细致入微地关心着孝庄的身体，回归前又迫不及待地表达了想早日见到祖母的欢欣之情，体现着对祖母的无比尊崇与孝顺。同时，从信中的内容可以透露出，孝庄也不时传话给孙儿，关心着孙儿的行程。

康熙二十三年（1684 年），康熙皇帝第一次南巡，历时两月有余。在长时间的分离中，祖孙俩始终保持密切的书信往来，互相牵挂着对方。康熙将自己捕捉的鲜鱼、采摘的水果，派人送往京城，让太皇太后品尝。而孝庄也不时地询问孙儿的情况。在康熙北返途中，孝庄思念心切，派人专程将乳品送到康熙手中，让康熙早日回宫。康熙感念祖母对自己的疼爱，当场赋诗一首："彩旃晚驻瀛洲道，忽报铜龙骑使来。心识慈怀同日照，口传温语逐阳回。松脂似截盘中玉，绮食初和鼎内梅。两月几虚甘旨奉，归程欲听晓钟催。"

## 95 崇尚喇嘛教



孝庄一生信佛。人生的不同阶段，信佛的程度与目的不同。幼时信佛，是由于家庭熏陶；中年信佛，多与政治有关，许多时候，宗教行为往往带有拉拢满蒙王爷、安定地方治安等诸多政治目的；晚年信佛，主要是一种信仰，更加虔诚。

慈宁宫的后殿就是一个大佛堂，孝庄常常来此拜佛。佛堂内设置金漆雕花大佛龛，供奉着宝相庄严的三世佛。佛前香火不断，孝庄专门派太监充任喇嘛，每年十二月初五起连续念经二十一天。每月初六也要举行喇嘛教的宗教仪式。康熙本人并不特别笃信佛教，但为了讨祖母欢心，特地亲书“万寿无疆”匾，挂于佛堂正中。两边也是御笔亲题的两副对联，一联为：“百八牟尼现庄严宝相，三千薝蔔闻清净妙香”，另一联是：“人天功德三摩地，龙象威神两足尊。”

慈宁宫之南是慈宁花园，其主要建筑咸若馆也被布置成供佛的所在，内有三世佛及救度母佛。孝庄也经常来此拜佛，为孙儿康熙及大清江山祈求平安。其他后妃宫女也到此处拜佛，不乏有人为太皇太后的健康祈祷。

此外，紫禁城内还有多处礼佛场所。在孝庄的带动下，宫中信佛之人众多，常有喇嘛来此诵经，使此起彼伏的梵声传出很远。

京城中也多有喇嘛寺庙。紫禁城西北的白塔寺即是一例。康熙二十四年（1685 年）九月，康熙遵孝庄之命，到白塔寺进香。当时正赶上大雨如注，近侍因此请皇上等天气转晴时再去，康熙没有答应，称：“近因圣母偶尔违和，朕心深切忧虑，今已痊愈，何惮此一往，以慰慈颜乎？”于是冒雨前往。

远离京城的五台山是佛教圣地，有许多喇嘛寺庙。位于菩萨顶的寺庙，即为其中著名的一个。孝庄多年以前就希望到五台山拜佛，但因种种原因，一直未能如愿。在晚年，此事成为她最大的心愿之一。为了祖母，康熙决定不惜代价也要帮着促成此事，并亲自护送前往。

康熙二十二年（1683 年）二月，康熙前往五台山巡幸，颁发孥金，修缮五台山寺庙。返京后，康熙着令工部负责，休整从京城到五台山的道路。一切准备就绪，康熙于当年九月初恭请太皇太后驾临五台山。

路途之上，康熙对祖母照顾备至。孝庄每次升辇降辇，康熙无不亲自在旁扶着。队伍停留过夜，康熙总要亲自送孝庄进入行宫。

十三日途经涿州，康熙见长城岭一带山径险峻，心里不放心，于是自己先行，视察所修的道路，让自己的兄长裕亲王福全、弟弟恭亲王常宁在后面陪着太皇太后。

十九日，康熙抵达菩萨顶，次日便奏书孝庄，说明了路途的艰险，表明对祖母安全的担忧，称："銮驾即已到此，臣岂不愿太皇太后至菩萨顶瞻礼，但到危险处不行奏明，为孙者不能安心。"

不仅如此，二十二日，康熙又返回长城岭，用辇亲试，发现山势太陡，抬辇之人无法保持平衡。康熙将情况告知孝庄。孝庄说："我以多年所积诚意，特到五台瞻仰礼佛，如果行至此处便遽尔终止，我心不安。明日到长城岭，如万不能登，可再酌行止。"

看到祖母不愿罢休的神情，康熙没再说话，返回头命抬辇的校尉及随侍内监等，务必勤加演习，小心护行。

队伍继续进发。山路崎岖，孝庄改坐暖轿，见抬轿之人步履艰难，孝庄心中不忍，改而乘车。康熙下令，抬轿之人务必跟上，以备不时之需。没过多久，颠簸的道路便让年老的孝庄吃不消了。这时，康熙马上请孝庄换坐暖轿。孝庄本以为抬轿之人早落在了后面，没想到康熙令他们一直紧随其后。孝庄大为欣慰，对孙儿说："车轿细事，且道途之间，汝诚意无不恳到，实为大孝。"

在长城岭，越往前走，道路越难走。孝庄本来决意亲到菩萨顶礼佛，但客观条件不允许——道路太险恶了！

最后，孝庄长叹一声，望着起伏的群山，对康熙说："予及此而止，积诚已尽。五台诸寺，应行虔礼者，皇帝代我行之，犹我亲诣诸佛前也。"

康熙下马，欣然接受了祖母的命令。他令福全等人护从祖母先行返京，自己则亲自再返菩萨顶，在佛前代表祖母行最虔诚的礼节。

孝庄虽然最终未能到达菩萨顶，但她虔诚向佛，尽了她最大的努力。康熙深知祖母的心意，在祖母去世后仍然授菩萨顶真容院喇嘛丹巴格隆"清修禅师"的封号，并亲自撰写《谕清修禅师都纲喇嘛丹巴格隆》一文，后又御制"清凉山志序"，讲述五台山的历史沿革。这些行为，既表达着对已逝祖母的深切怀念，也是向崇佛的祖母行最好的孝道。

# 96 塞外伟业



对孝庄而言，康熙二十二年（1683 年）夏的塞外之行是非常值得回忆的。

这年夏天特别炎热，康熙恭请祖母到塞外避暑，71 岁的孝庄感觉身体尚可，便高兴地答应了。

此次行程虽长达 72 天，但由于康熙的精心安排，孝庄身心始终舒畅。为避免旅途的寂寞和不习惯，康熙特命 10 岁的皇太子允礽、12 岁的皇长子允禔、7 岁的皇三子允祉随驾而行，陪伴在太皇太后身边，为其解闷逗乐。沿途多是大山茂林，康熙每天早晨都要向祖母问安，随时调理着祖母的饮食起居。

越往北走，气温越凉爽。孝庄见到阔别多年的塞外景色，心情为之振奋，身体竟比往日强壮许多。

队伍出古北口，渐渐进入内蒙古的所在。草原、蒙古包、牧羊、奔马……这些孝庄再熟悉不过的情景涌了过来，令她非常激动。想想为大清操劳一辈子，自己却几十年再未返回故乡，不能不是憾事。如今，魂牵梦绕的地方呈现在眼前，而自己的历史使命已圆满地完成，孝庄怎能不高兴。

乌喇岱（红山）山峦起伏，树木繁茂，河流纵横，飞禽走兽众多。大清国在孝庄的倡议下，在附近建立了方圆万余平方公里的木兰围场，让满蒙汉劲卒每年在此狩猎，加强武备。其深层的政治意义，就是加强对蒙古的控制，巩固边疆。

孝庄在乌喇岱住了 13 天，然后在康熙的陪伴下到达围场最北端的拜察。蒙古各部王贝勒前来进贡，康熙设大宴款待，并赏赐丰厚的礼品。恩赏之后，康熙加强对蒙古的控制，及时处理各部出现的问题。孝庄因年老没有参加这些活动，但由于她在蒙古各部所享有的最高荣誉，大家知道她来了，都感到非常亲切，无形中加强了满蒙的联合。

最让孝庄高兴的是，她的科尔沁的亲人来了许多。她的几位兄嫂都已去世，但她见到了兄嫂的后辈，他们个个健康聪明，用最地道的蒙古礼节向孝庄行家礼，孝庄一边连声地说“好”，一边悄悄地抹着幸福的眼泪。

孝庄坚强的背后，其实隐藏着许多柔情与亲情，还有对故乡的无比眷恋。

在塞外，孝庄住起了蒙古包，喝起了奶茶，观赏着蒙古摔跤与狩猎……多少往事一一浮现在脑海，平增无穷感慨。

由于身体的缘故，孝庄不再可能返回自己最早的出生地，但在塞外见到许多亲人，她已经非常满足了。

孝庄有效地稳固了内外蒙古对大清国的臣服，这一伟业是值得她骄傲的。正如康熙所言："朕阅经史，塞外蒙古多与中国抗衡，溯至汉、唐、宋，至明，历代俱被其害，而可宣威蒙古，并令归心，如我朝者，未之有也。"

# 孝庄病逝





晚年的孝庄，生活颇为简单。一部分时间礼佛读书，一部分时间与儿孙媳妇及苏麻喇等人聊天，一部分时间静静地回顾一些往事……她放心地看着康熙将大清治理得井井有条，便很少过问朝事。她本人颇清心寡欲，喜欢喝苍溪茶，爱吃水果。遇到圣寿节（她的生日庆典），她也总是下令不要铺张，有时干脆停止筵宴。她曾有过 6 次出京洗浴温泉的经历，不仅使病情减少，而且使她看到了至孝的孙儿，这是她一生最高兴的事。

不过，人总有生老病死。康熙二十六年（1687 年）十一月丙申，孝庄突然病倒。此次病情比以往任何一次都严重，康熙皇帝万分焦急。他亲自到慈宁宫侍疾，亲尝汤药，昼夜不离地陪伴在祖母的病榻边。他还特地传谕内阁：非紧要事，不要上奏。

尽管召集了天下名医，用了天下最好的药，但孝庄病情没有任何缓解的迹象。康熙的心情变得无比沉重，他虽然是统治天下的圣明君主，但他离不开他的圣祖母。

六天后的壬寅日，康熙给刑部下谕："朕侍奉太皇太后，朝夕承欢，谨遵慈训，竭诚奉养。现太皇太后身体不适，朕日夜牵挂，寝食难安，默默祈祷上天保佑，延长太皇太后的寿命。上天有好生之德，朕愿意以宽待世人来祈祷上天保佑太皇太后。所有内外问刑衙门，见监重辟人犯，除十恶死罪及贪官、光棍不赦外，其余已经奉旨监候死罪重犯，概行减免发落。"



孝庄病情更加严重了。康熙想尽一切办法医治祖母，但他感受最多的就是无奈。

在人世的一切办法均告无效的情况下，康熙将所有的希望寄托在冥冥之上天。只要能让祖母病好，康熙愿意做一切事情。

封建帝王以天子（即上天的儿子）自称。到天坛祭天，这是整个王朝最神圣的祭祀活动，乃国家重典。为了使太皇太后病体康复，康熙甘愿做违例之事。

甲辰日，康熙向几位大学士下圣旨，称："自太皇太后圣体违和以来，多方医治，均未奏效，病势渐增，甚为可虑。朕夙夜忧惧，现欲亲自前往郊坛，虔诚祷告祭祀，以求上天保佑太皇太后慈躬和豫，永获康宁。可将朕的意思传谕九卿。"

九卿重臣得到圣旨后，上奏道："皇上至孝，超越万古，太皇太后违和，皇上朝夕在慈宁宫，席地奉侍，亲调药饵，寝食俱废。圣孝之诚，必当感格穹苍。臣等愚见，似不必皇上亲到天坛致祭，天心自为默佑。"显然，众臣虽然不便违背康熙的旨意，但对皇帝亲到天坛致祭，还是觉得不大合适。因此，他们委婉地提出了自己的意见，通过大学士转奏给康熙。

康熙决心已下，并不听从众臣的建议。他再次下谕："自太皇太后违和以来，朕在宫中，无日不虔洁精诚，默行祈祷。乃太皇太后圣体大渐，似无一分可以冀望矣。如稍有可望之机，亦不敢起躬祷天坛之念。今竟毫无冀望，何计可施？惟有竭抒诚悃，叩祈上天之眷佑耳。并非沽取虚名，从事粉饰为也。皇皇上天，其可欺乎！"

这一圣旨下发后，再无人出面阻拦。

按照规矩，祭祀之前，必须有一段时间只食素食，以示对上天的尊敬。这一过程称为斋戒。礼部因此上奏："请皇上选择斋戒、告祭日期。"

康熙马上传谕："朕在宫中，每日都在斋戒，可于明早步行，恭祭祈祷。"

接着，康熙皇帝便率诸王、贝勒、贝子、公及文武官员等，步行到南面的天坛致祭。康熙亲自撰写祝文：

嗣天子玄烨敢昭告于皇天上帝曰，臣仰承天佑，奉事祖母太皇太后，高年荷庇，藉得安康。今者，疹患骤作。一旬以内，渐觉沉笃，旦夕可虑，臣夙夜靡宁，寝食捐废，虔治药饵，遍问方医，罔克奏效。五内尤灼，莫知所措，窃思天心仁爱，覆帱无方。矧（况且）臣眇躬，夙蒙慈养，忆自弱龄，早失怙恃，趋承祖母膝下，三十余年，鞠养教诲，以至有成。设无祖母太皇太后，断不能致有今日成立，罔极之恩，毕生难报。值兹危殆，方寸愦迷，用敢洁蠲择日，谨率群臣，呼吁皇穹，伏恳悯念笃诚，立垂昭鉴，俾沉疴迅起，遐算长延。若大数或穷，愿减臣玄烨龄，以增太皇太后数年之寿，为此匍伏坛下，仰祈洪佑，不胜恳祷之至。

34 岁的康熙对上天祈祷，愿意减少自己的寿命，以延长太皇太后的在世之日。此种诚意，令在场之人无不感动。

康熙本人一边读着祝文，一边涕泪直流。

堂堂的康熙大帝，亲历过多少风云变幻，将一个偌大的帝国带向盛世，这是一个多么了不起的君主。可是，在这个时候，他却是一个至情的孝子孝孙，他哭喊着，流着泪，无奈着，痛苦着……

从天坛返回皇宫，康熙仍日夜守候在孝庄身边，悉心照顾。“一闻太皇太后声息，即趋至榻前，凡有所需，手奉一进。”孝庄清醒的时候，多次命孙儿回去休息，但康熙眼见祖母病体依然，不愿离去。

饱受病痛折磨的孝庄，看到自己的孙儿如此孝顺，忍不住老泪纵横。晚景如此，即便自己受再多的苦再多的难，也值了！她拉着康熙的手，语重心长地说道："因我老病，你日夜焦劳，竭尽心力，所有服用以及饮食之类，无所不备。我感到很满足。你如此竭诚体贴，肫肫恳至，实天下之至孝。惟愿天下后世，人人法皇帝如此大孝可也。"此时的孝庄仍想着国家社稷，想着康熙如此孝顺，可以作为"以孝治国"的典范，使大清王朝更加和谐稳固。

可是，如此下去，一身系天下安危的康熙势必要被熬倒。诸王、贝勒、贝子、大学士、尚书、侍郎、侍卫等，一同跪在慈宁宫前，请皇上回宫，稍微休息。

康熙并不答应，说："太皇太后病势，渐觉沉笃，朕心忧虑焦灼，即便回宫，也觉不安。你们所奏，朕知道了。"他仍然守候在祖母身边，给祖母以安慰。

孝庄自知不起，告诫孙儿凡事以大清江山为重，不要为私情所惑。康熙含泪点头。

弥留之际，孝庄向孙儿交代了最后一件事："太宗文皇帝梓宫，安奉已久，不可为我轻动。况我心恋汝皇父及汝，不忍远去，务于孝陵近地择吉安厝，则我心无憾矣。"

康熙二十六年（1687 年）十二月二十五日子时，75 岁的孝庄病逝于慈宁宫。

遗诰称：

予以薄德，幼承太祖高皇帝登聘，获奉太宗文皇帝，替助内政。越既有年，不幸龙驭上宾，痛不欲生，誓以身殉。诸王大臣，以世祖皇帝，方在冲龄，继承大统，保护靡托。合辞坚请，勉留此身，抚育教训，未尝少懈。十有九年，重遭不造。世祖皇帝崩逝，悲悼予怀，益无意人世，告天吁众，再申初志。诸王大臣，复以今皇帝冲龄践祚，正须鞠育，恳请再四。予顾此藐孤，难忍捐弃，勉抑哀衷，相依岁月。今皇帝至孝性成，诚切肫恳，视膳问安，朝夕罔间，备物尽志，无所不周，屡荐徽称，尊崇斯极，终始惟一，几三十年。予因兹敬养，遂使两世哀感之怀，大为宽释。且皇太后奉事勤恪，予心甚安。但念世际升平，皇帝纯孝，亘古所无。予正可诞膺福祉，奈年齿逾迈，时用自伤。顷当寝疾，皇帝躬省药饵，寝食捐废，步祷郊坛，竭诚呼吁。乃数尽难挽，遽至弥留予寿七十有五，得复奉太宗文皇帝左右，惬予夙心，夫复何憾。今皇帝励精图治，爱育苍生，海宇乂安，兆姓乐业，天下臣民颂太平之庥者，功归启佑，予殁有荣施焉。惟是皇帝大孝性成，超越近古，恐过于悲痛，宜勉自节哀，以万机为重。中外文武群臣恪恭奉职，勿负委任，以共承无疆之福。其丧制，悉遵典礼，成服后三日，皇帝即行听政。其持服，依世祖皇帝遗诏，以日易月，二十七日而除。天地、宗朝、社稷之祭，不可以藐躬之故，致稽大典，及百神祀事，照常无停。故兹诰谕，其各遵行。

在这一遗嘱中，孝庄先简要讲述了自己在努尔哈赤、皇太极、顺治三朝中的经历，然后着重回顾康熙朝的经历，表达对孙儿康熙及太平盛世的欣慰之情。最后，孝庄主要交代后事，仍以国家社稷为重，要皇帝勉自节哀，中外文武群臣恪尽职守，共承无疆之福。

孝庄的遗诰，体现了她一贯的作风：凡事均为大清社稷着想。

她的遗诰，既是对人世最后的告别，也是对康熙及文武群臣的一种勉励。

# 98 国有大丧



孝庄之死，对康熙及皇太后等人均是极其沉重的打击。

康熙无法控制自己的感情，呼天抢地，哭无停声。诸王、贝勒、贝子及文武大臣等奏请皇帝节哀，康熙下谕："你们所奏，朕知道了。可是，朕八岁时，皇考世祖章皇帝宾天。十一岁时，又有皇妣章皇后崩逝。二十余年以来，全赖圣祖母太皇太后抚育教训。今遽遭捐弃，五内摧迷，顾念慈恩，罔极难报。哀号痛切，情何容已?!"

为表达对祖母的无比哀悼之情，康熙一定要将居丧持服的时间延长，他下达圣旨，称："自汉以后，帝王居丧持服，将二十七月变通为二十七日。惟魏孝文帝欲行三年之丧。朕平日读史至此，常称赞之。今定持服二十七月，少慰朕哀痛之情。

朕自己在宫中持服，政事毫不旷废，不令臣民持服，一切俱不禁止。如此，可以遂朕本怀。”

康熙这道圣旨考虑得甚为全面，但以一国之君居丧二十七月，无论如何是太长了，既不利于皇帝本人的健康，也必然对国事造成严重影响。

诸王大臣商议后，上奏劝阻：“皇上至德纯孝，自古无伦。但帝王之孝，与臣民不同。愿皇上仰遵太皇太后遗诰，以礼节哀。易月之典，请遵守而不要变更。”

康熙不答应，下旨：“朕事太皇太后三十余年，竭尽衷诚，从未有丝毫违背。最近圣体病重三十余日，朕衣不解带，必诚必敬。朕居丧持服二十七月，这是朕决意要办的。否则朕虽贵为天子，富有四海，又有什么意思？！”

大臣们再次上奏劝阻，康熙决意不依。他在祖母的梓宫前，昼夜号恸不止，水浆不入口，哭着哭着，悲伤过度，以致昏迷。

见此情景，诸王、贝勒、贝子、公等以及外藩王、贝勒、贝子、公等一起跪奏，请皇上节哀，保重身体。康熙苏醒过来，对臣子们说：“朕思报太皇太后教育之恩，终身不忘。为子孙者，理所当然。太皇太后高厚之恩，怎可一刻忘怀？”说着，再次痛哭起来。

由于康熙没日没夜地沉浸在对祖母的怀念与哀痛当中，以致多次昏迷，严重地影响了他的健康。大臣们一再劝慰，康熙也深知自己所担负的国家重任，可是他还是忍不住内心的悲痛，向跪拜在殿外的大臣传谕：“朕忽遭大故，五中愦靡，非不知恪遵遗诰，守身为重，勉自节哀，强进饮食。但悲从中来，情实痛切，不由自主，以至昏迷。你们所奏，朕已看过，朕当强支自爱，卿等无须过虑。”

在皇太后、大臣们的一再劝慰下，康熙开始吃一些食物，但他仍然日夜哀恸，精神萎靡。皇帝如此，举国悲哀。尤其是京城与科尔沁，人们对孝庄的思念是最为真挚的。科尔沁达尔汉亲王班弟，是孝庄四哥满珠习礼的孙子，率蒙古王、贝勒、贝子、公、台吉、塔布囊等，一起来到京城，参加孝庄的丧礼。他们也担心康熙的身体，恳请皇帝将一日内三次哭临减为一次。康熙勉强听从。



朝臣们再次奏请康熙将二十七月的居丧持服减为二十七日，但康熙执意不从。眼见康熙容颜减瘦，健康状况急剧恶化，王公、贝勒、大臣们急了，一再想方设法奏请皇帝以日易月，康熙最终以大局为重，答应了他们的请求。

孝庄去世后，康熙悲痛之至，做了许多破例的事。他违背“本朝后丧，例不割辫”的规矩，毅然割辫；他拒绝朝臣们“我朝向日所行，年内丧事不令逾年”的上奏，将祖母的梓宫安放在慈宁宫中，直到第二年正月十一日发引；他还传谕礼部，将祭祀孝庄的规格等同于当年顺治皇帝的规格……康熙还依照祖母生前的遗言，没有将孝庄葬在西陵，而是在顺治皇帝的孝陵附近，特将慈宁宫东边的五间大殿移建于昌瑞山，号“暂安奉殿”。在圣旨中，康熙称：“慈宁宫宫东，新建宫五间，太皇太后在日，屡曾向朕称美，乃未及久居，遽升遐。今于孝陵近地择吉修建暂安奉殿，毋致缺损。”然后，在康熙二十七年，由康熙亲自护送梓宫，来到暂安奉殿，予以封掩。此后，康熙每年都要抽时间诣谒，轻声向地下的祖母汇报大清的好运。

# 99 怀念无尽　以孝兴国



孝庄死后，皇宫中除康熙外，最痛苦的莫过于孝惠皇太后及苏麻喇。皇太后哭得死去活来，她应孝庄的召唤来到清宫，却得不到顺治的青睐，整整守了几十年寡，可是她却不怪孝庄，只为自己的身世而哀叹。苏麻喇似乎就是为孝庄而来到这个世界上一样，她陪伴孝庄从蒙古草原到达东北平原，又从盛京到达北京，与孝庄同命运共患难，一起培养了顺治、康熙两代明君。孝庄之死，令苏麻喇至为哀痛，但她不忘孝庄的嘱托，她还要为孝庄的后代服务。

蒙古草原上也有一位伤心女子，她就是顺治废掉的第一位皇后。她从皇宫中迁居出来，一个人过着孤单的日子。孝庄死后，她连哭丧的资格都没有，只能对着西陵的方向暗自神伤。清初诗人吴伟业曾写一诗："豆蔻梢头二月红，十三初入万年宫；可怜同望西陵哭，不在分香卖履中。"

人世间总是充满遗憾与悲剧。

康熙对祖母的怀念是长久而深刻的。直到离开人世，整整35年，康熙无时无刻不怀念着自己的祖母。

康熙四十七年（1708年）丁亥，康熙在第一次废太子后陷入很沉重的情绪当中。此时，孝庄去世已21年了，康熙也早已成为圣明的天子，可是，他在关键时候总还是在梦中与祖母相见，倾听祖母的教诲。康熙召见科尔沁达尔汉亲王额驸班第，以及领侍卫大臣、都统、护军统领、满大学士、尚书等人，亲口对他们说："太皇太后在世时，爱朕甚深。升天以后，朕仍然经常在梦中见到她老人家的身影，并有许多奇异的地方。就如出兵乌兰布通之前，朕梦见太皇太后拦阻道：'你要谨慎行事，不要出兵，即使出兵，恐怕没有什么益处。'之后，强行出兵，行到半途，果然生病，不得不班师返回。朕第一次亲征噶尔丹时，又梦见太皇太后，她告诉朕：'你此番出兵，很快就会大胜，但并非你亲自获取俘虏。'朕当时不知其意。出兵后，噶尔丹闻讯向西逃跑，遇上了费扬古。费扬古大败之，多所俘获。朕这才知道太皇太后的意思，并知道梦兆与现实竟如此符合。近日有太子事，朕又在梦中见到太皇太后。此次，太皇太后与平日不同，她的神色闷闷不乐，只是隔着很远默默地静坐着。"

康熙由此对废太子事重新反思，做出重新部署。由此可见，孝庄对康熙影响之深远。

康熙的至孝不仅为所有的清朝臣民做出很好的表率，而且给来华的外国人留下深刻的印象。法国传教士白晋在给法王路易十四的信中写道："（康熙）皇帝自幼失去双亲，惟有年迈体衰的太皇太后，生前死后始终为这位皇孙所孝敬。像康熙那样最出色、最典型的孝道，甚至在中国历史上也是空前的。正因为惟有太皇太后曾对他有养育之恩，所以皇帝对她在一切方面的体贴、顺从也达到了使人难以置信的程度。他一旦得悉太皇太后稍有微恙，就要不断向她请安，甚至忧心忡忡，中断了狩猎，以每驿程六十至八十华里的速度回京探望。以我们所见到的来说，皇帝对太皇太后死后所尽的孝道，恐怕也是无以复加的了。除下令全国服丧几天，宫廷中服丧几个月外，在太皇太后停灵宫中的半个多月内，皇帝停止视朝，并令所有亲王、皇子、朝廷大臣、全体官员直至下属官吏，日以继夜地在皇宫中守灵。为哀悼太皇太后之死，人们全不顾灵堂的严寒，因为此时正值隆冬季节。在此期间，皇帝寸步不离灵柩，在停灵的大厅里，他痛哭流涕地度过了几个不眠之夜。他不仅花费好几百万两白银来举行极其豪华的葬礼，而且还要亲自和全体朝臣奉移梓宫，直到远离京城二十五法里的陵墓，以表达他对太皇太后的孝思。"

白晋还写道："太皇太后的梓宫，四个月以后才奉移到京为陵墓。在此之前，皇帝把它暂厝在城外的一座宫殿里。那时，他和他的幼小的皇子们一起护送步行了一法里。太皇太后的遗体被安置在那里的四个月中，皇帝每周要去三四次哭灵悼念。后来，他派人在陵墓附近建造了一座华丽的宫殿；并在四周盖了好几幢房屋供负责祭祀的官吏居住。在整整三年中，皇帝不仅节制自己，而且还禁止王公贵族的各种娱乐，如喜剧、音乐、庆祝活动与其他类似的活动。同时，他还每年多次去远处的陵墓，悼念太皇太后，以他的种种孝敬使死者感到欣慰。在三年丧服期满后，皇帝还是继续这样做，直至今天还听说当他路过太皇太后住过的宫室时，还会禁不住流下眼泪。"

可是，不知为什么，至孝的康熙在生前竟没为祖母建造永久的陵园。这为世人带来很大的疑惑，同时也带来诸多猜想。

直到雍正三年十二月，康熙的第四个儿子当了皇帝后，排除杂议，由暂安奉殿扩建成规模宏大布局独特的昭西陵。奇怪的是，昭西陵建在东陵的风水墙之外，与其他帝后的陵寝分离开来。这也成为一大疑案，引发了人们无穷的争议。

孝庄的魅力是永恒的，永远值得世人解读。

# 主要参考书目

赵尔巽主修:《清史稿》,中华书局1977年版。

赵尔巽主修:《二十五史·清史稿》,上海古籍出版社、上海书店1986年版。

清实录馆撰:《清实录》,中华书局1986年版。

齐木德道尔吉、巴根那编:《清朝太祖太宗世祖朝实录蒙古史史料抄——乾隆本康熙本比较》,内蒙古大学出版社2002年版。

齐木德道尔吉、黑龙、宝山、哈斯巴根、任爱君编:《清朝圣祖朝实录蒙古史史料抄》,内蒙古大学出版社2003年版。

中国第一历史档案馆、中国社会科学院历史所研究室译注:《满文老档》,中华书局1990年版。

中国第一历史档案馆整理:《康熙起居注》,中华书局1984年版。

鄂尔泰、张廷玉等编撰:《国朝宫史》，北京古籍出版社2001年版。

徐珂编著:《清稗类钞》，中华书局1984年版。

魏源著:《圣武记》，中华书局1984年版。

中国社会科学院历史研究所清史研究室编:《清史资料》第五辑，中华书局1984年版。

中国人民大学清史研究所编:《清史编年·顺治朝》，中国人民大学出版社2000年版。

中国人民大学清史研究所编:《清史编年·康熙朝（上）》，中国人民大学出版社1988年版。

中国人民大学清史研究所编:《清史编年·康熙朝（下）》，中国人民大学出版社1988年版。

章开沅主编:《清通鉴·顺治朝康熙朝》，岳麓书社2000年版。

黄鸿寿著:《清史纪事本末》，北京图书馆出版社2003年版。

周远廉著:《清帝列传·顺治帝》，吉林文史出版社1993年版。

《蒙古族通史》编写组编:《蒙古族通史》，民族出版社2000年版。

戴逸主编:《简明清史》，人民出版社1980年版。

李治亭主编:《清史（上、下）》，上海人民出版社2002

年版。

杜家骥著:《清朝满蒙联姻研究》,人民出版社 2003 年版。

高阳:《清朝的皇帝》,中国友谊出版公司 2001 年版。

满学研究会编:《清代帝王后妃传》,中国华侨出版公司 1989 年版。

张玉兴著:《明清史探索》,辽海出版社 2004 年版。

乌兰著:《〈蒙古源流〉研究》,辽宁民族出版社 2000 年版。

孟森著:《清初三大疑案考实》,巴蜀书社 2002 年版。

孟森著:《孟森学术论著:清史讲义》,浙江人民出版社 1998 年版。

郭松义、李新达、李尚英著:《清朝典制》,吉林文史出版社 1993 年版。

余华青著:《中国宦官制度史》,上海人民出版社 1993 年版。

朱子彦著:《后宫制度研究》,华东师范大学出版社 1998 年版。

宫宝利著:《顺治帝与多尔衮》,陕西人民出版社 1999 年版。

余大钧译注:《蒙古秘史》,河北人民出版社 2001 年版。

额尔登泰、乌云达赉校勘:《蒙古秘史》,内蒙古人民出版社 1980 年版。

卢明辉著:《清代蒙古史》,天津古籍出版社 1990 年版。

万依、王树卿、刘潞著:《清代宫廷史》,百花文艺出版社

2004 年版。

刘小萌著:《满族的社会与生活》，北京图书馆出版社 1998 年版。

定宜庄著:《满族的妇女生活与婚姻制度研究》，北京大学出版社 1999 年版。

清代宫史研究会编:《清代皇宫礼俗》，辽宁民族出版社 2003 年版。

黎东方著:《细说清朝》，上海人民出版社 2001 年版。

郑天挺著:《清史探微》，北京大学出版社 1999 年版。

王钟翰著:《清心集》，新世界出版社 2002 年版。

王钟翰著:《清史余考》，辽宁大学出版社 2001 年版。

[德] 斯托莫 ( Stuermer，E. ) 著，达素彬、张晓虎译:《“通玄教师”汤若望》，中国人民出版社 1989 年版。

[美] A.W. 恒慕义主编，中国人民大学清史研究所翻译:《清代名人传略》，青海人民出版社 1995 年版。

何龄修、张捷夫主编:《清代人物传稿》第七卷 ( 上编 )，中华书局 1994 年版。

中国社会科学院历史研究所明清史研究室编:《清史论丛》2003—2004 年号。

[美] 魏斐德著，陈苏镇、薄小莹等译:《洪业——清朝开国史》，江苏人民出版社 2003 年版。

李鸿彬著:《清朝开国史略》,齐鲁书社 1997 年版。

杨珍著:《康熙皇帝一家》,学苑出版社 2003 年版。

凌力著:《清宫悬案》,北京十月文艺出版社 2004 年版。

孟昭信著:《孝庄皇后》,中国华侨出版社 2003 年版。

郭成康等著:《康乾盛世历史报告》,中国言实出版社 2002 年版。

许指严著,田同旭点校:《十叶野闻》,山西古籍出版社 1995 年版。

于善浦著:《清东陵大观》,河北人民出版社 1985 年版。

史鹏等编:《近世中国十大社会新闻》,湖南人民出版社 1987 年版。

张晓虎著:《顺治帝与董鄂妃》,中国人民大学出版社 1989 年版。

张晓虎著:《衮艳轶事·顺治帝后妃传奇》,中国人民大学出版社 2001 年版。

张建安著:《合棺之憾·雍正帝后妃传奇》,中国人民大学出版社 2001 年版。

阎崇年著:《正说清朝十二帝》,中华书局 2004 年版。

樊树志著:《国史概要》,复旦大学出版社 2000 年版。

樊树志著:《崇祯传》,人民出版社 1997 年版。

张秀华编著:《蒙古族生活掠影》,沈阳出版社 2002 年版。

赵志忠著:《清王朝与西藏》，华文出版社 2000 年版。

故宫博物院编:《清史图典·太祖太宗朝》，紫禁城出版社 2002 年版。

故宫博物院编:《清史图典·顺治朝》，紫禁城出版社 2002 年版。

故宫博物院编:《清史图典·康熙朝（上）》，紫禁城出版社 2002 年版。

李治亭主编:《爱新觉罗家族全书》(1—10)，吉林人民出版社 1997 年版。

支运亭著:《大清兴国史赜》，万卷出版公司 2004 年版。

蔡东藩著:《清史通俗演义》，齐鲁书社 1996 年版。

[波兰] 拉斯特主编，余大钧、周建奇译:《史集》，商务印书馆 1986 年版。

[法] 雷纳·格鲁塞著，龚钺译:《蒙古帝国史》，商务印书馆 1989 年版。

[法] 雷纳·格鲁塞著，黎荔、冯京瑶、李丹丹译:《草原帝国》，国际文化出版公司 2003 年版。

富育光主编:《图像中国满族风俗叙录》，山东画报出版社 2008 年版。

# 后 记

首先感谢王春瑜先生。在他的推荐下，我开始与上海人民出版社合作，撰写此书。

其次感谢孙瑜编辑。在收集资料阶段，因杂事繁多，我曾打算放弃。孙瑜先生及时做我的工作，使我振作精神，真正进入写作状态。

此书之前，我已在中国人民大学出版社出版《雍正帝后妃传奇》、《光绪帝后妃传奇》、《宣统帝后妃传奇》，所以本书也算是以往工作的一种延续，理应驾轻就熟。

可是，一旦开始，才知道其难度远比我想象中要大。此书的要求首先是真实。但史料中关于孝庄的内容其实很少。《清史稿》中不过一页纸。《满文老档》中更少。《清实录》中倒有不少“皇太后”、“太皇太后”（这里专指孝庄）的字眼，但多是雷同的介绍：“皇太后圣寿节”、“向太皇太后请安”，一两句带过。而在重大史实中，明明是孝庄在起关键的作用，尤其是顺治、康熙早年的许多时间，实际上是孝庄一手主持着国事。但因种种缘故，不仅上述史料中很少提及她，其他正史中也是大同小异，而野史中的内容则多不可信。或许，这也正合孝庄本人的意愿。正如她不愿意垂帘听政一样，她宁愿把自己隐藏起来，而把自己的儿子顺治与孙儿康熙显扬出来。于是，当后人研究孝庄的生平时，便出现了诸多困难。

但我还是在杂事纷呈中写完此书。多方查找资料，四处求教（例如曾先后向清史专家王钟翰先生、张晓虎先生求教，向关永礼先生寻找资料，向生活在孝庄故乡科尔沁的地方志专家冯学忠先生寻找资料），力求全面地告诉读者一个真实的孝庄，阐明一个多民族逐渐融合的大王朝是如何真正兴起的。

我非科班出身，但从小在父亲的熏陶下，对历史产生浓厚的兴趣。后又机缘巧合，多遇名师，颇有收益。面对似乎枯燥的历史资料，我常常有一种兴奋的感觉，似乎那些大事记下面正隐藏着无穷的宝藏，需要我去发掘。从简短的几句话中，联系前后文内容及相关资料，可以发现许多历史的隐秘。这种带着好奇心去品玩历史的过程是有趣的。

末尾，我想用带点抒情性的笔触，来简介一下本书的主人公孝庄，并以此表明自己对历史叙述的态度：

1613 年，布木布泰生；1688 年，孝庄太后死。

与任何人一样，她经历着生老病死。可是，今天我们要回顾她的一生，乃是因为她的与众不同。

如果没有她，清朝的历史将改写；如果没有她，又岂会有顺治帝、康熙帝?！又岂会有赫赫有名的康乾盛世?！当然也不会有日后的慈禧以及辛亥革命推翻清朝暴政。

这么一个了不起的女人，却宁愿始终把自己隐藏在幕后。以致当我们翻开历史画卷时，她的面孔时隐时现。

她稳稳地立于海面之下，成为大清王朝的砥柱！她让我感到惊诧与神奇。这个蒙古族女人、满族福晋、满蒙汉三族的统治者，一生经过无数惊涛骇浪，而她，最终以她的智慧与手腕，将大清这艘巨船稳稳地推上正轨……



历史是条记忆的河流，当我提笔撰写孝庄的历史时，我的心中还涌动着一种好奇。

# 故事药丸

快乐成长必备阅读指南

The Story Cure

An A–Z of Books to Keep Kids Happy, Healthy and Wise

Ella Berthoud & Susan Elderkin

［英］埃拉·伯绍德 苏珊·埃尔德金 著 李剑敏 译

文景

Horizon

上海人民出版社